JN084640

第二言語習得研究
モノグラフシリーズ 4
Monographs on Second Language Acquisition Research

白畑知彦・須田孝司 編

第二言語習得研究の波及効果

—コアグラマーから発話まで—

遊佐典昭　大滝宏一　白畑知彦　近藤隆子
小川睦美　須田孝司　横田秀樹　大瀧綾乃
木津弥佳　澤崎宏一　張昀　岩崎典子
安田麗　上田功　宮本陽一　山田一美

くろしお出版

刊行にあたって

本書は『第二言語習得研究モノグラフシリーズ』第4巻である。タイトルは「第二言語習得研究の波及効果―コアグラマーから発話まで―」とした。本巻では，言語理論を基にした第二言語としての英語習得研究から，非日本語母語話者の第二言語としての日本語習得，さらには第三言語習得までを研究対象とした論考が掲載でき，これまでの巻に勝るとも劣らぬ盛り沢山の内容となっている。

日本語を母語とする学習者を対象にした第二言語習得研究は，当時ハーバード大学の学生であったHakuta Kenjiが，5歳の日本語母語話者（Uguisuという仮名の女児）の英語習得データを縦断的に収集・分析し，*Language Learning* 等のジャーナルに載せたいくつかの論文（例：Prefabricated patterns and the emergence of structure in second language acquisition（1974），A case study of a child learning English as a second language（1976））が最初期のものであろう。

Hakutaを除けば，日本での第二言語習得研究は1980年代前半に始まると言ってよい。その先駆的役割を果たした著書は次の2冊である：Makino Takayoshi（1981）*Acquisition order of English morphemes by Japanese adolescents*（篠崎書林），そしてKoike Ikuo（1983）*Acquisition of grammatical structures and relevant verbal strategies in a second language*（大修館書店）。この2冊の著書は，両研究者が留学していたアメリカの大学院に提出した博士論文が基になっている。そして，共に，当時最も熱い視線の注がれていた英語文法形態素の習得順序が論文の中心的テーマとなっている。

1980年代前半に日本の大学院で第二言語習得を研究テーマとする学生は非常に少なかったと言ってよい。なぜなら，まだ学問領域として確立されておらず，教える教師も少なかったからだ。しかし，小篠敏明（編）（1983）『英語の誤答分析』（大修館書店）を始めとする日本語で書かれた著作が次第に出版されるにつれて，研究者と学生の数も増えてきた。そして，1980年代後半から1990年代には，大学院のみならず学部の授業でも第二言語習得を教える大学が増え，第二言語習得研究が1つの確立した学問領域になってきたことは喜ばしい限りである。

現在，Makino (1981) と Koike (1983) から 40 年が経過しようとしている。その間，日本における第二言語習得研究はどこまで進展してきたのだろうか。本モノグラフシリーズは，その答えの一つとなるであろう。

第 4 巻には 7 本の論文が掲載されることになった。以下にその概要を記載する。

第 1 章「*Be* 動詞の過剰生成と時制の獲得」(遊佐・大滝論文) では，Naomi is play baseball. のような英文に見られる be 動詞の過剰生成について議論している。三単現 -s を脱落させてしまう第二言語学習者は多い。一方で，英語を母語として獲得する子どもの場合，The bear s like the cheese. のように，s が主語と動詞の間に過剰生成されることがある (Tesan & Thornton, 2003)。これは，屈折要素である s が主語と動詞の間にある時制辞 (T) に置かれるための誤りだという主張がある (Becker, 2004)。本論文では，英語を学習している日本語を母語とする中学生と，フランス語を第一外国語として学習している，同じく日本語を母語とする中学生の習得データを利用し，第二言語学習者における be 動詞の過剰生成も，母語獲得する子どもの s の産出と同様，学習者が T に be 動詞を過剰に挿入してしまう誤りであると主張している。

第 2 章「日本語母語話者による英語非対格動詞の過剰受動化現象に関する考察―主語名詞句の有生性と動詞の完結性の観点から―」(白畑・近藤・小川・須田・横田・大瀧論文) は，主語が無生物名詞句で動詞が非対格動詞の場合，過剰受動化がなぜ頻繁に起こるのかを考察した研究である。第二言語学習者 (日本語を母語とする英語学習者) は，能動文であるべき非対格動詞構文を誤って受動文 (The accident was happened.) にすることが知られている。このような過剰受動化については，学習者が目的語の位置に置かれた名詞句を主語位置へ移動するという受動文生成の規則を誤って利用していると説明されることも多い。しかしこの説明では，これまでの研究で観察されてきた，主語名詞句や動詞の違いによって受動化の度合いが異なる，という事実を説明することができない。そこで本論文では，非対格動詞構文における主語名詞句の有生性と動詞の完結性の影響について検証した。結果，主語が無生物名詞句の場合，受動化が起こりやすいこと，また主語が無生物名詞句の場合に動詞の完結性も影響してくることの2点を明らかにしている。

第3章「日本語の主節現象に関する第二言語習得研究」(木津論文)では，日本語の主節現象として，主語の人称制限と対比トピックの習得について考察している。主語の人称制限とは，日本語では述語により主語の人称が決定されるというものである。例えば「話者の意志」を示す述語の場合，日本語では一人称の主語が使われる(「私が/*あなたが/*メアリーが行こう」)。この主語の人称制限は，英語の主語と動詞の一致の際に利用される素性(ϕ)とは異なるものであるが，補文標識句(CP)から一致に関する素性(δ)がTへ継承されていると仮定されている(Miyagawa, 2017)。また対比トピックとは，他の人(もの)との対比を示す際に現れる「名詞句+は」のことであり，その対比トピックの出現にもδが関連していると考えられている。本章では，この2つの主節現象の習得について，中国語，韓国語，英語を母語とする上級レベルの日本語学習者を対象とした木津・山田(2018)の研究を利用した上で，母語で使用されている素性の特性を取り除くことは困難であると主張している。

第4章「目的語省略文にみる中国人日本語学習者のL1転移と逆行転移—省略の有無と有生性が転移にどのように影響するのか—」(澤崎・張論文)では，中国語を母語とする初級・上級の日本語学習者を対象に，母語から第二言語への転移と，第二言語から母語への転移(逆行転移)について調査している。研究対象は，日本語における目的語の省略である(例：母が妹を責めた。そして，姉までもが______責めた)。目的語の省略は日中両言語で許されるが，日本語では目的語に有生物名詞句が使われている場合に省略しやすいという傾向がある(Nariyama, 2003)。本論文では，日本語の初級学習者では母語から第二言語への転移と逆行転移の両方の影響が見られるが，上級学習者からは逆行転移の影響のみが観察されたことを報告している。

第5章「日本留学前後に見られる日本語を話す力の発達—プロフィシェンシー(言語運用能力)と流暢性—」(岩崎論文)では，英語を母語とする5人の日本語学習者を対象とし，日本への留学前後での日本語の発話能力の変化を考察している。まず，Oral Proficiency Interview (OPI)という全米外国語教育協会が作成したインタビューによる評価法を用い，学習者の言語運用能力を判定した上で，日本語学習者の発話能力を「発話の流暢性」と「聞き手からみた流暢性」の2つの観点から検証している。その結果，ほとんどの学習者のOPIのレベルは留学後に高くなっていたが，OPIにおいて変化が見られなかった学習者でも留学後は発話速度が速くなっていた。また日本語母語話者の大学生が判断した「聞き手からみた流暢性」においても，実験対象者の日本語の流暢性は，留学後は高くなっていることを明らかにしている。

第6章「日本語母語話者によるL2英語とL3ドイツ語の音声習得―語末閉鎖子音の発音について―」(安田・上田論文）では，ドイツ語を第三言語として学んでいる日本語を母語とする学習者を対象とし，ドイツ語の語末閉鎖子音の習得について調査している。ドイツ語の語末閉鎖子音は，有声と無声の区別がなく，Bad（風呂）であってもbat（頼んだ）であっても/ba:t/と発音される。一方，英語の語末閉鎖子音は/d/と/t/で区別される。本章では，実験対象者が，ドイツ語の語末閉鎖子音を発話する際に，第二言語である英語の発音の影響を受けるのかどうかを検証している。実験の結果，実験対象者達のドイツ語の語末閉鎖子音の発音は，ドイツ語母語話者よりも有声と無声の区別がはっきりしていた。しかし，アメリカ英語を母語とするドイツ語学習者よりは有声と無声の区別の差が小さかった。すなわち，ドイツ語母語話者と第二言語としてドイツ語を学ぶ英語母語話者の中間にいることを報告している。そして，母語（日本語）からの音韻的干渉よりも，第二言語である英語から第三言語であるドイツ語への影響の方が大きいのではないかという仮説を立てている。

第7章「第三言語における発音されない項の獲得―日本人スペイン語学習者のL3文法を例に―」(宮本・山田論文）も第三言語の習得研究である。実験対象者は，第二言語として英語を学習する，日本語を母語とする英語学習者と，第三言語としてスペイン語を学習する，日本語を母語とするスペイン語学習者で，彼らの主語と目的語の習得について考察している。日本語とスペイン語は，英語とは異なり，主語と目的語の省略が許される言語である。本論文では，Miyamoto & Yamada (2015）とMiyamoto & Yamada (2017）を基に，両学習者の主語と目的語の省略に対する判断の違いを比較するだけではなく，これまで提案されている第二言語習得モデルの妥当性についても議論している。そして，英語学習者の場合は，習熟度が上がれば適切に英語の主語と目的語を扱うことができるようになるが，スペイン語学習者の場合は，主語と目的語の扱いに差が見られ，上級学習者になったとしても顕在的な目的語の習得が困難であることを報告している。

これまでの巻に引き続き，第 4 巻もくろしお出版の池上達昭氏には全面的にご協力いただいた。心より御礼申し上げる。

令和 2 年 (2020 年)　陽春の候
シリーズ編者　白畑知彦・須田孝司

目　次

第 1 章

Be 動詞の過剰生成と時制の獲得

遊佐典昭　大滝宏一

1. はじめに

英語の時制（tense）は英語の初学者がつまずきやすいだけでなく上級レベルになっても産出に問題があることが知られている（Lardiere, 2007）。具体的には，(1a) を使うべきところで (1b) のように「三人称単数現在の *s*」を省略してしまう場合と，(1c) のような「***be* 動詞の過剰生成（*be*-overgeneration）**」などがある。

(1) a. Naomi often *plays* tennis.
b. *Naomi often *play* tennis.
c. *Naomi *is* often *play* tennis.

(1a) に見られる動詞 play の接尾辞である *-s*（三人称単数の *-s*）は**屈折形態素（inflectional morpheme）**であるが，Dulay & Burt (1974) の形態素の獲得順序付けの研究以来，「三単現の *-s*」は第二言語使用者には難しいことが多くの研究で指摘されてきた（従来の研究のメタ分析に関しては，Goldschneider & DeKeyser (2001) を参照のこと）。この問題は，今日のコミュニケーションを重要視する英語教育においては，三単現の *-s* を落としても意思の疎通には大きな影響を引き越すとは考えられないために，以前の文法機能を重要視する英語教育ほどは問題視されていないと思われる。また (1c) に見られる *be* 動詞の過剰生成は，英語教育の現場でしばしば観察されてきたが（Thompson, 2001），一般動詞と *be* 動詞の区別ができていないことに原因があるといった説明に留まっており，この問題の本質が言語理論との関連で議論されてきたのは最近のことである（Ionin & Wexler, 2002; Fleta, 2003; Otaki, 2004; 遊佐, 2008; 大滝，2012）。

英語では，動詞が主語とφ素性の人称（person）・数（number）に関して一致（agreement）を示す[1]。(1a) では，*Naomi* が有する三人称単数の情報が，動詞の接辞である *-s* として具現化している。ここで，この一致現象が示す動詞の情報は，名詞に含まれる人称，数の情報とは異なっていることに注意をする必要がある。例えば，名詞の *book* と *books* の数素性は他の要素に依存することなくこれらの名詞に内在するものであり，*book* の指示物（referent）が単数か複数かどうかは意味解釈上重要なものである。このような情報を解釈可能な素性（interpretable feature）と呼ぶ。これに対して，(1a) の *plays* の屈折接辞の示す単数性は，主語の指示物である *Naomi* の単数性を反映したものであり，動詞の屈折接辞は動詞句が意味する「テニスをする出来事（tennis-playing event）」の回数を伝えてはいない（Corbett, 2006）。この意味で，三単現の *-s* が示す情報のなかで人称・数は既に主語で与えられているので，意味解釈上重要ではなく余分なものである。このような素性を解釈不可能な素性（uninterpretable feature）と呼び，三単現の *-s* はこの素性が音声化したものである。

この主語・動詞の一致関係は，(2) に見られる *what* と下線部の間の依存関係と類似の現象である。(2) では，*what* は *buy* の目的語であり，「買う」という行為の対象という意味役割を担っている。

(2)　What did you buy __ yesterday?

このように文法機能や，意味役割が決定される位置（(2) の下線部）と，発音上の位置（(2) では *what* の位置）がずれる現象を「転位（displacement）」と呼び，人間言語に固有の特質であると考えられている（Chomsky, 2005）。転位の観点から主語・動詞の一致を考察すると，(1a) の動詞の屈折形態素が示す数，人称の情報は，主語との一致という操作により動詞に転位し，そ

1　φ素性とは，人称，数，性（gender）に関する素性のことで，文法操作に関与する。

れが具現化したものである。では，動詞の持つ時制の情報はどうだろうか。動詞が示す時制は意味解釈上重要なものであるが，これは以下に述べるように，動詞句とは別に存在する時制 T（tense）の持つ素性が動詞に反映したものである。

2. 研究の目的と意義

まず英語の「三単現の *-s*」とは何だろうか。一見すると，主語が三人称単数現在形の場合にだけ動詞に屈折辞がついているように思える。しかし通時的にみれば，「三単現の *-s*」は他の直説法現在の屈折語尾が消失するなかで唯一残ったものである。従って三単現の *-s* の問題は，英語史的観点からは「なぜ主語が三人称単数現在の場合に動詞に *-s* がつくか」ではなく，「なぜ三人称単数以外では動詞の屈折が消失したのか」となる（この問題に関しては，堀田（2016）を参照のこと）。さらに，現代英語の方言や変種を観察すると，イングランド東部のイースト・アングリア変種などでは，三単現の *-s* を落とした（1b）のような文を許容するために，三単現の *-s* を発音しないことは英語の「誤用」ではないことになる（堀田，2016）。本稿では，（1a）のパラダイムを示す標準種と言われる英語を考察することにするが，（1b）が英語の変種として可能であることを認識することが重要である。さらに，三単現の *-s* は，古英語，中英語のように三人称以外の人称でも豊かな屈折変化を有するスペイン語やドイツ語を母語にする英語学習者でも，日本人英語学習者と同じような問題が生じることを考慮すると（Ionin & Wexler, 2002; 遊佐，2008; 大滝，2012），母語に屈折が存在するか否かだけではこの問題を説明できないことを示唆している。

三単現の *-s* の問題は，明示的な知識があるにもかかわらず，英文を話したり，書いたりする時にどうしてこの「簡単な規則」が使えないのかという問題であり，第二言語獲得における言語知識と言語運用に関して興味ある洞察を与える。本稿は，（1）に見られる時制の問題について，その問題の所在を明らかにするとともに，（1b, c）に見られる「誤用」の原因を探り，英語教育現場で問題になっている（1b, c）に対して新しい見方を提供することを目的とする。（1c）の *be* 動詞の過剰生成は，英語使用者が接する入力には存在せず，英語の初期段階だけではなく英語圏に20年以上生活して職業上英語を使用するレベルになったとしても生じることが報告されている(Lardiere, 2007)。この観点からも，母語に関係なく生じる *be* 動詞の過剰生成は，第二言語使用者の中間言語を解明するうえで重要な意味を持つ(遊佐, 2008)。

3. 先行研究

3.1 基本的相違仮説 vs. 表層屈折形態素欠如仮説

英語学習者は上級レベルになっても，過去形や三単現の -*s* などの屈折形態素の産出に問題があり，正確さに安定性がないことが知られている(Lardiere, 2007)。例えば，(1a) のように三単現の -*s* を使ったり，(1b) のように時制を落としてしまう随意性 (optionality) が見られる。また，英語学習者は (3) のような過去形の屈折辞 -*ed* を落として使うこともある。

(3) * They *play* tennis yesterday.

ここで問題となるのは，(1b) や (3) の事実は，時制に関する知識の欠如を意味するのかどうかである。Dulay & Burt (1974) や，第二言語獲得における「**臨界期仮説 (Critical Period Hypothesis)**」を提唱した Johnson & Newport (1989) は，屈折形態素を適切に使用できないことは，時制に関する知識の欠如を意味すると解釈した。この臨界期仮説に基づき，Bley-Vroman (1990) は，大人の第二言語獲得は母語獲得と根本的に異なるとする「**根本的相違仮説 (Fundamental Difference Hypothesis)**」を提唱している。この根本的相違仮説は，母語に存在しない機能範疇の素性は獲得できないとする「**機能範疇素性欠陥仮説 (Failed Functional Features Hypothesis)**」(Hawkins & Chan, 1997)，母語に具現化していない解釈不可能な素性は獲得できないとする「**解釈可能性仮説 (Interpretability Hypothesis)**」(Hawkins & Hattori, 2006) に再解釈されている。これらの仮説に共通しているのは，時制の屈折形態素を適切に音声化できないことを，時制の知識が欠如していることの反映として捉えている点である。

これに対して，時制に関する言語知識は機能範疇も含め欠陥がないが，素性を表層の屈折形態素へ音声化する時に問題が生じると考えるのが「**表層屈折形態素欠如仮説（Missing Surface Inflection Hypothesis）**」である。この仮説では，屈折形態素の問題を言語運用に起因すると捉えている（Prévost & White, 2000; Lardiere, 2000）。それでは，どのような証拠から，三単現の *-s* を落とす英語使用者でも時制の知識があると言えるのだろうか。これを考えるには，時制の持つ統語形態論的機能を考える必要がある。時制は，三単現の *-s* に見られる動詞の形態のみならず，主語の認可にもかかわる。例えば，（4a）（5a）のように英語の時制節には（日記文などを除いて）顕在的主語が義務的に生じる。これに対して，（4b）（5b）のように時制を持たない不定詞節や分詞節内では，主語は発音されない（遊佐，2016, 2019）。

（4） a. Naomi played tennis.（時制節の主語は発音する）
　　 b. To play tennis is fun.（不定詞節の主語は発音しない）
（5） a. While Naomi was playing tennis, she hurt herself.（時制節の主語は発音する）
　　 b. While playing tennis, Naomi hurt herself.（分詞節の主語は発音しない）

また時制は主語に主格を要求するが，時制を欠く節で対格が具現化することがある。（6b）は “Mad Magazine sentence”（Akmajian, 1984）と呼ばれる構文で，相手の発言に対して，驚きや不信を表している。この構文では，時制を欠く「**小節（small clause）**」が主節で使われ，主語位置に代名詞が用いられる場合には対格になる[2]。

（6） a. I /*Me played tennis yesterday.（時制節の主語代名詞は主格）
　　 b. What, me/*I play tennis yesterday?（時制を欠く節の主語代名詞は対格）

---

2 小節とは，命題内容を持つ主語と述語の対で時制情報を欠いている構造を指す。例えば，“I believe *John smart*” の斜体部は小節で，“I believe that John is smart” の that 節の命題内容と同じ内容を含んでいる。（6b）の “me play tennis yesterday” の部分も “I played tennis yesterday” と等価な命題内容を有しているが時制を欠いている。

ここで，時制の産出に問題のある英語使用者でも，時制節における顕在的主語や主格代名詞の産出には問題がないことが多くの研究で報告されている（Haznedar & Schwartz, 1997; Lardiere, 1998, 2007）。このことは，第二言語使用者が，たとえ（1b）のように動詞の屈折を脱落したとしても，時制の知識を有していることを示唆している。つまり，時制に関する知識は有しているが，言語運用の段階でこの知識にアクセスするときに問題が生じているのである。これは，屈折形態素に関する言語運用に問題がある第二言語使用者でも統語論には問題がないという意味で，"syntax before morphology" と呼ばれている（White, 2003）。

さらに，屈折の誤りが起こるときはそこに一定の方向性があることも指摘されている（Prévost & White, 2000）。例えば，動詞は（1b）で見たように定形（finite）を用いるところで不定形（nonfinite）を使用することが多く，その逆方向の "*They often *plays* tennis" のような屈折辞を余分に付加するような誤りは少ない（Ionin & Wexler, 2002）。もし，時制の知識が欠如しているならば，誤りはランダムに生じるはずであると予想されるが，事実はそうではない。この誤りに方向性があることは時制の知識を有していることを示している。以下では，時制に関する知識を有しているのに，なぜ（1b）や（1c）を産出してしまうのかを考察する。

3.2 素性再配置仮説

素性の観点から，第二言語獲得を説明しようとする仮説に「**素性再配置仮説（Feature Reassembly Hypothesis）**」（Lardiere, 2000, 2009）がある。この仮説は，言語構造の基本単位となる語彙項目を形成する素性が言語の多様性を説明するという**極小主義（minimalist program）**の仮説を第二言語獲得に応用したものである。言語の構造の基本となるのは素性の束である語彙項目（lexical item）であり，この素性が外在化したものが単語，音である。母語獲得では，人間言語の可能な素性のリストから周りの言語環境に合致する素性（統語素性，音韻素性，意味素性）だけを選択（selection）し，それらをその言語特有の方法で語彙項目としてまとめあげること（assembly）が含まれる（Chomsky, 1995）。素性再配置仮説は，第二言語獲得における語彙学習とは，母語で語彙項目に最適に組み立てられた統語素性，意味素性，音韻素性を，第二言語の語彙項目に再配置（reassembly）することであると主張する。この仮説は，機能範疇素性欠陥仮説とは異なり，母語に存在しない素性でも獲得可能であること，さらに解釈可能性仮説とも異なり，素性の解釈可能性は第二言語獲得には無関係であり，解釈不可能な素性でも入力から検索可能（detectable）ならば，獲得可能であると主張する（Lardiere, 2009; 遊佐・杉崎・小野，2018）（解釈可能性仮説の不備を指摘した文献としては，Hwang & Lardiere（2013）を参照のこと）。この素性再配置仮説から第二言語獲得における時制の問題を考えると，時制素性の検索の困難さが問題を引き起こしていると考えることができる。ここで注意すべきは，Goldschneider & DeKeyser（2001）の主張とは異なり，屈折形態素の *-s* が音響的な際立ち（acoustic saliency）の低さだけでは，*-s* の検索の困難さが全て説明できないことである。もし音響的な際立ちが問題ならば，三単現の *-s* と同じ音響的特性を持つ，複数形の *-s*，所有形の *-'s* が第二言語獲得で同じ難易度を示すことを予想するが，事実はそうでなく三単現の *-s* の獲得が一番困難であることが知られている（吉村・中山，2018）。素性再配置仮説に従い，時制が一般動詞の接辞として具現化するメカニズムを検討し，一般動詞が原形で生じたり，時制が *be* 動詞として具現化することを以下で見ることにする。

4. 英語とフランス語の比較統語論

以下の例に示されるように，英語とフランス語では，動詞の現れる位置が動詞句副詞や否定辞との関係において異なる（Pollock, 1989）。

（7） a. *John likes not Mary.

b. Jean （n'） aime pas Marie.[3]
Jean Neg like Neg Marie

c. *John kisses often Mary.

d. Jean embrasse souvent Marie.
Jean kiss often Marie

e. John often kisses Mary. （Pollock, 1989, p. 367）

---

3 基本的にフランス語では，動詞を *ne* と *pas* で挟むことによって否定文が作られる。

(7b) と (7d) に見られるように，フランス語では，一般動詞は否定辞 *pas* ならびに動詞句副詞 *souvent* に先行しなければならない。一方，英語では，一般動詞は否定辞ならびに動詞句副詞の後ろに置かれなければならず，フランス語と同様の語順を持つ (7a) と (7c) は非文法的となる。

Chomsky (1993) で提案された Lexicalist Approach では，動詞が現れる位置の違いを，動詞が機能範疇に移動するタイミングの違いとして説明している[4]。Lexicalist Approach では，動詞は屈折した形で心的辞書(lexicon)にリストされており，動詞が機能範疇にどの時点で移動するかは，その動詞が持つ素性により決定される。例えば，フランス語では，(8) に示されるように，動詞 *embrasse* は動詞句副詞 *souvent* を越えて機能範疇 T に顕在的に上がる (verb raising: V-raising)。これは，フランス語の一般動詞がスペルアウトより前に照合されなければならない強素性 (strong feature) を持っているからである[5]。

(8)　フランス語：顕在的 V-raising

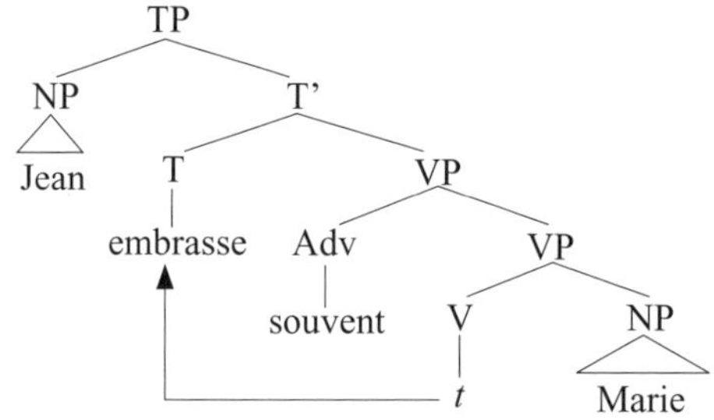

一方，英語の一般動詞は，スペルアウトまでに照合される必要のない弱素性 (weak feature) を持っていると仮定されるため，(9) に示されるように，スペルアウト後の LF 部門で非顕在的に上がる[6]。

4　反語彙主義 (anti-lexicalism) と矛盾しない分散形態論 (distributed morphology) から，*be* 動詞の過剰生成を扱ったものに遊佐 (2008) がある。本稿は，大滝 (2012) に従い Hybrid Approach で議論するが，基本的な議論は反語彙主義に翻訳可能である。

5　本稿の構造において，動詞とそれに結合する接辞が別々の位置に生じている (Chomsky, 1957)。

6　Chomsky (1993) は，(i) のような顕在的動詞移動をする文を排除するために，(ii) のよ

(9) 英語：非顕在的 V-raising

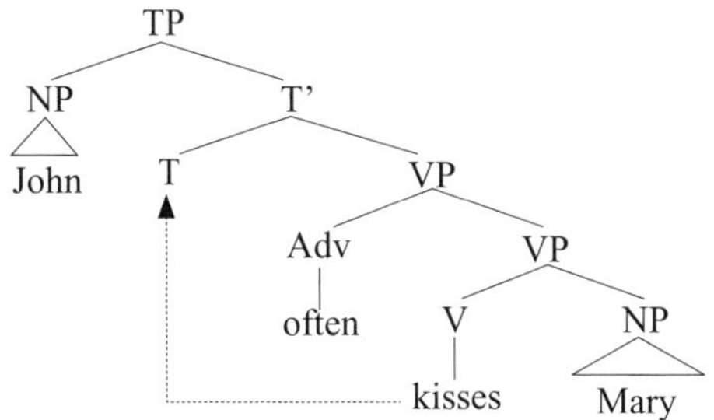

以上のような動詞の位置の違いは，英語の *be* 動詞と一般動詞との間にも観察される。

(10) a. John rarely visited Bill.
 b. *John visited rarely Bill.
 c. *John rarely was at home.
 d. John was rarely at home.

(10a–b) に見られるように，英語では，一般動詞は動詞句副詞の後ろに置かれなければならない。一方，(10c–d) に見られるように，*be* 動詞は動詞句副詞に先行しなければならず，一般動詞と逆の性質を示す。同様のパターンは，否定辞 *not* との関係においても観察される。

(11) a. John did not visit Bill.
 b. *John visited not Bill.
 c. *John not was at home.
 d. John was not at home.

うな条件を仮定している。

(i) * John likes not Mary.

(ii) Procrastinate (Lasnik, 1995, p. 257 より引用，Chomsky, 1993, p. 30 を参考)
Delay an operation until LF whenever possible, that is, whenever delaying would not cause the derivation to crash.

英語における *be* 動詞と一般動詞の位置的な違いも，英語とフランス語における一般動詞の位置的な違いと同様に説明される。英語の *be* 動詞は，フランス語の一般動詞と同様に強素性を持つと仮定され，従って，(12) に示されるように，動詞句副詞や否定辞を越えて顕在的に機能範疇 T に上がる。

(12) 英語 *be* 動詞：顕在的 V-raising

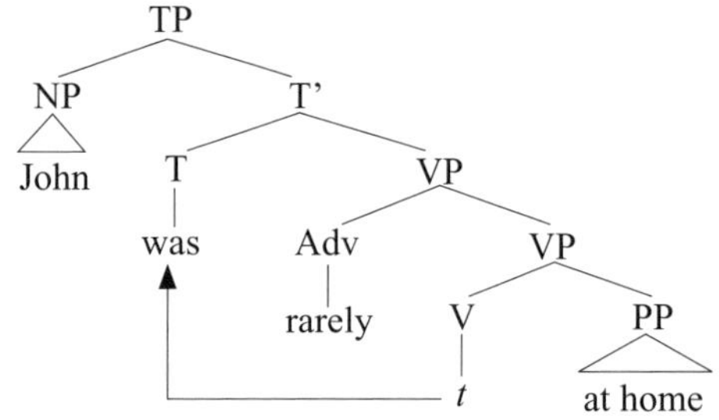

一方，(9) でも触れたように，英語の一般動詞は弱素性を持つため，顕在的には上がらず，LF 部門で非顕在的に機能範疇 T に上がる。

Lasnik (1995) は，Chomsky (1993) の Lexicalist Approach の問題点を指摘し，代わりに，Hybrid Approach を提案している。Lasnik (1995) は，Chomsky (1993) の Lexicalist Approach は，以下の Warner (1986) によって報告されている動詞句省略 (VP-ellipsis) に関する事実を説明できないと指摘している。

(13) a. John slept, and Mary will ~~sleep~~ too.
(John slept, and Mary will sleep too.)
b. *John was here, and Mary will ~~be here~~ too.
(John was here, and Mary will be here too.)
c. *John has left, but Mary shouldn't ~~have left~~.
(John has left, but Mary shouldn't have left.)
(Lasnik, 1995, pp. 262–264)

(13a) では，一般動詞の過去形 *slept* が，省略されている動詞句 *sleep* の先行詞となっている。一方，(b–c) では，*be* 動詞ならびに完了の *have* (以降，助

動詞 *be/have* と呼ぶ）が使われているが，*be* 動詞の過去形 *was* や完了形の *has* は，省略されている *be* や *have* の先行詞となることができない。Lasnik（1995）は，動詞はすべて屈折した形で心的辞書にリストされると仮定する Lexicalist Approach では，これらの違いを説明することは難しいと指摘するとともに，Chomsky（1957）の Affix Hopping Approach を一部取り入れた Hybrid Approach を提案し，問題の解決を試みている。Hybrid Approach の要点を以下の（14）にまとめる（Lasnik, 1995, pp. 258–259 を参照）。

（14）a. フランス語の全ての動詞は，屈折素性（inflectional feature）とともに，屈折した形で心的辞書にリストされる。
　b. 英語の助動詞 *be/have* は，屈折素性とともに屈折した形で心的辞書にリストされる。
　c. b 以外の英語の動詞は，原形として心的辞書にリストされる。
　d. 機能範疇 T は自由に接辞（affix）もしくは屈折素性となることができる。
　e. 接辞である T は，PF 併合と呼ばれる形態的な操作によって V と併合されなければならない（Bobaljik, 1995 を参照）。

以上のシステムは，（15）に示される 4 つの論理的に可能な組み合わせを産み出す。

（15）a.	T（屈折素性）...V（屈折素性）	→	フランス語動詞・英語助動詞 *be/have*
b.	T（接辞）...V（原形）	→	英語一般動詞
c.	T（屈折素性）...V（原形）	→	非文法的
d.	T（接辞）...V（屈折素性）	→	非文法的

（15a）の組み合わせでは，T と V がともに屈折素性を持っている。屈折素性は顕在的な統語部門で照合されなければならないため，V が T に顕在的に移動して素性が照合される。これは，フランス語の動詞や英語の助動詞 *be/have* に見られるパターンである。（15b）の組み合わせでは，接辞である T

と原形の V が形態部門において（隣接条件のもと）併合されるため，V は T の位置に移動しない。これは，英語の一般動詞に見られるパターンである。(15c) の組み合わせでは，T が屈折素性であるにもかかわらず，それと照合する素性が存在しないため，統語部門において屈折素性が照合されずに残ることとなり，その結果，非文法的な文となる。また，(15d) の組み合わせも，V の屈折素性が照合されずに残るのに加えて，V はすでに屈折した状態で統語部門に導入されるため，接辞である T が形態部門で V と併合できず，非文法的な文となる。

Lasnik (1995) は，以上の Hybrid Approach と (16) の省略に関する条件を仮定すると，前述した動詞句省略のパターンを自然に説明できると主張している。

(16)　動詞句省略の形態的同一性条件 (Lasnik, 1995)
　　動詞句が省略できるのは，同一の形を持つ先行詞があるときに限る。

例えば，(13a) (以下 (17) に再掲) の一般動詞が関わる例では，統語部門において省略の対象となる動詞と先行詞の動詞が両者ともに同じ形式 (原形 *sleep*) を持つため，省略が認可される。

(17)　John T [$_{\mathrm{VP}}$ sleep], and Mary will ~~[$_{\mathrm{VP}}$ sleep]~~ too.

対照的に，(13b–c) (以下 (18a–b) に再掲) の助動詞 *be*/*have* が関わる例では，これらの助動詞は屈折した形で統語部門に導入されるため，省略の対象となる原形の助動詞とは同形とならず，その結果，(16) の条件を満たすことができないため，省略は認可されない。

(18) a. *John was$_1$ [$_{\mathrm{VP}}$ *was$_1$* here], and Mary will ~~[$_{\mathrm{VP}}$ *be* here]~~ too.
　　b. *John has$_1$ [$_{\mathrm{VP}}$ *has$_1$* en leave], but Mary shouldn't ~~[$_{\mathrm{VP}}$ *have* en leave]~~.

次の節では，Lasnik (1995) のシステムを使って英語の母語獲得における動詞形態素の誤りを説明した，Tesan & Thornton (2003) の研究を紹介する。

5. *Be* 動詞の過剰生成に関する先行研究

5.1 Tesan & Thornton (2003)

Tesan & Thornton (2003) は，*be* 動詞の過剰生成と類似した現象を，英語を母語とする幼児の発話において観察している。具体的には，3 名の英語を母語とする幼児 (C.W.: 2;00–2;11, S.I.: 1;11–2;08, C.M.: 1;09–2;06) の発話内で，(19a) に挙げられるような一般動詞の前に屈折接辞の -*s* を過剰生成する発話が観察された[7]。ここでは，屈折接辞が親である動詞から離れている。

(19) a. The bear s like the cheese. (Tesan & Thornton, 2003, p. 252)
b. #The bear s can jump over the fence.

このような誤りは，三人称単数の主語が含まれる文の約 12% に観察された。また，(19b) のように，法助動詞が含まれる文ではこのような誤りは観察されなかった。このことは，“bear s” がまとまり (chunk) ではないことを示している。

Tesan & Thornton (2003) は，Lasnik (1995) の Hybrid Approach に従って，このような誤りが起こる原因を以下のように説明している。前述したように，英語の一般動詞が含まれる文では，通常 (15b) の「T (接辞) ...V (原形)」の設定が採用されるが，英語を母語として獲得している幼児は，獲得の過程で (15c) の「T (屈折素性) ...V (原形)」の設定を採用する段階がある。より厳密に言うと，(19a) の基底構造である (20a) では，接辞である -*s* が動詞句内で一般動詞とともに生成され，その後，(20b) に示されるように，T の屈折素性を照合するために接辞 -*s* が T の位置に移動すると Tesan & Thornton (2003) は主張している。

(20) a. The bear$_1$ [$_{T'}$ [$_T$ F] [$_{VP}$ [s] t_1 like the cheese]]
b. The bear$_1$ [$_{T'}$ [$_T$ [s$_2$]] [$_{VP}$ t_2 t_1 like the cheese]]

7 Tesan & Thornton (2003) が収集した発話データは，実験者によって誘引された発話と自然発話を合わせたものである。詳しくは，Tesan & Thornton (2003, p. 249) を参照のこと。

5.2 *Be* 動詞の過剰生成の分析

本節では，Tesan & Thornton (2003) の分析を発展させる形で，第二言語獲得における *be* 動詞の過剰生成を説明する。本稿においても，前節で見た Tesan & Thornton (2003) と同様，第二言語獲得における *be* 動詞の過剰生成は (15c) の「T (屈折素性) ...V (原形)」のオプションを第二言語学習者が採用することによって生じると考えるが，なぜ第二言語学習者がそのようなオプションを敢えて採用するのかについて詳しく考えてみたい。

第二言語獲得研究において，第二言語学習者は動詞が現れる位置に関する知識を比較的早く獲得すると報告されている (Wexler, 1998; Prévost & White, 2000; Ionin & Wexler, 2002)。この事実は，学習者は英語を獲得する際に，一般動詞が「V (原形)」の設定を持つという知識を早くから有していることを示している。一方，機能範疇 T が「T (接辞)」の設定を持つことを示す肯定証拠は非常に限られている。具体的には，(V から T への移動ではなく) Affix Hopping (もしくは, PF 併合) が適用されていることを示す肯定証拠は，以下のような例である。

(21) Subject (3rd.singular) ...VP-adverb ...V-s ... (e.g., John often plays tennis.)

(21) のような例は，Affix Hopping により接辞 *-s* が動詞句内の V に付加していることを示すため，学習者にとって「T (接辞)」の設定を獲得する際の引き金 (trigger) となる。しかし，英語学習者が「T (接辞)」の設定を獲得するのは，以下の 2 つの理由により困難であると考えられる。1 つ目は，英語学習者にとって (21) のような文は頻繁に目にする (耳にする) タイプの文ではない可能性があるため，そもそも肯定証拠としてこのような文を取り入れる機会が限られているという理由である。2 つ目は，英語学習者は同時に，“John plays tennis” のような文にも接するために，本当に Affix Hopping が起こっているのかを検索することが困難であるという理由である。

対照的に，学習者は助動詞 *be*/*have* を含む文を通じて，(22) のような「T (屈折素性)」の引き金となる肯定証拠には比較的頻繁に遭遇すると考えられ，T の屈折素性の検索は極めて容易である。

(22) Subject *is/am/are/has* Negation/VP-adverb ...
(e.g., John is not a student.)

また，多くの言語でも定形の *be* 動詞や助動詞が一般動詞よりも獲得が早いことが知られている。このような状況において，学習者は頻度が高く検索の容易な「T (屈折素性)」の設定を一般動詞の場合にも適用し，「T (屈折素性) ...V (原形)」の組み合わせを誤って採用してしまい，その結果 *be* 動詞で定性 (finiteness) を具現化していると考えられる。

本稿で提案する *be* 動詞の過剰生成のメカニズムは以下の通りである。学習者は誤って「T (屈折素性) ...V (原形)」の設定を採用してしまうが，このままでは，T の屈折素性が照合されずに残ってしまうため，派生が収束しない。この問題を解決するため，(23) に示されるように，屈折素性を持つ *be* 動詞を T の位置に最終手段 (last resort) として挿入することによって，T の屈折素性を照合する。その結果，*John is play tennis* のような *be* 動詞が過剰生成された文が産み出される。

(23) John is play tennis.

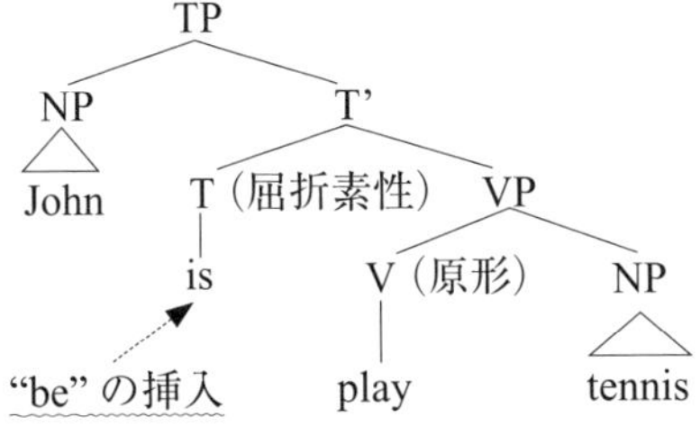

以上で述べた *be* 動詞の過剰生成に関する分析は，以下の点において Tesan & Thornton (2003) の分析と異なる。Tesan & Thornton (2003) は，接辞 *-s* が動詞句内に基底生成され，T の屈折素性を照合するために移動すると仮定しているが，この接辞がどのような特徴を持ち，なぜ動詞句内に生成されるのかについては説明がなく，この現象を説明するためだけのその場しのぎの仮定 (stipulation) に思われる (Otaki, 2004)。

本稿では，Becker (2004) に従い，屈折した (屈折素性を持つ) *be* 動詞が

T の屈折素性を照合するために直接挿入されると仮定する。Becker (2004) は，英語には屈折していない原形の *be* 動詞と，*is*/*am*/*are* のように屈折した形を持つ *be* 動詞の二種類の *be* 動詞が存在すると主張している。特に，後者の屈折した形の *be* 動詞に関しては，T に存在する屈折素性を照合するために T に直接挿入されると主張している。原形の *be* 動詞と屈折した *be* 動詞が別の要素であることを示す例として，Becker (2004) は以下の文を挙げている。

(24) a.　Why don't you be my friend?

b.　Why aren't you my friend?

(24a) では，「どうしてあなたは私の友人にならないの」という事象 (eventive) 解釈もしくは起動 (inchoative) 解釈が可能である一方，(24b) は「どうしてあなたは私の友人でないの」という現在の状況を尋ねる解釈しか持っていない。事象解釈や起動解釈が V という範疇を持った *be* 動詞から生じると仮定すると，(24b) でなぜそのような解釈が不可能なのか問題となる。そこで Becker (2004) は，屈折した形の *be* 動詞はそもそも V という範疇ではなく，T の屈折素性の具現形として現れているため，事象解釈や起動解釈を得ることができないと説明している。

(23) で示した過剰生成された *be* 動詞は，Becker (2004) の屈折した形の *be* 動詞と同様の特徴を持つものであると考えられる。しかし，ここで T の屈折素性を照合するために挿入されるのは *be* 動詞なわけであるが，なぜ *do* はその候補とならないのであろうか。実際，英語の疑問文や否定文では，接辞である T が Affix Hopping によって動詞に付加できない場合，最終手段として接辞を救うために助動詞 *do* が挿入される (***do*-支持：*do*-support**)。

(25) a.　Does John play tennis?

b.　John does not play tennis.

遊佐 (2008) は，Matushansky (2000) の観察をもとに，*be* 動詞の過剰生成において *do* が出現しないのは，*do*-支持は「非平叙文 (non-declarative)」と

いう法性 (modality) を示す機能を持っているからであると説明している。Matushansky (2000) は，以下の (26) の例において，*do*-支持は時制を対照させるために使うことはできないと報告している。

(26) a. You DID study modals last year, right?
b. #I DO study modals now (but last year I didn't).

この事実は，*do*-支持は時制を支えるための機能は持っていないことを示している。一方，*do* は法助動詞 (modal) とよく似た性質を示す。例えば，以下の (27) に示されるように，*do* は法助動詞と同様，動詞句副詞の前にしか現れることができない。

(27) a. *I often could put adverbs before modals.
b. I could often put adverbs before modals.
c. *I often DID put adverbs before *do*.
d. I DID often put adverbs after *do*.

また，(28) に示されるように，法助動詞と同様，*do* は不定詞や動名詞となることができない。

(28) a. *I forced myself to can/to do not/to DO put a modal into an infinitive.
b. *I tried canning/DOING (to) put a modal into a gerund form.

これらの事実は，*do* は法助動詞と同様，法性 (具体的には「非平叙文」という法性) を示す要素であり，ただ単に時制や屈折に関する接辞を救うために現れているわけではないことを示している。実際，第二言語学習者は，*do*-支持は疑問文や否定文などの「非平叙文」で使用されるという肯定証拠に遭遇する機会は多いと考えられるので，*do*-支持の法性に関する知識を早い段階で獲得している可能性が高い。従って，*John is play tennis* のような平叙文では，*do* ではなく *be* が挿入されると遊佐 (2008) は主張している (**be-支持：*be*-support**)。

以上の説明は，素性再配置仮説の観点から見ると，以下のように解釈することができる。日本語は主語と動詞の一致を示さない言語であるため，機能範疇Tには数・人称に関わるφ素性が欠けていると考えられる（Kuroda, 1988; Saito, 2007）。従って，日本語の母語話者が英語を第二言語として学ぶ際，Tが持つ素性の組み合わせを以下のように再配置する必要が出てくる。

(29) a.　T [±past]　（日本語）
　　b.　T [±past, ±singular, person, ±affix]　（英語）

問題は，Tを構成する素性の一つである [±affix] を学習者がどのように獲得するかである。先ほども見たように，英語で三単現の *-s* が [+affix] であることを検索することは非常に困難であるため，学習者が [+affix] という素性を獲得するのには時間がかかると考えられる。加えて，*be* 動詞などの例から，[−affix] という素性に関する肯定証拠は頻繁に得ることができるため，一般動詞が使われる文のTに関しても，学習者は誤って [−affix] という素性を組み込んでしまい，その結果，*be* 動詞の過剰生成が起こると分析することができる。（同様の説明は，Tが [+affix] という素性を持たない言語を L1 とする学習者にも当てはまる。）

6.　Otaki (2004) による実験

本節では，Otaki (2004) による実験を紹介し，5.2 節で提案した *be* 動詞の過剰生成に関する説明の妥当性を検討する。

6.1　第二言語獲得に対する予測

5.2 節では，第二言語学習者による *be* 動詞の過剰生成は，動詞形態素に関して *be* 動詞と一般動詞が異なる設定を持つために生じると分析した。より厳密に言うと，英語では，*be* 動詞の場合は「T（屈折素性）...V（屈折素性）」，一般動詞の場合は「T（接辞）...V（原形）」という設定を持つが，第二言語学習者は，獲得過程において，「T（屈折素性）...V（原形）」という設定を採用するため，T（屈折素性）の素性を照合するために，屈折した形の *be*

動詞を挿入し，その結果，*be* 動詞が過剰生成されると提案した。

この分析は，第二言語獲得に対して以下のような予測をする。第一に，*be* 動詞の過剰生成が *be* 動詞と一般動詞の性質の違いに起因するのであれば，*be* 動詞と一般動詞が同様の性質を持つ言語を学ぶ際には，そのような誤りは起こらないはずである。具体的には，フランス語は，以下の例に見られるように，*be*（*être*）動詞と一般動詞はどちらも否定辞や動詞句副詞に先行するので，「T（屈折素性）...V（屈折素性）」の設定を持っていると考えられる[8]。

(30) a. Jean (n') aime pas Marie.
Jean Neg love Neg Marie
'Jean does not love Marie.'

b. Jean (n') est pas grand.
Jean Neg is Neg tall
'Jean is not tall.'

従って，フランス語を第二言語として学ぶ学習者の間では，*be*（*être*）動詞の過剰生成の割合が英語学習者の場合と比べて少ないことが予測される。

第二に，5.2 節では，第二言語学習者が *do* ではなく *be* を過剰生成する理由として，*do* は「非平叙文」という法性を示す機能があるために，平叙文では *do* が T を救うために出現することはないと説明した。この説明は，*be* 動詞の過剰生成は平叙文のみで観察され，疑問文や否定文では学習者は正しく *do*-支持を使用することを予測する。

以下の節では，これらの予測と Otaki（2004）の実験結果を照らし合わせ，本稿で提案した分析の妥当性を検討する。

---

8 フランス語で英語の *be* 動詞に対応するものは *être*（原形）である。*être* は以下のように活用する。

1 人称単数：*suis*	1 人称複数：*sommes*
2 人称単数：*es*	2 人称複数：*êtes*
3 人称単数：*est*	3 人称複数：*sont*

6.2 実験参加者

実験参加者は，日本語を母語とする中学 2 年生 29 名である。実験参加者は，英語を第一外国語として学ぶグループ 16 名 (英語グループ) と，フランス語を第一外国語として学ぶグループ 13 名 (フランス語グループ) に分けられた[9]。

6.3 手順

実験参加者は，紙に書かれた日本語の文を英語またはフランス語の文に直して記入するという課題を行った。実験で使用したテスト文のタイプを，以下の (31) にまとめる。

(31) テスト文 (英語グループ)[10]

<u>*Be* 動詞</u>

a. 一人称・平叙文 「私は日本人だ。」
'I am Japanese.'

b. 三人称・平叙文 「ボブは背が高い。」
'Bob is tall.'

c. 二人称・疑問文 「君は誰だ？」
'Who are you?'

d. 三人称・疑問文 「それは何？」
'What is it?'

e. 一人称・否定文 「私はジャーナリストではない。」
'I am not a journalist.'

---

9 実験を行った中学校では，生徒は英語とフランス語からどちらを第一外国語として学ぶかを選べるようになっている。第一外国語として選ばなかった言語 (例えば，英語を第一外国語とした場合はフランス語) は，第二外国語として学ぶことになる。第一外国語は週に 6 時間，第二外国語は週に 2 時間授業が行われる。

10 フランス語グループのテスト文も，基本的には英語グループのテスト文と同様のものである。しかし，フランス語には英語の進行形に相当する表現が存在しないため，英語グループで使用した (o, p) に対応するテスト文は含まれていない。その結果，テスト文の総数は，英語グループでは 16 文，フランス語グループでは 14 文となっている。

f.　三人称・否定文　「サムは勇敢ではない。」
　‘Sam is not brave.’

一般動詞

g.　一人称・平叙文　「私は毎日音楽を聴く。」
　‘I listen to music every day.’

h.　三人称・平叙文　「メアリーはトムのお母さんを知っている。」
　‘Mary knows Tom’s mother.’

i.　二人称・疑問文　「あなたは誰を愛しているの？」
　‘Who do you love?’

j.　三人称・疑問文　「ジョンは何が好きかな？」
　‘What does John like?’

k.　一人称・否定文　「私はデイブが好きではない。」
　‘I don’t like Dave.’

l.　三人称・否定文　「トムは豚肉を食べない。」
　‘Tom does not eat pork.’

m.　一人称・動詞句副詞　「私はときどきパリを訪れる。」
　‘I sometimes visit Paris.’

n.　三人称・動詞句副詞　「ジョンはよくメアリーにキスをする。」
　‘John often kisses Mary.’

o.　一人称・進行形　「私は今英語の勉強をしている。」
　‘I am studying English now.’

p.　三人称・進行形　「ウィリアムは公園でテニスをしているよ。」
　‘William is playing tennis in the park.’

6.4　結果

結果を以下の表 1 にまとめる。

表１ 実験結果のまとめ（%）

	屈折の省略	正しい動詞の位置	誤った屈折	*Be*/*être* の過剰生成
英語グループ	43.8	93.7	0	9.4
フランス語グループ	4.8	92.3	2.6	1.9

第二言語における動詞形態素の獲得に関する先行研究と照らし合わせると，本実験の実験参加者は多くの部分において先行研究で報告されているのと同様の振る舞いを示した。第一に，英語グループにおいて，主語が三人称単数の場合に接辞の *-s* を省略する誤りが高い割合（43.8%）で観察された。第二に，否定辞や動詞句副詞との関係において，動詞の現れる位置が正確である確率が高かった（英語グループ：93.7%，フランス語グループ：92.3%）。第三に，屈折の省略は英語グループで頻繁に観察されたが，対照的に，誤った屈折（例えば，*I are Japanese* や *Bob am tall* のような例）はほぼ観察されなかった（英語グループ：0%，フランス語グループ：2.6%）。これらの結果は，Prévost & White（2000）や Ionin & Wexler（2002）で報告されている結果と一致している。

加えて，*be*/*être* 動詞の過剰生成も観察された。*be*/*être* 動詞の過剰生成の例を以下に挙げる。

(32) *Be* 動詞の過剰生成の例と数（英語グループ）

a. 一人称・一般動詞 "I listen to music" 0/16

b. 三人称・一般動詞 "Mary knows Tom's mother" 3/16

→ "Mary is know Tom's mother." (O.T.)

→ "Mary is know the Tom's mother." (T.E.)

→ "Mary is know to Tom's mother." (I.Y.)

c. 一人称・動詞句副詞 "I often visit Paris" 0/16

d. 三人称・動詞句副詞 "John often kisses Mary" 3/16

→ "Jon is usually kiss to Mary." (T.Y.)

→ “Jyon is often kiss Mary.”（O.T.）

→ “Jone is often kiss to Mary.”（T.E.）

（33） *Être* 動詞の過剰生成の例と数（フランス語グループ）

a	一人称・一般動詞	“Je mange un gateau（I eat a cake）.”	0/13
b.	三人称・一般動詞	“Marie chante un chanson（Marie sings a song）.”	0/13
c.	一人称・動詞句副詞	“Je connais bien Paris（I know Paris well）.”	0/13
d.	三人称・動詞句副詞	“Jean embrasse souvent Marie（Jean often kisses Marie）.”	1/13

→ “Jean et embrasse souvernt a Mari.”[11]（T.A.）

英語グループにおける *be* 動詞の過剰生成の割合は，一般動詞が含まれる平叙文において 9.4% であった。6.1 節の予測の通り，*be* 動詞の過剰生成は平叙文でしか観察されず，否定文・疑問文では全く観察されなかった。（つまり，否定文・疑問文では，実験参加者は正しく *do*-支持を使うことができていた。）また，*be* 動詞の過剰生成の誤りは，主語が三人称の場合にのみ観察され，*be* 動詞が過剰生成された場合は，一般動詞は原形として現れ，三人称単数現在の接辞 *-s* は付かなかった。5.2 節で提案したように，過剰生成された *be* 動詞が T の屈折素性を照合するために挿入されたと仮定すると，*be* 動詞の過剰生成が起きた場合に一般動詞に接辞が現れないのは当然のことと考えられる。さらに，動詞句副詞が含まれる文での *be* 動詞の過剰生成を見てみると，*be* 動詞と動詞句副詞と一般動詞の語順が，*be* 動詞 >> 動詞句副詞 >> 一般動詞となっていることが分かる。これも，5.2 節の分析が予測する通りの順番であり，過剰生成された *be* 動詞が T の位置を占めることを示唆する。

一方，フランス語グループでは，1 例のみ *être* 動詞の過剰生成の例が観察された。表面的な屈折を要求する平叙文のみに焦点を当てると，英語グルー

11　フランス語の *et* は本来 *and* に対応する等位接続詞であるが，この例では，*être* の 3 人称単数である *est* の綴りを間違ったものである可能性が高いため，*be*（*être*）の過剰生成としてカウントしている。

プとフランス語グループにおける *be*/*être* 動詞の過剰生成の数に関して，以下の分割表を作ることができる。

表2 分割表

	be/*être* 動詞の過剰生成有り	*be*/*être* 動詞の過剰生成無し
英語グループ	6	26
フランス語グループ	1	51

言語グループ（英語 / フランス語）と *be*/*être* 動詞の過剰生成（有 / 無）に相関があるかをフィッシャーの正確確率検定（Fisher's Exact Test）により分析したところ，統計的に有意な関連が観察された（$p = .011$, 両側検定）。この結果は，5.1 節で挙げた予測の通り，英語を学ぶ場合とフランス語を学ぶ場合で，*be*/*être* 動詞の過剰生成の有無に差があることを示しており，さらには，5.2 節で提案した *be* 動詞の過剰生成に関する分析が妥当であることを示唆するものである。

7. 考察

Otaki（2004）の *be*/*être*- 支持に関する実験結果は，Lasnik（1995）の Hybrid Approach と，Matushansky（2000）に基づいた遊佐（2008）の提案から説明が可能であることを見た。これに対して「第二言語学習者は初期段階では，T と一般動詞の一致ができないために，形態論的一致を T への顕在的 V 移動と結びつける」との提案がなされることがある（例えば，Ionin & Wexler（2002））。この提案によると，まず VP 内に *be* が生成されて T へ顕在的に移動することになる。この提案では，なぜ VP 内に *be* が一般動詞とともに生成されるかが不明である。さらに，*be* の過剰生成は，英語の初期段階だけではなく英語に長年接した安定状態でも観察されるため（Lardiere, 1998），この提案では十分な説明ができない。

Otaki（2004）では，三人称にのみ日本人英語学習者の *be*- 支持が見られた。しかし，英語学習が進むと，一人称，二人称でも *be*- 支持がでることが報告されている（例えば，末永（2018））。これは，学習の初期段階では「三単現の *-s*」の規則を明示的に学習し，三人称の場合にのみ一般動詞に屈折形態素が明示的に付加されるために，三人称にのみ時制の注意が向けられていたのが，英語学習が進むと時制の知識が一人称，二人称にも拡大したためであると思われる。本研究では，T に *be*-支持が起こると，（1c）のように V には T が具現化せず，定形動詞と *be*-支持が共起する（34）のような例は殆ど起こらないと予想するが，従来の研究はこれを裏付けている（Ionin & Wexler, 2002）。

（34）a.　#He *is goes* to elementary school.　（Ionin & Wexler, 2002）
　　b.　#He *is* often *plays* tennis.　（遊佐，2008）

また，本論の提案は，T の位置に生じる助動詞の *can* や完了形の *have* とも *be* 支持は共起できないことを予想する。末永（2018）は，収集した約 350 の *be*- 支持の中でも（35）のような例は頻度が少ないことを報告している。

（35）a.　#He *is can* play tennis.
　　b.　#He *is have* played tennis.

最後に，*be*- 支持は，（36）のように Otaki（2004）の結果とは異なり疑問文や否定文でも生じることが報告されることがある（末永，2018）。

（36）a.　*Is* he play tennis?
　　b.　He *is* not play tennis.

（36）のように疑問文や否定文で *be*- 支持を産出する英語学習者は，「*do*-支持は非平叙文（non-declarative）で用いられる」という知識を身につけていない可能性がある。あるいは，*be* と *do* を比較すると *do* の方がモダリティーに関する素性 [+modality] が余分に指定されているために，第二言語使用者は形式素性の少ない方を音声化するという形態論的経済性（morphological economy）から *be*-支持が選ばれる可能性がある（遊佐，2008）。

8. おわりに

本稿は,「三人称単数現在の *s*」の問題を生成文法理論の観点から扱った。まず,「三人称単数現在の *s*」の省略は時制の知識の欠如ではないことを示した。さらに,「三人称単数現在の *s*」に関する明示的な知識があるにも関わらず,英文を話したり書いたりする場面で問題がでるのは,言語運用の段階でこの言語知識にアクセスするときに問題が生じることを述べた。次に,*be*- 支持の現象は,時制や一致を示す屈折辞が最初から V に付加されているのではなく,T と V が異なった位置に生成されるという Chomsky (1957) 以来の仮定を,第二言語使用の観点から支持することを見た。また *be*- 支持は T の具現化であり,英語の T の持つ屈折素性と接辞素性の曖昧性に起因し,素性再配置仮説と *do* の機能から,なぜ T に *do*- 支持ではなく *be*- 支持が選択されるのかを述べた。本研究は,*be* 動詞の過剰生成という,英語教育現場では従来から観察されていた現象の心的メカニズムの解明に対して,生成文法に基づく第二言語獲得研究が貢献できることを示した。

本稿は,遊佐 (2008, 2016),大滝 (2012) をもとに加筆,修正したものである。なお,本稿の脱稿後に,Yusa and Otaki (2019) で本稿の内容及び展開を発表する機会があった。

本研究は,JSPS 科学研究費補助金基盤研究 (B) (課題番号 17H02364 (遊佐)),同萌芽研究 (課題番号 16K13266 (遊佐)),同若手研究 (B) (課題番号 17K13514 (大滝)) の助成を受けたものである。また,本稿で議論されている *be* 動詞の過剰生成に関しては,明海大学の大津由紀雄先生に長年に渡り多くの有益なコメントをいただいた。ここに深く謝意を表す次第である。

参照文献

Akmajian, A. (1984). Sentence types and the form-function fit. *Natural Language and Linguistic Theory*, *2*, 1–23.

Becker, M. (2004). Is isn't be. *Lingua*, *114*, 399–418.

Bley-Vroman, R. (1990). The logical problem of foreign language learning. *Linguistic Analysis*, *20*, 3–49.

Bobaljik, J. D. (1995). Morphosyntax: The syntax of verbal inflection. Doctoral dissertation, MIT.

Chomsky, N. (1957). *Syntactic structures*. The Hague: Mouton.

Chomsky, N. (1993). A minimalist program for linguistic theory. In K. Hale & S. J. Keyser (Eds.), *The view from building 20: Essays in linguistics in honor of Sylvain Bromberger* (pp. 1–52). Cambridge, MA: MIT Press.

Chomsky, N. (1995). *The Minimalist Program*. Cambridge, MA: MIT Press.

Chomsky, N. (2005). Three factors in language design. *Linguistic Inquiry*, *36*, 1–22.

Corbett, G. (2006). *Agreement*. Cambridge: Cambridge University Press.

Dulay, H., & Burt, M. (1974). Natural sequences in child second language acquisition. *Language Learning*, *24*, 37–53.

Fleta, M. T. (2003). Is-insertion in L2 grammars of English: A step forward between developmental stages? *Proceedings of the 6th GASLA*, 85–92.

Goldschneider, J. M., & DeKeyser, R. (2001). Explaining the "natural order of L2 morpheme acquisition" in English: A meta-analysis of multilpe determinants. *Language Learning*, *51*, 1–50.

Hawkins, R., & Chan, C. Y.-H. (1997). The partial availability of Universal Grammar in second language acquisition: The failed functional features hypothesis. *Second Language Research*, *13*, 187–226.

Hawkins, R., & Hattori, H. (2006). Interpretation of English multiple Wh-questions by Japanese speakers: A missing uninterpretable feature account. *Second Language Research*, *22*, 269–301.

Haznedar, B., & Schwartz, D. B. (1997). Are there optimal infinitives in child L2 acquisition? *Proceedings of the 21st Annual Boston University Conference on Language Development*, 257–268.

堀田隆一. (2016).「3 単現の -s の問題とは何か：英語教育に寄与する英語史的視点」家入葉子 (編)『これからの英語教育：英語史研究との対話』(pp. 105–113). 大阪：大阪洋書.

Hwang, S. H., & Lardiere, D. (2013). Plural-marking in L2 Korean: A feature-based approach. *Second Language Research*, *29*, 57–86.

Ionin, T., & Wexler, K. (2002). Why is 'is' easier than '-s'?: Acquisition of tense/agreement morphology by child second language learners of English. *Second Language Research*, *18*, 95–136.

Johnson, J., & Newport, E. (1989). Critical period effects in second language learning: The influence of maturational state on the acquisition of English as a second language. *Cognitive Psychology, 21,* 60–99.

Kuroda, S.-Y. (1988). Whether we agree or not: A comparative syntax of English and Japanese. *Linguisticae Investigationes*, *12*, 1–47.

Lardiere, D. (1998). Dissociating syntax from morphology in a divergent L2 end-state grammar, *Second Language Research*, *14,* 1–26.

Lardiere, D. (2000). Mapping features to forms in second language acquisition. In J. Archibald (Ed.), *Second language acquisition and linguistic theory* (pp. 102–129). Malden, MA: Blackwell.

Lardiere. D. (2007). *Ultimate attainment in second language acquisition: A case study.* Mahwah, NJ: Lawrence Eribaum Associates.

Lardiere, D. (2009). Some thoughts on the contrastive analysis of features in second language acquisition. *Second Language Research*, *25,* 172–227.

Lasnik, H. (1995). Verbal morphology: Syntactic structures meets the Minimalist Program. In P. Kempchinsky & H. Campos (Eds.), *Evolution and revolution in linguistic theory: Essays in honor of Carlos Otero* (pp. 151–175). Washington, DC: Georgetown University Press.

Matushansky, O. (2000). O tempora, o modes - The question of do-support. Ms. MIT.

Otaki, K. (2004). “Be” overgeneration in second language acquisition: A comparison between L2 English and L2 French. Master’s Thesis, Keio University.

大滝宏一. (2012).「Be の過剰生成に見る言語理論と英語教育の接点」第 84 回日本英文学会シンポジウム『「言語理論からみた第二言語獲得研究：英語教育との接点を求めて」』2012 年 5 月 26 日．専修大学.

Pollock, J. (1989). Verb movement, UG and the structure of IP. *Linguistic Inquiry*, *20*, 365–424.

Prévost, P., & White, L. (2000). Missing surface inflection or impairment in second language acquisition? Evidence from tense and agreement. *Second Language Research*, *16*, 103–133.

Saito, M. (2007). Notes on East Asian argument ellipsis. *Language Research*, *43*, 203–227.

末永広大. (2018).「第二言語習得におけるダミー be 助動詞」西岡宣明・福田稔・松瀬憲司・長谷信夫・緒方隆文・橋本美喜男（編）『言葉を編む』(pp. 329–337). 東京：開拓社.

Tesan, G., & Thornton, R. (2003). Small children’s big clauses. In Y. Otsu (Ed.), *The proceedings of the fourth Tokyo conference on psycholinguistics* (pp. 239–263). Tokyo: Hituzi Syobo.

Thompson, I. (2001). Japanese speakers. In M. Swan & B. Smith (Eds.), *Learner English* (pp. 296–309). Cambridge: Cambridge University Press.

Warner, A. (1986). Ellipsis conditions and the status of the English copula. *York Papers in Linguistics*, *12*, 153–172.

Wexler, K. (1998). Very early parameter setting and the unique checking constraint: A new explanation of the optional infinitive stage. *Lingua*, *106*, 23–79.

White, L. (2003). *Second language acquisition and universal grammar*. Cambridge: Cambridge University Press.

遊佐典昭. (2008).「*He is often play tennis に見られる BE 動詞の過剰生成」金子義明・

高橋大厚・小川芳樹・菊地朗・島越郎 (編)『言語研究の現在：形式と意味のインターフェイス』(pp. 471–481). 東京：開拓社.

遊佐典昭. (2016).「第二言語習得」小泉政利 (編)『ここから始める言語学プラス統計分析』(pp. 162–175). 東京：共立出版.

遊佐典昭. (2019).「生成文法に基づいた第二言語獲得研究と外国語教育のインターフェイス」西原哲雄・都田青子・中村浩一郎・米倉よう子・田中真一 (編)『言語におけるインターフェイス』(pp. 250–275). 東京：開拓社.

Yusa, N., & Otaki, K. (2019). Be-support in second language acquisition: A preliminary study. Paper presented at the 14th Generative Approach to Language Acquisiton, University of Milano-Bicocca.

遊佐典昭・杉崎鉱司・小野創. (2018).「最新の言語獲得研究と文処理研究の進展」遊佐典昭（編）『言語の獲得・進化・変化』(pp. 2–93). 東京：開拓社.

吉村紀子・中山峰治. (2018).『第二言語習得研究への誘い：理論から実証へ』東京：くろしお出版.

第2章

日本語母語話者による英語非対格動詞の過剰受動化現象に関する考察

主語名詞句の有生性と動詞の完結性の観点から

白畑知彦　近藤隆子　小川睦美
須田孝司　横田秀樹　大瀧綾乃

1. はじめに

英語を第二言語として習得する学習者が，**非対格動詞**（**unaccusative verb**）を**過剰受動化**（**overpassivization**）して産出することが知られている（Balcom, 1997; Ju, 2000; Yip, 1995; Zobl, 1989）。非対格動詞については後ほど詳述するが，ここではひとまず自動詞の一種類であると捉えておいていただきたい。自動詞であるため，受動態構造を取らないが，英語を習得途上の第二言語学習者が非対格動詞を受動態の構造で使用してしまうのである。

具体例を出せば，（1）において，happen, occur, fall はどれも非対格動詞で，（1a），（1c），（1e）の能動態の構造が適切であるのに，第二言語学習者の多くが（1b），（1d），（1f）のように受動化して使用してしまうということである。

（1） a. A traffic accident happened last night.
 b. *A traffic accident was happened last night.
 c. A big earthquake occurred last year.
 d. *A big earthquake was occurred last year.
 e A pen fell off the dashboard.
 f. *A pen was fallen off the dashboard.

この過剰受動化は，日本語を母語とする英語学習者（Japanese learners of English, JLEs）にも例外なく起こる（Hirakawa, 1995, 2006; Kondo, 2009; Oshita, 1997, 2000）。また，興味深いことに，過剰受動化現象は，cough や laugh といった**非能格動詞**（**unergative verb**）の場合にはほとんど起こらないことも知られている（近藤，2019）[1]。

これらの先行研究結果に基づき，本稿では，調査対象者を JLEs に限定し，彼らが通常は能動態として使用すべき非対格動詞を，なぜ過剰に受動化させるのか考察したい。そして，その要因として，(i) 主語が無生物名詞句であるかどうかということ，そして (ii) それぞれの非対格動詞の**完結性**（**telicity**）の程度，の2点が重要な役割を果たしていることを明らかにする[2]。特に，(i) の主語名詞句の無生性が過剰受動化に大きく関与していることを実証的に論じる。

2. 研究の背景

2.1 動詞の分類

動詞は，目的語を必要とするかしないかの観点に立てば，自動詞，他動詞，そして自他両用動詞の3つに分類できる[3]。図1を参照されたい。自動詞は主語となる名詞句，すなわち**項**（**argument**）が1つのみで文として成立する。英語も日本語も「主語＋動詞（例：John swam.／太郎が泳いだ。）」の構造を取る。一方，他動詞は主語と目的語の2つの項を必要とし，英語では「主語＋動詞＋目的語（例：John ate sushi.）」，日本語では「主語＋目的語＋動詞（例：太郎が寿司を食べた。）」の語順を取る。

したがって，例えば，自動詞（非対格動詞）arrive は，(2a) のような「主語＋動詞」の自動詞構造では文法的であるが，(2b) のように受動態になることは不可であるだけでなく，(2c) のように目的語を伴った他動詞構造になることも許容されない。

---

1 非能格動詞についても後述するが，自動詞の一種類である。

2 動詞の持つ完結性とは何かということも後述したい。

3 自他両用動詞とは，自動詞と他動詞の両方の用法を持つ動詞のことである。例えば，break, close, open などがそれにあたる（例：My computer broke./ John broke my computer.）

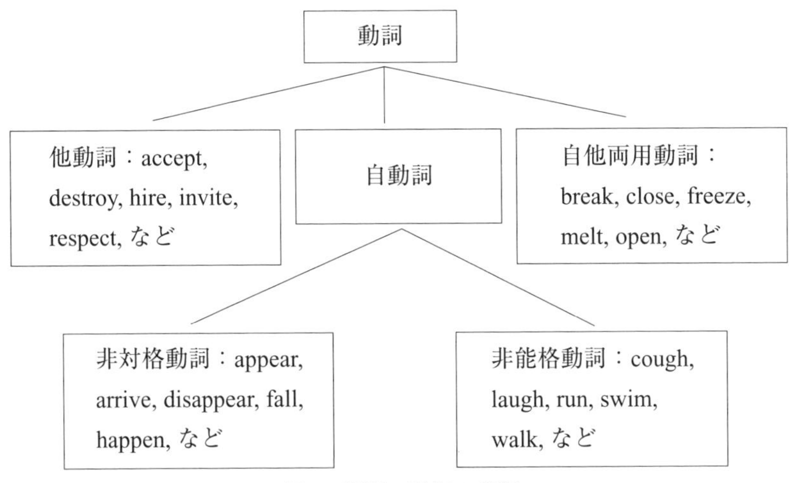

図 1　英語の動詞の分類

(2) a. A letter arrived yesterday.
b. *A letter was arrived yesterday.
c. *The postman arrived a letter yesterday.

さらに，自動詞は，非対格動詞と非能格動詞の 2 タイプに分けることができる（図 1 参照）。この 2 種類の自動詞は，表層上は同じ構造を持っているが，異なる統語的操作を経て，自動詞構造を持つようになる。つまり，両者では項（主語）の持つ**意味役割**（**thematic role**）が異なっているのである。次の例文を見てみよう。

(3) a. John ran.（非能格動詞）
b. John fell down the stairs.（非対格動詞）

(3a) において，John は ran をした**行為者**（**agent**），すなわち「動作を行う主体」であると感じられるであろう。一方，(3b) では，John が自らの意志で fell down したとは感じられないのではないだろうか。つまり，fell down の行為者ではなく，「動作の影響を被るもの」，ないしは「fell down によって，その位置や状態の変化を被るもの」と考えられるであろう。前者の意味役割を「**被行為者（patient）**」といい，後者を「**主題（theme）**」という。非能格動詞の場合は，主語に行為者を取り，非対格動詞の場合は主語に被行為者や主題を取るのである。このような２種類の動詞の持つ意味上の相違のために，自動詞は非能格動詞と非対格動詞に分けて考えるのが相当だということになる。

近藤（2019）も述べるように，非対格動詞構造と非能格動詞構造の相違は，他動詞構造との比較で考えると分かりやすいだろう。ここでは，まず他動詞の respect を例に出して説明したい。すなわち，respect は，主語と目的語の２つの項を必要とし，概略 (4) のような統語構造を持つ。

(4)　他動詞の統語構造（例：Ken respects Moco.）

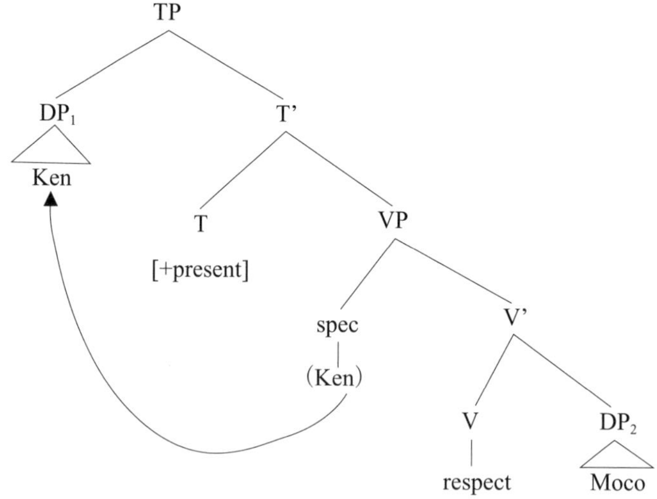

主語の Ken は，最初，**動詞句（Verb Phrase, VP）**の**指定部（specifier）**の位置で V' から動作主という意味役割を貰い，その後，**時制辞句（Tense Phrase, TP）**の**主要部（head）**である T より主格（nominative case）を付与されるべく，TP の指定部（すなわち，主語の位置すべき場所）へ移動する。一方，目的語の Moco は，動詞句内の**補部（complement）**（つまり，目的語の

位置）であるDP_2にあり，主題または被行為者という意味役割を動詞（V）から付与される。

以上を前提に，以下では自動詞の非能格動詞と非対格動詞の統語構造と，それぞれの項の意味役割について考察する。まず，非能格動詞の統語構造であるが，唯一の項である主語は，他動詞の主語と同様に，VP内の指定部の位置でV'より動作主の意味役割を付与され，次にTより主格を付与されるべくTPの指定部の位置に移動し，主語としての資格を得る。これは他動詞の主語の生成とまったく同様の過程である。(5)を参照されたい。

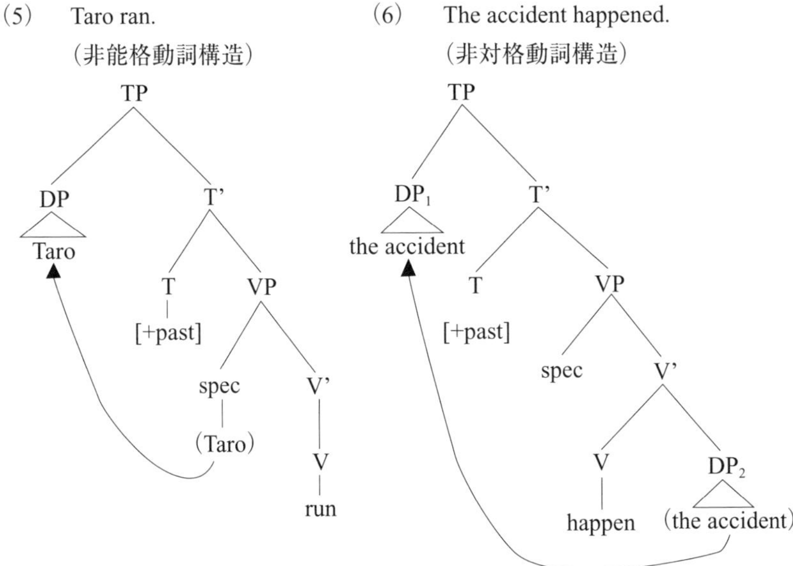

それに対して，(6)に記すように，非対格動詞の場合は，最終的に主語位置（TP指定部）に置かれることとなる唯一の項は，それが担う意味的理由により，他動詞の目的語と同じように，最初は動詞の目的語位置（DP_2の位置）に生成されるのである。そのため，主題または被行為者などの意味役割を持つこととなる。その後，文の主語となるため，主格を付与されるべく主語位置（DP_1の位置）に移動する（Burzio, 1986; Levin & Rappaport

Hovav, 1995; Perlmutter, 1978)。非対格動詞の主語が動詞の目的語位置に生成されるという統語的証拠の一つとして，there 挿入が挙げられる。英語は常に主語を必要とするわけだが，主語位置を埋めるという目的で，(6) の文に there を挿入することができる（例：There happened the accident.)。しかし非能格動詞は，このような虚辞の there を取ることはできない（例：*There Taro ran.)。このように，非対格動詞の主語が基底構造では目的語相当であると規定する仮説を「**非対格仮説 (Unaccusative Hypothesis)**」と呼ぶ (Burzio 1986; Perlmutter 1978)。

非能格動詞構造の主語は，他動詞の主語同様に，動作主の意味役割を持つが，非対格動詞構造の主語は，主題（または，被行為者）の意味役割を持つ。以上の理由により，非対格動詞も非能格動詞も同じ自動詞であるが，両者の主語の担う意味役割が異なるのである。

2.2　日本語からの転移

英語と日本語の非対格動詞構造を比較すると，両者に統語的な相違のないことが分かる。(7) に示す日本語の非対格動詞構造を参照されたい。日本語においても，前述した英語の統語分析と同様の過程をたどり，非対格動詞と非能格動詞の相違が生じる。また，非対格動詞構造における主語の有生性に関して，(8) で示すように，日英語ともに有生物名詞句と無生物名詞句を主語に取ることができる。

（7） 事故が起きた。（非対格動詞構造）

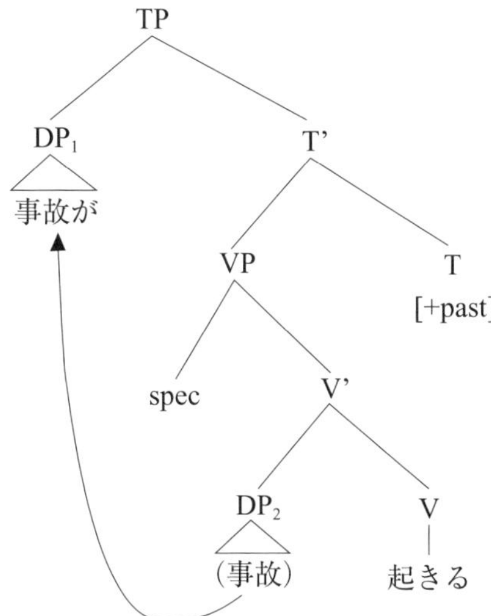

（8） a. 太郎が駅に着いた。
b. Taro arrived at the station.
c. 手紙が家に着いた／届いた。
d. A letter arrived at my house.

したがって，第二言語習得に頻繁に起こる**母語からの転移**（**L1 transfer**）の可能性を考えた場合，母語からの**正の転移**（**positive transfer**）により，JLEs は英語の非対格動詞構造を習得することが困難ではないと予測できる。

2.3 受動態生成過程との混乱

しかし，それではなぜ JLEs は過剰受動化の誤りをおかし，習得の妨げとなっていることが，多くの研究で報告されてきているのであろうか。日本語と英語で類似した統語構造や概念がありながら，JLEs がなぜ非対格動詞を過剰受動化するかを解明することは，第二言語習得理論を構築する上でも重要な課題となるだろう。

非対格動詞の過剰受動化現象に関して，これまでに試みられた説明の 1

つに次のようなものがある。すなわち，前述したように，非対格動詞構文では，主語は最初，動詞の目的語位置に生成され，その後，主語位置に移動するが，(9) で示すように，第二言語学習者は，その主語の移動を無意識的に受動態構造の生成の際の，目的語の位置に生成される名詞句の主語位置への移動と誤って結びつけてしまうために過剰受動化が起こるという説である (Balcom, 1997; Hirakawa, 1995; Oshita, 1997, 2000; Zobl, 1989)。もしこの仮説が妥当なものであるならば，主語が有生物名詞句であっても無生物名詞句であっても，同様に過剰受動化が起こるはずである。また，どの自動詞（非対格動詞）であっても，一様に過剰受動化が起こるはずである。

(9)　受動態の統語構造（例：The cake was made.）

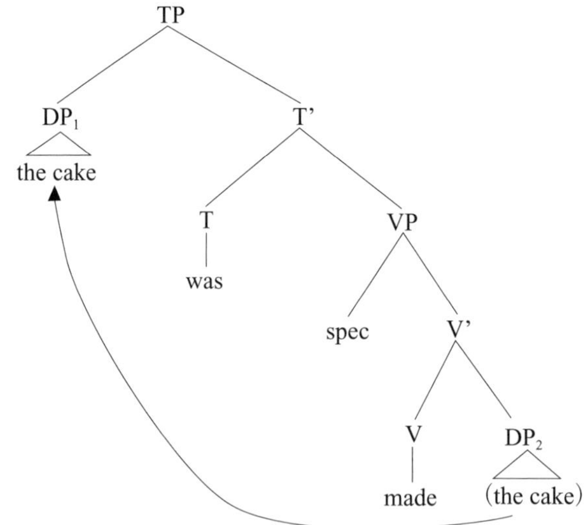

2.4　Kondo, Otaki, Suda & Shirahata (2015b)

受動化構造との混乱という仮説も念頭に置きながら，本稿では別の視点から，つまり，主語の有生性／無生性と，動詞の完結性の度合いから過剰受動化現象について考察したい。このように考えるに至った過程には Kondo, Otaki, Suda & Shirahata (2015b) がある。すなわち，Kondo et al. (2015b) は，JLEs による非対格動詞の過剰受動化現象を扱ったものであるが，そこでの実験結果から導かれる仮説の1つに，主語名詞句が有生物名詞句か無生物名詞句かにより，JLEsのおかす過剰受動化の割合が異なるというものがある。つまり，非対格動詞を使用した文の主語名詞句が無生物主語名詞句である場合，有生物主語名詞句の場合よりもJLEsが非対格動詞を過剰に受動化する割合が増えるというのである。

この主張はそれまでの先行研究では提言されていなかった新しい主張であるが，Kondo et al. (2015b) では次の2つの問題点が結果的に生じることになってしまった。1つ目は，有生物主語名詞句と無生物主語名詞句をテスト文にした問題数が最終的に両者で均一ではなかった点である。2つ目は，有生物主語名詞句構造と無生物主語名詞句構造のテストで，同じ非対格動詞を実験問題に使用できなかった点である。

実験問題を作成し実施した段階では，有生物主語名詞句と無生物主語名詞句の数を均一にしたのであったが，データ分析の段階で，実際のところどのような名詞句を「有生物名詞句」または「無生物名詞句」と見なすかということが筆者達の間で問題になった。つまり，the bus や the sun は一般的には無生物名詞句として扱われ，実験でもこれらの名詞句を無生物主語名詞句として問題に使用した。ところが，これらの名詞句を主語として使用した実験問題の正答率と，a letter や a ball などの無生物名詞句を主語として使用した問題の正答率が大きく異なっていたのである。つまり，the bus や the sun を主語として使用した問題文での方が，有意に正答率が高く，JLEsは誤った受動文を選択するよりも，正しく能動文を選択したのである。

このような実験結果を基に，筆者の間で議論するうちに，a letter や a ball などに比べると，the bus や the sun の方が，無生物性が弱いのではないかという結論に達した。なぜならば，少なくとも，バスや電車は人間が運転して動いている。また，太陽も動いている (事実は，地球が動いているのではあるが)。このような，「動き」が能動的影響を与えているため，JLEsの過剰受動化の度合いも the bus や the sun が主語になる場合の方が低かったのではないだろうか。したがって，動きのある the bus や the sun を実験文に使用するのを避け，純粋に，「動きのある人間」と「動きのないモノ」の二極化した名詞句を使用して過剰受動化現象に有生性／無生性がどのように関与しているのか調査した方が妥当なのではないかという結論に至ったのである。このような要因も本実験実施の大きな動機づけとなった。

以上のような課題点を補い，本当に主語名詞句の有生性／無生性がJLEsの過剰受動化現象と関係があるのか追実験したものが本稿で紹介する実験である。実験問題として，有生物主語名詞句としては人間のみを使用し，無生物主語名詞句としては動きの伴わないモノのみを使用したのである。

2.5　主語の有生性／無生性からの説明

では，もしこのKondo et al. (2015b) の，主語名詞句の有生性／無生性が過剰受動化に関与しているという仮説が正しいとすれば，なぜ主語が無生物名詞句であると過剰受動化が起こりやすくなるのであろうか。しかも，少なくともJLEsの場合，母語に同様の構造や概念が存在するにもかかわらず，過剰受動化の誤りをおかしてしまうのはなぜであろうか。筆者達の考える理由は以下のとおりである。すなわち，主語の意味役割が行為者であれ主題であれ，有生物が主語に来る場合，その人物（または動物）がその行動を能動的に実践する主人公になる。つまり，(10a) で，「笑う」のはJohnであるのと同様に，(10b) では，「(どこからか移動して) 静岡駅に到着する」のはMaryなのである。Maryが「移動する」のは間違いのない事実である。それは自らが移動しており，「移動させられる」という受動的な感じではない。

(10) a.　John laughed. (非能格動詞)
　　b.　Mary arrived at Shizuoka Station. (非対格動詞)
　　c.　A letter from the UK arrived yesterday. (非対格動詞)
　　d.　*A letter from the UK was arrived yesterday. (非対格動詞)

一方で，同じ非対格動詞を使用した場合でも無生物が主語位置に来る場合，例えば (10c) のように，「手紙」はもちろん，どこからか (この場合はイギリスから) 移動して到着するのであるが，手紙自体が能動的に動くことはできないわけで，「能動的にやって来る」というイメージは弱く，「誰か (例えば，郵便配達人) に届けられる」という受動的なイメージが湧いて来るのではないだろうか。実際に日本語では，「手紙が届いた」という能動態表現だけでなく，「手紙が届けられた」という受動態表現も使用する。どちらの表現においても，「手紙」という対象が「届く」という事象において，能動的ではなく受動的であり，そのイメージが文構造に強く反映されてしまうのではないだろうか。

つまり，意味役割が何であっても，有生物が主語に来る場合は能動的な印象があり，無生物が主語に来る場合は受動的な印象を持つのである。我々人間は物事をそう捉えるのではないだろうか。「有生物が主語の場合は能動態になる」という言語学習方略である。そして，おそらく，この方略は非常に強く働く。それは母語からの転移よりも強く働くと考えられる。新しく言語を学習する際に最初に採用する学習方略（語順の方略）だと思われる[4]。そのため，特に，初級，中級の JLEs の場合，主語が無生物である場合に過剰受動化が起こりやすくなるのではないか。

さらに，非能格動詞構造で過剰受動化がほとんど起こらない理由は，非能格動詞構造では無生物主語名詞句構造がないからである。図 1 の例で示すように，cough, laugh, run, swim, walk などが非能格動詞であるが，これらの動詞を用いた文の主語には擬人化表現（例：The flowers are singing./ The sun is smiling.）以外，無生物が主語には来ない。そのため，過剰受動化が起こりにくいのだと考えられる。

2.6 非対格動詞の完結性からの説明

動詞の完結性（telicity）とは，当該動詞の表す動作の終了地点（endpoint）がどの程度はっきりしているかの度合いのことである。例えば，（11a）の arrive や（11b）の fall は，それぞれ「到着する」「落ちる」という意味で，動作の終了地点を持っているため，完結性の強い動詞ということになる。

一方で，（11c）の exist や（11d）の belong は，それぞれ「存在する」「所属する」という意味を表し，動作の完結性という点から見ると終了地点を持っているとは言いにくい動詞である。よって，完結性の弱い動詞となる。

4　類似した議論には，de Viellers & de Viellers（1973），Hayashibe（1975）などがある。さらに，池内（2010）の論考や，Jackendoff（2002）で述べられている the Agent First Principle も参照されたい。

(11) a John arrived at Tokyo.
b. A rock fell on the ground.
c. I believe that ghosts exist.
d. John belongs to the baseball club.

Sorace (2000) は，非対格動詞と非能格動詞（つまり，自動詞）は，その動詞の持つ完結性（telicity）と動作主性（agency）という相（aspect）の特性に従って，階層化が可能であると主張した。この階層は，**助動詞選択階層（the auxiliary selection hierarchy, ASH）**と呼ばれる。表1を参照されたい。

表1 Sorace (2000) に基づく助動詞選択階層（ASH）

	助動詞として BE を選択
Change of location	完結性強い／動作主性弱い
Change of state	↑
Continuation of a pre-existing state	
Existence of state	
Uncontrolled process	
Controlled process (motional)	↓
Controlled process (nonmotional)	完結性弱い／動作主性強い
	助動詞として HAVE を選択

Sorace (2000) によれば，表1の ASH で，上に行けば行くほど，動詞の持つ完結性が強くなるが，動作主性は弱くなる。逆に，下に行けば行くほど，動詞の完結性は弱くなるが，動作主性は強くなる。例えば，非対格動詞 arrive や fall は，「場所の変化（change of location）」に属し，場所が変化・移動したことを表す動詞であり，終点が明確に生じることになる。それに対して，同じ非対格動詞でも belong や exist などは，「状態の存在（existence of state）」の範疇に属し，動詞の表す事象が継続しているため，終点がはっきりとは示されない性質を持つ動詞となる。(12) に，それぞれの範疇に属する代表的な動詞を挙げておく。

(12) 場所の変化 (change of location)：arrive, come, fall など
状態の変化 (change of state)：appear, disappear, happen など
既存状態の継続 (continuation of a pre-existing state)：stay, remain, last, survive など
状態の存在 (existence of state)：belong, exist, stand, sit, lie など
制御を受けない過程 (uncontrolled process)：cough, sneeze, sweat など
制御を受けた過程 (動きがある) (controlled process (motional))：swim, run, walk など
制御を受けた過程 (動きがない) (controlled process (nonmotional))：sing, talk, work など

Sorace (2000) はさらに，過去形や完了形を生成する際に，ドイツ語などの多くの言語では助動詞を必要とするが，その際の選択肢に be を選択するか have を選択するかに関して，ASH は不変的な階層を表現していると主張する。つまり，一番上に位置する「場所の変化 change of location」の非対格動詞と，一番下の「制御を受けた過程 (動きがない) controlled process (nonmotional)」の非能格動詞は，助動詞の選択において 前者は be を，後者は have を，かなり断定的に選択する。そして，中央に位置する動詞群は，助動詞選択において，より中間的な性質を帯び，その選択が話者や言語間によっても異なり，必ずしも統一的ではない。

2.7 Yusa (2003)

この理論を第二言語習得に応用したものが Yusa (2003) である[5]。彼は，第二言語学習者が自動詞を過剰に受動化するのは，ゲルマン系言語やロマンス系言語において，過去形や完了形を使用する際の助動詞選択が反映されたものであると主張する。すなわち，それらの言語において，動詞の過去形や完了形を表すために，助動詞 be または have (または，それらに相当するもの) が使われるが，その際，非対格動詞の中でも，arrive, come, fall などの完結的な事象を表す動詞の方が，belong, exist, stand などの非完結的な事象を表

5 本稿での Yusa (2003) に関する解説は，近藤 (2019) の記述を基にしている。

す動詞よりも，助動詞選択において一貫して be を選択する。そして，第二言語学習者の英語習得においても，その助動詞選択が be 動詞の過剰般化という形で現れるという考え方である。

Yusa (2003) は，もし過去形・完了形の助動詞選択が，ゲルマン系言語やロマンス系言語だけではなく，日本の古語を含む様々な言語に見られる普遍的な言語現象であり，かつ，**普遍文法（Universal Grammar, UG）**が第二言語習得にも機能すると仮定すれば，JLEs を含む第二言語学習者も過去形・完了形の助動詞選択の知識を潜在的に持っていると想定することは突飛もない考えではないとしている。したがって，Yusa (2003) は，JLEs は，完結的な事象を表す ASH の上部に位置する非対格動詞に対して，助動詞 be を容認し，下に行くにつれて be を容認しなくなるだろうと仮定した。つまり，JLEs はすべての非対格動詞に対して同じ程度に be を容認するのではなく，非対格動詞の中でも上位に位置する完結的な事象を表す非対格動詞に対して，より受動態を容認するはずだと考えたのである。

上記の仮説を調べるために，Yusa (2003) は 31 名の JLEs を対象に，非対格動詞と非能格動詞が含まれる**文法性判断タスク（grammaticality judgement task）**を実施した。実験の結果，実験参加者の JLEs は，完結的な事象を強く持つ非対格動詞（表 1 の上位の動詞群）に対しての方が，その他の動詞群（つまり非完結的な事象をより弱く表す非対格動詞）に対してや，非能格動詞に対してよりも，受動態の形を容認したと報告している。さらに，非完結的な事象を表す非対格動詞の受動態容認度は，非能格動詞の容認度よりも全体的に高いことも判明した。これより，Yusa (2003) は，JLEs による非対格動詞への be 動詞の過剰使用は，受動態構造の過剰般化によるものではなく，現代の日本語には見られないが，ゲルマン・ロマンス系言語の過去形・完了形の助動詞選択と同様の制約が反映された普遍的要因のために生じる現象だと主張している。

2.8　Kondo, Otaki, Suda & Shirahata (2015a)

一方で，Yusa (2003) と異なる結果を報告している研究もある。Kondo, Otaki, Suda & Shirahata (2015a) は，大学生 JLEs を実験対象者に，非対格動詞の完結性の問題を扱ったものである。彼らの実験方法は，実験対象者に日本語で文脈を与え（例：その熱帯雨林では沢山の木が伐採されてしまった。その結果,），次に，関連する英文（例：Most of the rainforest was disappeared.）を読んで貰い，その英文の下線部の文法性が適切かどうか判断して貰う方法であった。その結果によれば，完結性の強い「場所の変化」を表わす動詞群（実験で使用した動詞は，arrive, come, fall, escape）での方が，完結性の弱い「状態の存在」に属する動詞群（実験で使用した動詞は，exist, belong, remain, stand）の時よりも受動態表現を選ばなかったのである。つまり，Yusa（2003）の結果と正反対の結果になったことを報告し，ASH の階層は非対格動詞の過剰生成の程度を予想するものではないと主張している。

しかしながら，Yusa（2003）も Kondo et al.（2015a）も，主語の有生性／無生性の特性を完全に考慮に入れた実験方法とは言い切れない[6]。主語における有生名詞句と無生名詞句の区別を明確にした後に ASH の予測可能性について考察すべきであろう。よって，ASH の予測可能性は依然として議論の余地がある。本研究ではこの点も明らかにしていきたいと考える。

3. 実験

3.1 仮説

上記の議論を基に，本研究では次の 2 つの研究仮説を立て，その妥当性を実証的に検証していきたい。

(13) a.　仮説 I：

新しく言語を習得する際には，「文の最初の名詞句は主語である。それが有生物の場合，文は能動態になり，無生物の場合，文は受動態になる」という学習方略が，第二言語習得の初期状態の場合には母語転移よりも強く働くため，JLEs の母語（日本語）に同様な無生物主語自動詞構造があるにもかかわらず，そして，ASH の予測とは無関係に，無生物が主語の位置に来る場合の方が，有生物が主語に来る場合よりも非対格動詞を頻繁に過剰受動化してしまう。

6　Kondo et al.（2015a）の実験は，前述した Kondo et al.（2015b）と同一のものである。

b.　仮説 II：

JLEs は助動詞選択階層（ASH）を順守する。よって，完結性の強い動詞が主語の後に来る場合（例：arrive, fall）の方が，そうでない場合（例：belong）よりも非対格動詞を過剰に受動化しやすい。

3.2　実験参加者

一般的な英語の習熟度レベルが「中級の下（TOEIC のスコアで 380 ～ 420 点を取っている学生）」で，日本語を母語として英語を一般教養科目として学習している大学 1 年生と 2 年生（総計 98 名）に実験に協力いただいた。実験参加者の中で英語を専門とする学生は一人もいなかった。

3.3　実験手順

非対格動詞を Sorace（2000）の ASH に基づき 3 タイプに分類した。本実験では 5 つの非対格動詞を使用した。タイプ 1 は「場所の変化」を表わす arrive と fall で，完結性の程度は「強」である。タイプ 2 は「状態の変化」を表わす disappear と appear で，完結性の程度は「中」である。タイプ 3 は「状態の実在」を表わす belong で，完結性の程度は「弱」である [7]。

表 2　実験で使用した 5 つの動詞の特性

動詞	意味	完結性の程度
タイプ 1: arrive	場所の変化	*** (強)
タイプ 1: fall	場所の変化	*** (強)
タイプ 2: disappear	状態の変化	** (中)
タイプ 2: appear	状態の変化	** (中)
タイプ 3: belong	状態の実在	* (弱)

5 つの動詞はそれぞれ 2 つの文中，すなわち，有生物名詞句を主語とする文と，無生物名詞句を主語とする文で使用された。実験参加者は，日本語で

7　タイプ 3 に当てはまる動詞が 1 つしかないのは，このタイプに属する exist, remain などの動詞で，有生物と無生物の両方を主語としたテスト文が首尾よく作成できなかったためである。

書かれた「文脈（例：太郎は大阪に出張のため，今朝早く自宅を出発しました。）」を読み，その文脈に沿うと，文法的に能動態が良いのか受動態が良いのかを選択し，適切だと思われる方を○で囲むよう指示された。(14) は有生物主語名詞句構造の実際のテスト文で，(15) は無生物主語名詞句構造のテスト文である。

(14) テスト文 (I)：有生物主語名詞句構造

・**arrive**：

太郎は大阪に出張のため，今朝早く自宅を出発しました。

Taro {arrived / was arrived} at Osaka this afternoon.

・**fall**：

John は足を骨折しています。なぜならば，

John {fell / was fallen} down the stairs last Sunday.

・**disappear**：

Mary は私との立ち話が終わるとすぐにスタスタと歩き出しました。そして，

Mary {disappeared / was disappeared} among the crowd.

・**appear**：

Tom にはびっくりしました！なぜなら，

Tom {appeared / was appeared} suddenly from behind the tree.

・**belong**：

ケンは野球が大好きで，毎日練習しています。

Ken {belongs / is belonged} to the baseball club at school.

(15)　テスト文 (II)：無生物主語名詞句構造

・**arrive**：

太郎が家の郵便ポストを開けると，一通の手紙が入っていました。アメリカからのものでした。

A letter from America { arrived / was arrived } at Taro's house.

・**fall**：

猛烈な勢いの台風が去って行きました。道路は木の葉で一杯です。

A lot of leaves { fell / were fallen } from the trees.

・**disappear**：

マジシャンがガラス張りの箱に入った大きなボールをじっと見つめています。すると，

A big ball { disappeared / was disappeared } from the box.

・**appear**：

昨晩遅く，私は駅から家に帰る時，ドキッとしました。なぜなら，

A big white object { appeared / was appeared } in front of me.

・**belong**：

私の家の隣には大きな田んぼがありますが，私の家のものではありません。

The rice field { belongs / is belonged } to Mr. Suzuki.

テスト文は10問で，錯乱文も10問用意したため，実験参加者は合計20問に答えることになった。テストの制限時間は特別設けなかったが，すべての参加者が10分〜15分で解答を終了した。

4. 実験結果と考察

4.1 有生物主語名詞句と無生物主語名詞句の結果

表 3 と図 2 に，有生物主語名詞句と無生物主語名詞句に分類した実験結果が掲載されている。満点は 5 点で，有生物主語名詞句の平均点は 4.19 点，無生物主語名詞句は 2.47 点となり，その差が 1.72 点あった。統計処理を行ったところ，両者の間には有意差があることが分かり（t (97) = 11.00, p < .001），JLEs にとって無生物主語名詞句の構造を文法的に正しく判断する方が有生物主語名詞句の構造を正しく判断するよりも有意に難しいことが判明した。

表 3　実験結果（実験参加者 98 名，5 点満点）

	平均点	標準偏差
有生物主語名詞句	4.19	1.07
無生物主語名詞句	2.47	1.42

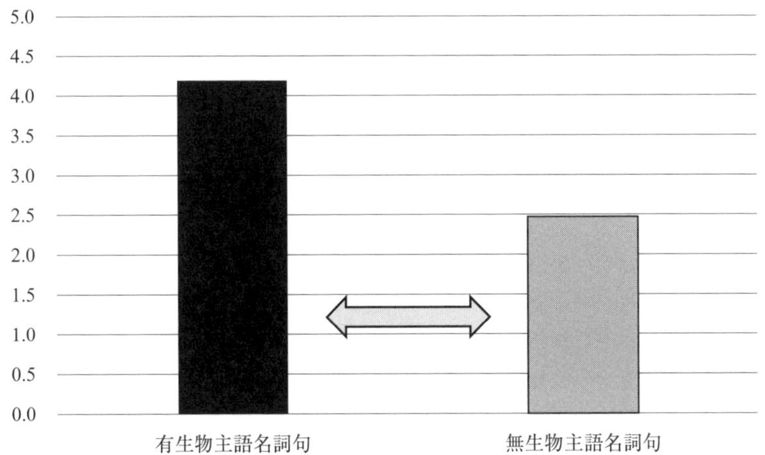

図 2　実験結果

4.2 動詞別の結果

表 4 と図 3 には動詞別の結果が記載されている。2 要因の分散分析を行うと，動詞間と名詞間（有生 vs. 無生）に差があり，交互作用もあった（動詞

間：(F (4, 388) =8.33, p < .001), 名詞間：(F (1, 97) =121.04, p < .001), 交互作用：(F (4, 388) =10.00, p < .001))。これらの図表からも，5つの動詞すべてにおいて，JLEsにとって無生物主語名詞句構造の文法性判断の方が有生物主語名詞句構造の文法性判断よりも困難であることが分かる。したがって，この結果は仮説Iを支持するものである。

表4 動詞別の結果（1点満点）

	arrive		fall		disappear		appear		belong	
	M	SD	M	SD	M	SD	M	SD	M	SD
有生	0.94	0.24	0.72	0.45	0.84	0.37	0.81	0.40	0.89	0.32
無生	0.33	0.47	0.39	0.49	0.47	0.50	0.62	0.49	0.66	0.47

注：M= 平均点，SD= 標準偏差

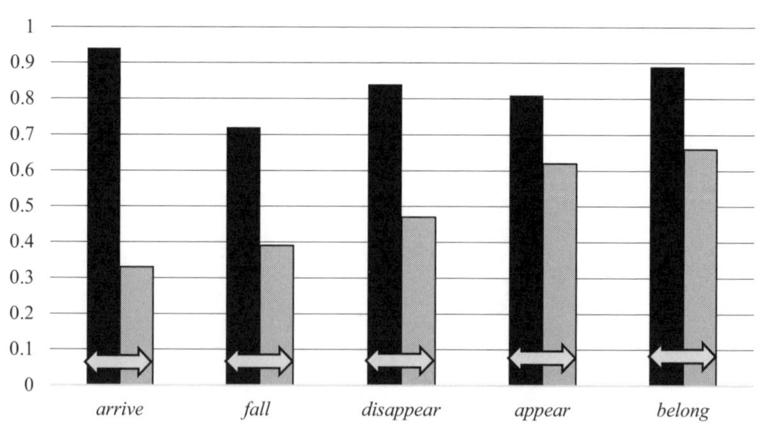

図3 動詞別の結果

4.3 有生物主語名詞句構造の動詞別結果

図4に，有生物主語名詞句の動詞別結果が示されている。ライアン法による下位検定を行うと，有生名詞句の場合はarriveとfall，fallとbelongに有意差があった。

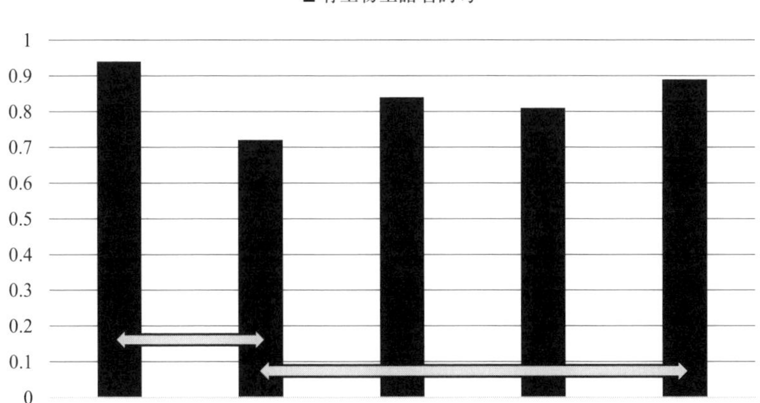

図 4　有生物主語名詞句の動詞別結果

したがって，2 箇所（arrive-fall 間，fall-belong 間）で有意差のあることが判明したが，仮説 II で予測したような結果は得られなかった。つまり，仮説 II の予測が正しければ，「タイプ 1（arrive/fall）＞タイプ 2（disappear/appear）＞タイプ 3（belong）」の順に過剰受動化が生じるはずである。しかし，fall と belong 間での有意差は予測を支持するものであったが，平均点が最も低くあるべき（つまり，最も過剰受動化が起こるべき）arrive の平均得点が最も高かったり，同程度に困難であるべき arrive と fall の間に有意差が見られたり，さらに，3 タイプ間に有意差が見いだせなかったりしている。したがって，これらの結果は ASH の予測に反するものであり，仮説 II は却下されると言って良いだろう。

4.4　無生物主語名詞句の動詞別結果

次に無生物主語名詞句の動詞別結果を検討したい。図 5 にその結果を載せている。

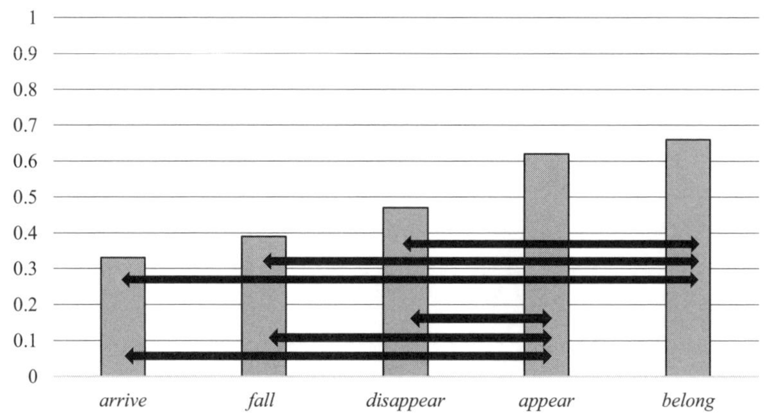

図５　無生物主語名詞句の動詞別結果

この結果は有生物主語名詞句の動詞別結果とは異なるものになっていることに注目したい。つまり，主語が有生物から無生物に変わると，JLEsの平均得点が4.19点から2.47点に降下するだけでなく，ASHの予測に従うように，上位に位置する動詞から下位に位置する動詞間で，得点が低くなっていったのである（arrive: 0.33 < fall: 0.39 < disapper: 0.47 < appear: 0.62 < belong: 0.66）。つまり，ASHの上位の動詞群ほど過剰受動化を容認するようになったのである。また，５つの動詞の得点差間の多くの箇所で有意差も生じる結果となった。

「タイプ１（arrive, fall）」＞「タイプ２（disappear, appear）」＞「タイプ３（belong）」というように，タイプ別にくっきりとした過剰受動化の順序を示しはしなかったが，かなりの程度，ASHの予測どおりの結果になったと言って良いだろう。すなわち，図５からも読み取れるように，タイプ１のarriveとfallは，いずれもタイプ２のappearとタイプ３のbelongの間で有意差があった。また，タイプ２のdisappearは，タイプ３のbelongとの間で有意差があった[8]。

8　唯一の例外は，同じタイプ２に属するappearとdisappear間に有意差があったことである。

これらの結果から言えることは，無生物主語を持つ非対格動詞構造において，完結性の強い動詞であればあるほど，JLEs は受動態の構造の方が適切であると判断するということである。無生物が主語である場合は，主語の有生性からの影響が弱くなり，完結性の制約のみが働くため，このような結果になるのではないだろうか。つまり，ASH は過剰受動化現象を予測するが，それは主語が無生物名詞句の時に限られる，ということである。

5. 結論

本稿では，大学生 JLEs を実験対象者に，非対格動詞における過剰受動化現象について，2 つの仮説を立てて調査した。その結果，仮説 I に関し，主語名詞句の無生性が過剰受動化現象に強く関与していることが判明し，仮説を支持する結果となった。このような結果になった理由として，（第二）言語習得の初期では，最も強く働く学習方略が「文の最初の名詞句は主語であり，主語が有生物の場合は能動文となり，無生物の場合は受動文となる」というものだからではないだろうか。よって，主語が無生物の場合，能動態が許容される動詞構造でも受動態を好む傾向にあるのだと思われる。また，本実験結果は，Kondo et al. (2015b) での仮説を支持するものであり，これまでに問題視されてこなかった「過剰受動化現象への主語の有生性／無生性の関与」の問題を，今後さらに研究する必要性を提起する結果となった。

仮説 II に関し，本実験結果は仮説 II を部分的に支持し，部分的に否定することになった。すなわち，主語が有生物名詞句の場合は ASH の予測可能性は却下されたが，主語が無生物名詞句の場合には支持されたのである。「能動態の主語には有生物が来る」という強い縛りがなくなった場合に，ASH が予測するような過剰受動化の階層が現れるのだと思われる。

今後の課題としては，実験で使用する動詞をさらに増やすことであるが，有生物と無生物の両方を主語にできる動詞は限られてくることもあるため，同一の動詞ではなくとも，より多くの非対格動詞を使用し，本稿の実験結果を確かなものにしていくことが必要である。

本章は，Shirahata, Kondo, Ogawa, Suda, Yokota & Otaki（2018）として発表した際の実験データを基に，論考を大幅に加筆・修正したものである。また，本研究は，科学研究費補助金基盤研究（B）（17H023580），基盤研究（C）（C19K00915），並びにカシオ財団奨学金（2016–2019）からの援助にも浴している。

参照文献

Balcom, P. (1997). Why is this happened? Passive morphology and unaccusativity. *Second Language Research, 13*, 1–9.

Burzio, L. (1986). *Italian syntax: A government-binding approach.* Dordrecht: Reidel.

de Villiers, G. J., & de Villiers, P. A. (1973). A cross-sectional study of the acquisition of grammatical morphemes in child speech. *Journal of Psycholinguistic Research, 2,* 267–278.

Hayashibe, H. (1975). Word order and particles: A developmental study in Japanese. *Description and Applied Linguistic, 8*, 1–18.

Hirakawa, M. (1995). L2 acquisition of English unaccusative constructions. In D. MacLaughlin & S. McEwen (Eds.), *Proceedings of the 19th Boston University Conference on Language Development* (pp. 291–302). Summerville, MA: Cascadilla Press.

Hirakawa, M. (2006). 'Passive' unaccusative errors in L2 English revisited. In R. Slabakova, S. Montrul, & P. Prevost (Eds.), *Inquiries in linguistic development*. Amsterdam: John Benjamins.

池内正幸. (2010).『ヒトのことばの起源と進化』東京：開拓社.

Jackendoff, R. (2002). *Foundation of language: Brain, meaning, grammar, evolution*. Oxford University Press.

Ju, M. K. (2000). Overpassivization errors by second language learners. *Studies in Second Language Acquisition*, *22*, 85–111.

Kondo, T. (2009). *Argument structure-morphosyntactic links in the second language English of adult speakers*. Unpublished doctoral dissertation, University of Essex, UK.

近藤隆子. (2019).「第二言語学習者による自動詞の習得」白畑知彦・須田孝司 (編)『言語習得研究の応用可能性 (第二言語習得研究モノグラフシリーズ 3)』(pp. 31–68). 東京：くろしお出版.

Kondo, T., Otaki, A., Suda, K., & Shirahata, T. (2015a). Japanese Learners' Usage of *be* + -en Form with English Unaccusative Verbs. Talk at the Japan Second Language Association 15th Annual Conference. June 7th. Hiroshima University.

Kondo, T. Otaki, A., Suda, K., & Shirahata, T. (2015b). Animate and inanimate contrast in the acquisition of unaccusative verbs. Talk at the 17th Annual International Conference of the Japanese Society for Language Sciences. July 18th. Beppu City, Japan.

Levin, B., & Rappaport Hovav, M. (1995). *Unaccusativity: At the syntax-lexical semantics interface.* Cambridge, MA: MIT Press.

Oshita, H. (1997). *"The unaccusative trap": L2 acquisition of English intransitive verbs.* Unpublished doctoral dissertation, University of Southern California, Los Angeles.

Oshita, H. (2000). What is happened may not be what appears to be happening: A corpus study of 'passive' unaccusatives in L2 English. *Second Language Research*, *16*, 293–324.

Perlmutter, D. (1978). Impersonal passives and the unaccusative hypothesis. *Berkeley Linguistics Society*, *4*, 157–189.

Shirahata, T., Kondo, T., Ogawa, M., Suda, K., Yokota, H., & Otaki, A. (2018). The acquisition of inanimate subject by Japanese learners of English. Talk at ALAA 2018. University of Wollongong. Australia. November 27.

Sorace, A. (2000). Gradients in auxiliary selection with Intransitive Verbs. *Language*, *76*, 859–890.

Yip, V. (1995). *Interlanguage and learnability: From Chinese to English*. Amsterdam: John Benjamins.

Yusa, N. (2003). 'Passive' Unaccusatives in L2 Acquisition. In P. M. Clancy (Ed.), *Japanese/Korean linguistics 11* (pp. 246–259). Stanford, CA: CLSI.

Zobl, H. (1989). Canonical typological structures and ergativity in English L2 acquisition. In S. Gass & J. Schachter (Eds.), *Linguistic perspectives on second language acquisition* (pp. 203–221). New York: Cambridge University Press.

第3章

日本語の主節現象に関する第二言語習得研究

木津弥佳

1. はじめに

文の構造は，大きく分けて命題とモダリティから成り立つと考えられている。例えば益岡（1991）では，「雪が降るにちがいない」という文は，「雪が降る」という述べられる事柄である命題部分と，話者の述べ方にあたる「にちがいない」というモダリティ部分から成り立っているという。生成文法の枠組みにおける統語論では，これまではこのうちの命題の言語現象を主に扱ってきた。しかし近年は，モダリティ等に関わる命題の外の現象にも焦点を当てる研究が数多く提出され，より精緻化された統語的階層を命題の外に仮定することで，談話と統語のインターフェイスに関わる様々な統語現象の説明が同枠組みで可能となってきている[1]。

統語論では，文の統語的なまとまり（統語範疇）は階層構造を成すと考えているが，例えば長谷川（2007）によれば，日本語はIPまたはTPと呼ばれる統語範疇である命題領域の現象よりも，CPと呼ばれる統語範疇，つまり文の機能やタイプが構造化される命題の外の領域に関わる現象が豊富であるという。そうだとすると，日本語の言語現象がCP領域の理論的な解明に役立つ可能性は高く，また逆に，CP領域の理論が日本語の談話と統語に関わ

1　例えばRizzi（1997）やCinque（1999）をはじめとするいわゆる**節の左端部**（**left periphery**）構造や**カートグラフィー**（**cartography**）研究などが例として挙げられる。

る言語現象を解明することができると期待できる。

CP 領域が関わる言語現象の一つとして，いわゆる**主節現象**（**main clause phenomena**）（Emonds, 1970; Green, 1976）が挙げられる。しかし，**生成文法理論に基づく第二言語習得**（**GenSLA**）の分野では，第二言語（L2）でのこういった現象を扱った研究は，統語構造上部に位置する機能的素性に関わる研究を除けば，まだその数は多くはない[2]。一つの理由として，談話や情報構造と関わりのある CP 領域に関する理論的研究の歴史が比較的浅いため，その理論を応用した研究も数が限られていること，もう一つは，同様の現象は GenSLA 研究よりも，日本語学や認知言語学（例えば，金谷，2004; 池上，2005; 岡，2006），あるいは談話分析の分野で論じられるものという見解が一般的であったということが考えられる。

そこで本稿では，これまで GenSLA では比較的注目されてこなかった主節現象の一例として，日本語の特徴の一つである述語による**主語の人称制限**と**対比トピック**（contrastive topic）の L2 習得研究を例として取り上げ，主節現象の分析がこれまでに提唱された GenSLA 理論に対してどのような示唆を含んでいるかについて論じてみたい。

本稿の内容は以下の通りである。まず第2節では，日本語における主語の人称制限とはどのような現象かを示し，主語の人称制限ならびに主語省略に関する生成文法理論に基づく先行研究を紹介する。また主語の人称制限は，生成文法の枠組みでは主節での一致現象と捉えられていることから，一致とそれにより認可される主語省略についての理論的背景をまとめる。第3節では，日本語の主節現象に関する第二言語習得研究の一例として木津・山田（2018）を紹介し，研究の方法と実験結果について報告した後，第4節で考察を行う。最後に，第5節で本稿のまとめと残された問題点や今後の課題を提示する。

2 GenSLA 研究のこれまでの歩みと現在の動向については，Rothman & Slabakova (2018) を参照のこと。

2. 背景と理論

2.1 主節現象としての主語の人称制限に関する統語論的研究

日本語学の分野では，ある種の述語が特定の人称主語を要求する制約があることが指摘されてきた（寺村，1984; 仁田，1991 他）。例えば，以下の（1a）は話者の意志を表す意向形動詞を述語とし，（1b）は話者の感情・感覚など心的状態を表す述語を持つ文であるが，いずれもその主語は 1 人称でなければならない。また（2）で見られるように，禁止や依頼を表す「～ないでください・～てください」という形が述語として現れる場合は，主語は 2 人称でなくてはならない[3]。

（1） a. ｛私 /*あなた /*メアリー｝が / は　行こう。　（話者の意志）
　　 b. ｛私 /*あなた /*メアリー｝- が / は　頭が痛い。　（話者の心的状態）
（2） a. ｛*私 / あなた /*メアリー｝- が / は　来ないでください。　（禁止）
　　 b. ｛*私 / あなた /*メアリー｝- が / は　来てください。　（依頼）

（1）と（2）のような述語を持つ文の主語は，その文が現れるコンテクストがどのようなものであろうと，その人称は決まっている。ただし，述語は複合動詞の形は取らず，また終助詞などの要素も付かない単独で現れる非過去の言い切り形に限られ，当該述語が過去形やテイル形になる場合は主語の人称制約はかからない。さらに，（1a）の意志と（2）の禁止・依頼を表す述語文は主節にのみ現れる形式であり，また，（1b）の話者の心的状態を表す述語は文中の埋め込み文にも現れることができるが，以下の（3）で観察されるように，その場合は主語の人称制限が消失することも知られている（cf. 外崎，2006）。

（3） a. ［あなた / メアリーが頭が痛いこと］は　知っています。
　　 b. ［あなた / メアリーが頭が痛いとき］は　いつでも知らせてください。

3　（2）では特にコンテクストにより要求されない限り，2 人称主語は省略されるのが最も自然である。また，主語が「は」か「が」のどちらを伴うかはコンテクストによるが，本稿では「は」と「が」の使い分けについては議論の対象とはしない。

c.　[あなた/メアリーが頭が痛い]はずだ・に違いない・かもしれない。

つまり，(1) と (2) で観察される主語の人称制限は，いずれも主節でのみ起こる現象であることから，主節現象の一つとして捉えられる。

上田 (2006, 2007)，Ueda (2008) では，日本語学の枠組みで考察されてきた上記のような述語による主語の人称制限について，生成文法理論に基づく説明を試みている。上田，Ueda は，モダリティを担う文要素を含む統語構造を (4) のように仮定し，このうち D-modal と呼ばれる「発話伝達のモダリティ」(仁田，1991; 益岡，2000) が人称制限に関わっていると主張した。(4) を第1節で述べた命題とモダリティという観点から見ると，TP が命題領域，それ以外がモダリティの領域 (いわゆる CP 領域) となっている。

(4)

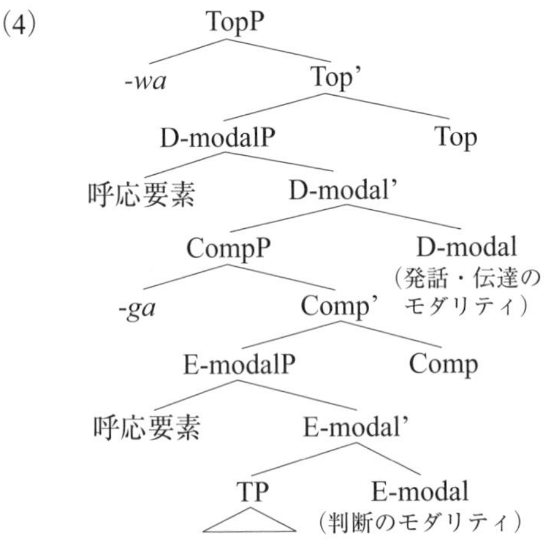

(上田，2006, p. 167)

この分析では，(1a) の「私が行こう」の「私」は (4) の CompP にある *-ga* の位置に現れ，1人称を要求する意向形が具現化される D-modal と呼応することによって，1人称主語である「私」を認可すると考える。

同様に長谷川 (2007, 2008)，Hasegawa (2008, 2009) は，文末形態と特定人称主語の呼応を CP 要素と主語との**一致 (Agreement)** として分析しており，例えば命令文で一般的に観察される**空主語** (省略された主語) は，以下の (5)

で示されるように，CP 要素との一致により可能となると提唱している。

(5)

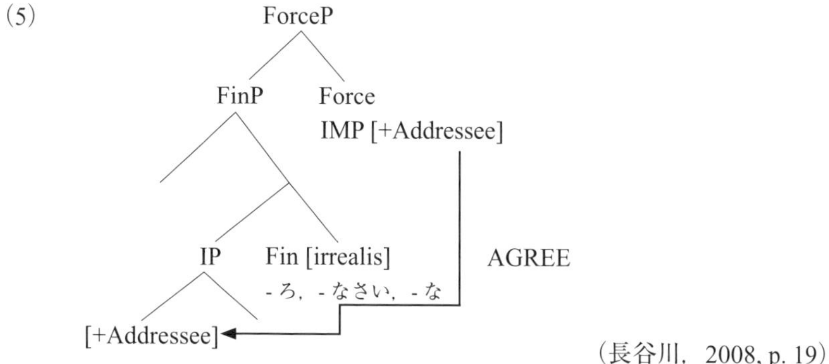

（長谷川，2008, p. 19）

上記 (5) の構造では，IP が命題領域，それ以外の上部がモダリティの領域（CP 領域）と考えられる。長谷川 (2007, 2008) ならびに Hasegawa (2008, 2009) は，Rizzi (1997, p. 297) の分析をもとに，文タイプを決定する ForceP の主要部 Force にある人称の素性が IP 指定部 ((5) の [+Addressee]（談話の聞き手）の位置）と局所的に一致するとしている。これに対し，上田 (2006, 2007)，Ueda (2008) では，(4) で示されているとおり，この主要部を D-modal と呼び，トピック句 (TopP) と判断のモーダル句 (E-modalP) の間に位置するものとして分析している。しかしいずれの分析においても共通しているのは，主語制約に関わる主要部が主節の統語構造上部（いわゆる CP 領域，あるいは日本語学ではモダリティの階層）に存在すると考えていることである。

また同様の理論として，Speas & Tenny (2003)，Tenny (2006)，Haegeman & Hill (2013)，Haegeman (2014) などが挙げられる。このうち Speas & Tenny は，CP 領域の投射に聞き手 (HEARER) と話し手 (SPEAKER) の役割を統語的要素として組み込み，知識の所在地 (Seat of Knowledge) を含む発話内容 (UTTERANCE CONTENT) を補部とする**発話行為句 (speech act phrase; SAP)** を仮定している。Tenny は，(6) で表されているように，(1b) で見たような話者の心的状態を表す文（例：NP（名詞句）は 寒いよ）について，主語である経験者が持つ [+discourse participant]（談話の参加者）という素性がSAPの話者投射（speaker projection）へ移動すると分析することにより，主語の人称制限の解明を試みている。

(6)

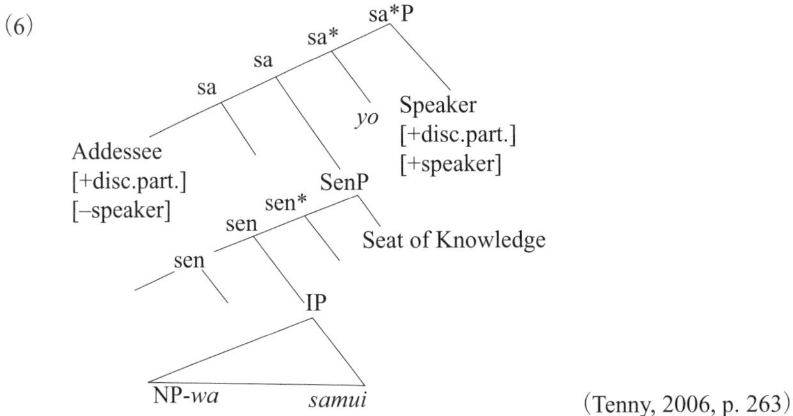

（Tenny, 2006, p. 263）

(5) でも見られたように，上記の (6) においても，命題であるIP「NP-は寒い」の外側上部にモダリティに関わる精緻なCP領域を仮定し，そこで談話の話し手（Speaker）や聞き手（Addressee）が認可されると考えている。

以上の理論的な説明は，モダリティに関わるCP領域をより細分化した統語構造としてとらえ，それにより談話に関わる投射を統語構造内に想定することで，主語の人称制限を説明しようとしている点で一致している。次節では，長谷川（2007, 2008）他の主張に倣い，(1) と (2) で見られるような主語の人称制限にはある種の一致が関わっていると仮定し，一致現象を類型論的に論じているMiyagawa（2017）の分析を紹介する。

2.2　主語省略と一致に関する類型論的研究

これまでの生成文法研究で最も広く考察されてきた言語事実の一つは，**Pro脱落（Pro-drop）**や空主語，主語省略と呼ばれる現象である。Pro脱落とは，主には主語，言語によっては主語に加えて目的語等も省略されることであり，例えば日本語では「田中さんはもう晩御飯を食べましたか」という質問に対して，「食べましたよ」と答えた場合，返答である「食べましたよ」は主語である「田中さん」も目的語である「晩御飯」も省略されているが，文脈から誰が何を食べたのかが解釈可能である。これに対し英語では，たとえ文脈上誰が何を食べたかわかっていたとしても，主語や目的語を省略することはできず，“He ate it” といった代名詞を使用する。つまり，Pro 脱落言語は，文脈や状況によって省略された主語や目的語の解釈が可能になる場合に，主語（と目的語）の省略が文法上可能となる言語である。

これまで言語学では，自然言語を主語の省略・非省略の文法性という観点から見ると，大きく分けて三つのタイプの言語に分かれると言われてきた（Chomsky, 1981）。一つ目はイタリア語やスペイン語に代表される豊かな一致（rich agreement）を持つ言語群で，この種の言語は文法的に Pro 脱落を許すことができる。二つ目は英語などの一致が豊かではないといわれる言語群で，この種の言語は通常文法的に Pro 脱落を許さない。三つ目が日本語や韓国語，中国語の言語群で，これらの言語は一致がないとされながらも Pro 脱落を許す言語である。

このように，1980 年代以降の生成文法理論に基づく研究では，主語省略と一致という一見して異なる二つの言語的な特徴から，いわゆる Pro 脱落パラメターにより言語を三つのタイプに分類してきた。この後論じる本稿の研究例の対象となるのは英語，中国語，韓国語，日本語であるが，これまでの Pro 脱落パラメターによる言語の分類では，英語に対して中国語・韓国語・日本語という二分化を仮定することになる。

しかし近年，Miyagawa（2017）は Chomsky（2001）による均一性原理（Uniformity Principle）をさらに推し進めた形の**強い均一性原理**（**Strong Uniformity Principle**）を提唱し，一致についてはどの言語も同じ文法素性を持ち，その素性は同じように表されると主張している。ただし，言語によって一致素性の継承の仕方が異なることにより，以下の 4 つの言語群に分類できるという。

（7） a. Category I: C_{φ} T_{δ} 日本語，韓国語
b. Category II: C_{δ} T_{φ} 中国語，英語
c. Category III: C $T_{\varphi/\delta}$ スペイン語
d. Category IV: $C_{\varphi/\delta}$ T ディンカ語

上記（7a）から（7d）までの４種類の言語群のうち，ここでは本稿で扱う（7a）と（7b）の日本語，韓国語，中国語，英語に焦点を当ててMiyagawaの主張点を説明する。以下の（8）で表されるように，まず英語と中国語では，いわゆる一致に関わるφ素性（φ-feature）と呼ばれるものがCからT（上記の長谷川（2008）やTenny（2006）ではCからI）へ継承され，これにより主語と動詞の一致が具現化されるとする[4]。これに対し日本語と韓国語では，φ素性はCに留まるため，（7a）の言語と同様の一致現象はないとされるが，Cに留まったφ素性により，C領域におけるある種の「一致」が可能になるという。例えば，Miyagawaがこのような一致現象の経験的証拠として提示しているのが日本語の丁寧形で，「だれが来ますか」などに見られる丁寧形-masは，φ素性の探査子（probe）として主要部CからSAPの主要部へ移動し，そこで２人称［フォーマル］の素性が与値されると分析している。つまり，日本語の丁寧形はφ素性による話し手と聞き手に関わるSAPでの一致（allocutive agreement）が具現化されたものだと考える。

（8）a.　英語と中国語
Agreement-based languages
(English, Chinese)

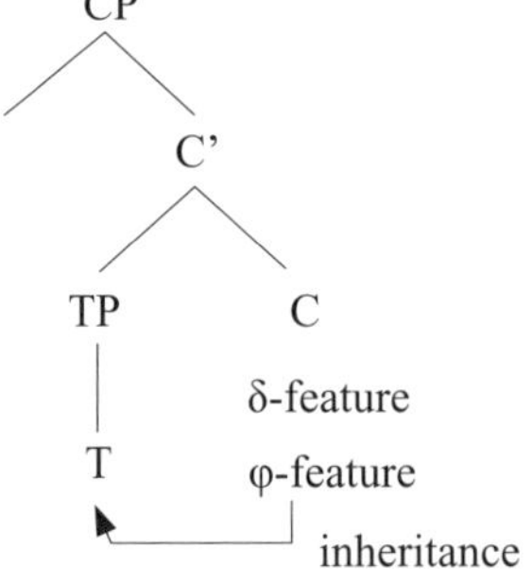

b.　韓国語と日本語
Discourse-configurational languages
(Korean, Japanese)

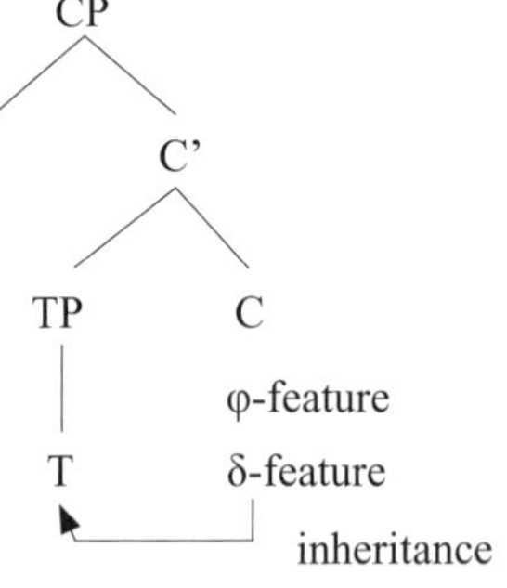

またMiyagawaは，談話における焦点やトピック（Focus/Topic）に関わるδ素性（δ-feature）については，中国語と英語では（8）で表されているように

4　Miyagawa（2017）は，英語では一致が形態的に顕在化するが，中国語は顕在化しないと考えている。この点についての議論はMiyagawa（2017, pp. 62–63）を参照のこと。

Cに留まるものの，日本語と韓国語ではTへ素性継承されると分析する。このことから，例えば以下の(9)のような対比トピック(contrastive topic)は，(7a)の言語ではC領域に現れるが，(7b)の言語ではより低い位置のTP領域に現れることを正しく予測できるという。

(9) a. **That steak**, my child ate.
  b. 子どもが **そのステーキは** 食べた。

(9a)は英語の話題化(topicalization)構文で，トピックである“That steak”は主節の“my child ate”よりも高い位置に現れなくてはならない。これに対し，日本語の対比トピックである「そのステーキ(は)」は，「子どもが食べた」というTP領域内に現れることができる。これは，英語ではδ素性がCに留まるものの，日本語ではδ素性がTへ継承されることから，日本語の対比トピックは主節内に現れることが可能になるという。

上記でも説明したこれまでのPro脱落パラメターによる言語の分類とMiyagawa(2017)の素性継承の違いによる言語の分類で最も異なる点は，中国語が英語タイプと日本語タイプのどちらの言語群に属するのかということである。これまでのPro脱落パラメターの分類では，中国語は韓国語や日本語と同じ言語群として考えられていたが，Miyagawaの素性継承の違いという観点からは，これまで一致がないと考えられてきた中国語は，実は英語と同じ一致言語の言語群に属することになる。つまり，一致言語である英語・中国語と，談話階層(discourse configurational)言語である韓国語・日本語という新たな二分化を仮定することとなる。

本稿では，日本語主語の人称制限はMiyagawa(2017)で論じられている丁寧語の一致と同様，C領域でのφ素性の一致が関係していると考える。つまり，(1)や(2)で観察したような，述語のみで主語が1人称(話し手)か2人称(聞き手)のどちらかだとわかる場合，そのような述語はφ素性の探査子であると仮定する。さらに，英語・中国語と韓国語・日本語は，δ素性の継承の仕方が異なることから，対比トピックの現れ方に差異が生じるという予測も立て，このような母語の違いがL2としての日本語習得にどのような影響を及ぼすのかを考察する。

3. 研究例

第2節の言語理論の背景を踏まえ，本節では日本語の主節現象に関するL2習得の研究例として木津・山田（2018）を取り上げる。木津・山田は，中国語，韓国語，英語を母語とし，日本語を第二言語（あるいは外国語）として学ぶ上級日本語学習者を対象に，主語に人称制限のある文の習得を題材として研究したものである。以下では，研究調査の方法と仮説，さらに実験結果を紹介する。

3.1 調査方法

木津・山田（2018）は，2.2で述べた（7a）の中国語，英語と（7b）の韓国語を母語とする日本語学習者が，1）人称制限がある述語文の空主語が指示する人称を正しく認識できるか（タスク1），2）文脈により対比トピックを適切に選択・否認できるか（タスク2），という二点を調査するために二種類の実験（タスク）を行った。実験対象となる文は，（1）と（2）のような1人称（話し手）と2人称（聞き手）を主語として要求する述語文を中心とし，その他，文脈により3人称が主語となる文も扱った。1）を調査するタスク1では，述語との一致により空主語が指し示している人を認識することが可能かということ，2）を調査するタスク2では，省略されない対比トピックである主語と，対比の意味合いのない中立的な意味機能を持つ省略主語について，それぞれコンテクストに応じて省略・非省略を適切に選択できるかというテストを行った。

木津・山田の実験では，タスク1も2も短い会話文中に問題となる文が現れるため，あらかじめ会話文中の登場人物の関係を実験方法とともに説明し，前もって同じ形式を用いた練習問題を実施した上で実験を開始した。また，いずれのタスクも制限時間は特に設けず，わからない表現等がある場合はいつでも質問してよいことにした。なお，タスク1はスライドと音声を使って複数人数で行ったため，実験実施者が実験協力者の回答状況を見ながら各問題の時間的な配分を適宜判断した。以下は，実際に使用したタスク1と2の実験文例である。

表1 タスク1の実験文例

山田	田中さん，昨日のサッカーの試合，川口さんと見ましたか。
田中	はい，もちろん。日本が勝って，とても嬉しいです。
山田	そうですか。日本は強くなりましたからね。
QUESITON	***とても嬉しいのは　だれですか。*** ［わたし（田中）　あなた（山田）　彼・彼女（川口）］

表2 タスク2の実験文例

山田	田中さん，わたしと川口さんはステーキにします。
田中	そうですか。じゃあ， **a. お寿司にしようと思います。　　　　[-2 -1 0 +1 +2]** **b. わたしはお寿司にしようと思います。[-2 -1 0 +1 +2]**
山田	そうですか。お寿司も美味しそうですね。

表1のタスク1では，会話の音声を聞きながらプロジェクターで映し出されたスクリーン上の会話文に目を通し，自然な流れで文脈と質問を理解した上で，選択肢（「わたし」「あなた」「彼・彼女」）から答えを1つ選ぶ形を取った。例えば，表1の実験文例の場合は，「嬉しい」という話者の心理状態を表す述語のため，選択するのは「わたしｓ（田中）」となる。また表2のタスク2は，会話文を必ず最後まで読んでから判断するように指示した上で，主語が省略されているaの文（「お寿司にしようと思います。」）と，省略されていない対比トピックの意味合いがある主語を持つbの文（「わたしはお寿司にしようと思います。」）の容認度について，-2（「不自然である」）から+2（「自然である」）の5段階の中からa, bそれぞれの文脈で一つ選択するように指示した。上記表2の例では，談話中の話者によって注文するメニューが異なるため，対比トピックとなる主語を明示的にした方が会話の流れからして自然であると考えられる。よって理論的に期待される回答としては，対比トピックの主語が存在しないaが-2または-1，対比トピックの主語「わたし（は）」が明示されているbが+2または+1となる。タスク2もあらかじめ登場人物や実験方法の説明をした後，練習問題で確認してから実験を実施したが，タスク1とは異なり，音声やプロジェクターは使用せず，紙媒体での記述式で実験を行った。また上記でも述べたように，全体の文脈か

ら文の容認性を判断させるという目的のため，会話文は必ず最後まで読んでから回答するように注意を促した。なお，いずれのタスクにおいても実験文で使用した語彙は初級日本語レベルに制限しているので実験協力者の日本語力で十分に理解可能なものとなっている。

表1と2は1人称主語文の例であるが，両タスクとも1人称・2人称主語の文以外に3人称主語の例文も使用した[5]。タスク1と2の実験で使用した文の種類と数は表3と4にまとめている。

表3　タスク1実験文の内訳

	述語の種類
1人称省略主語　(n=6)	意向 (n=3)，心的状態 (n=3)
2人称省略主語　(n=6)	依頼 (n=3)，禁止 (n=3)
3人称省略主語　(n=12)	—

表4　タスク2実験文の内訳

	文脈上適切な形	述語の種類
1人称主語　(n=8)	省略形	意向 (n=2)，心的状態 (n=2)
	非省略 (対比トピック)	意向 (n=2)，心的状態 (n=2)
2人称主語　(n=8)	省略形	依頼 (n=2)，禁止 (n=2)
	非省略 (対比トピック)	依頼 (n=2)，禁止 (n=2)
3人称主語　(n=16)	省略形	—
	非省略 (対比トピック)	—

表3で示されているとおり，空主語の指示対象を識別するタスク1では1人称主語と2人称主語の実験文がそれぞれ6例，3人称主語の実験文は12例となっており，このうち1人称主語は話者の意向と心理状態を表す述語文を3例ずつ，2人称主語は聞き手への依頼と禁止を表す文を3例ずつ使用した。表4でまとめた主語の省略・非省略の習得を調査するタスク2の実

5　3人称主語の実験文の中には，伝聞の「〜そうだ」と希望の「〜たがっている」という3人称主語を要求する述語文6例と，単に文脈上3人称を主語として解釈すべき文6例が含まれている。紙面の都合上，本稿では伝聞・希望の述語文について議論せず，一括して3人称主語文として扱う。

験文については，1人称と2人称それぞれの人称について，主語を省略した方が文脈上自然となる例を4例，対比の意味合いがあるため主語を明示化した方が自然となる例を4例，計8例をそれぞれの人称について用いた。また，タスク2の3人称主語の実験文も，主語の省略・非省略にそれぞれ8例，計16例を使用している。なお，本稿では1人称主語と2人称主語の文の実験結果を中心に報告し，議論を進めていく。

以上のような実験方法を用いて，木津・山田（2018）は，第二言語あるいは外国語として日本語を学ぶ日本語非母語話者の大学生のうち，英語，中国語，韓国語を母語とする学習者と日本語母語話者（統制群）を対象に実験を行った。表5は実験協力者に関する情報のまとめである。

表5　実験協力者

母語	人数	年齢（歳）	JLPT（人）	日本語学習期間（年）	日本滞在期間（年）
中国語	30	19–26（平均22.1）	N1: 19 N2: 11	3.3	0.8
英語	30	21–34（平均23.0）	N1: 9 N2: 21	5.6	1.1
韓国語	30	19–27（平均21.7）	N1: 19 N2: 11	4.8	1.1
日本語（統制群）	30	18–21（平均19.2）			

小柳（2004）他の先行研究では，省略主語のL2習得は上級学習者であっても困難であるという観察が報告されている。この調査は，タスク2の実験で文脈に応じた主語の省略・非省略の容認度を判断するという高度な日本語力が要求されるため，表5のように，すべての協力者を日本語能力試験（JLPT）N2以上の学習者に絞り，幅広い日本語が理解できるとされている上級・超級レベルの学習者を対象とした[6]。また，学習者はいずれも母国で日本語を専攻している学生で，母国の所属大学または交換留学先である日本の大学で実験に参加した。学習者の日本語学習期間の平均は，英語母語話者グ

6　なお，初級学習者を対象にした同様の実験や指導の効果について論じた研究については，Kizu（2013），Kizu & Yamada（2013）を参照されたい。

ループが最も長く 5.6 年だが，N1 レベルの学習者数は 9 人と最も少なくなっている。これに対し，中国語，韓国語母語話者グループは，それぞれ N1 レベルの学習者数が 19 名となっている。

3.2　仮説

以上の観察や理論的背景から，どのような仮説を立てることができるだろうか。ここではまず，GenSLA における先行研究で最も妥当性のあるものとして受け入れられてきたモデルの中で（白畑・若林・村野井，2010），完全転移・UG 完全利用モデル（Full Transfer/Full Access Model; FT/FA Model）をもとに考えていきたい。

Schwartz & Sprouse (1996) によると，大人の L2 学習者は第一言語（L1）のパラメター値をもとに L2 を習得すると考え，L2 の新しい規則を習得するよりも，L1 にすでにある規則を排除する方が難しいと主張した。そこで，これまでの観察と Miyagawa (2017) の類型論的理論，並びに Schwartz & Sprouse の主張点を踏まえると，次のような予測が成り立つ。

1 つ目は φ 素性に関して，φ 素性の T への継承があるとされる中国語・英語の母語話者は，φ 素性継承がない日本語を習得する際，L1 では行われるとされる φ 素性継承を排除することを獲得しなくてはならない。もともと L1 であるものを取り除く（'delearn'）のは習得過程において難しく，φ 素性を C 領域に留めておく必要のある日本語の L2 習得においては，C 領域で述語と主語の人称の一致が必要になる文の習得は困難であることが予測される。

(10) 仮説 1：　中国語・英語母語の日本語学習者は，L1 での φ 素性継承を取り除かなくてはならないため，1 人称・2 人称主語の文の習得が困難である。

具体的には，中国語・英語母語の日本語学習者は，表 1 のような「とても嬉しいです」の省略された主語を，「嬉しい」という述語の形から 1 人称であるという判断をすることが難しく，会話全体の文脈に頼って判断しようとするため，同じように嬉しいと感じている可能性の高い 3 人称の「川口さん」を選択することがあると考えられる。しかし，韓国語母語の日本語学習者は，母語のφ素性継承が日本語と同じであるので，中国語・英語母語話者のような困難は生じないという予測が立てられる。

2つ目に，δ素性に関しては，英語・中国語のL1では素性がCに留まるのに対し，目標言語である日本語ではCからTへの素性継承が関わることから，パラメター理論的な見方をするなら，英語・中国語母語の学習者が日本語を学ぶ際はもともとL1にはなかった素性継承を獲得するということになる。したがって，L1にすでにあったものを排除するわけではないので，φ素性に関連した言語現象とは異なり，δ素性に関係する言語現象は，その習得が比較的容易なのではないかと考えることができる。

(11) 仮説2： 中国語・英語母語の日本語学習者は，L1でCに留まっているδ素性をTに継承させるため，対比トピックの文の習得には困難を示さない。

つまり，表2の「(わたしは) お寿司にしようと思います」の場合，中国語・英語母語の学習者は，会話全体の文脈を理解している限り，「わたしは」を明示化した文を正しく選択すると予測する。

(10) の仮説1については，タスク1で省略主語の人称を正しく選択する文法判断テストとともに，タスク2の中の1人称・2人称主語が関わる文においても人称制限の影響があるかを調査した。また (11) の仮説2については，タスク2の明示化された対比トピックの容認度を示す実験結果から論じていく。

3.3 実験結果

3.3.1 タスク1：省略主語の認識

省略主語が指示する人称の認識については，タスク1の結果を表6から表8にまとめる。まず，表6の1人称主語を要求する述語文での省略主語の解釈については，話者の意向を表す文 (例：「(わたしは) 映画を観に行こうと思います」) は中国語・英語・韓国語母語の学習者と日本語統制群の4グループとも同じような正答率であったが，話者の心的状態を表す述語文 (例：「(わたしは) とても嬉しいです」) では，中国語・英語母語話者グループと韓国語母語話者・統制群の間で，正答率に差異が観察された（F (3,116) =4.25, p < .01）。一元配置の分散分析（One-way ANOVA）を行った結果，グループの主効果が認められ，多重比較の結果，特に英語母語話者グループの正答率は統制群の正答率に対し，有意に低いことが認められた（p < .05）。

表 6　タスク 1：1 人称省略主語文の正答率

母語（人数）		1 人称主語の一致がある文			
		意向 %	（正答 / 解答数）	心的状態 %	（正答 / 解答数）
中国語	（N=30）	100	（90/90）	96.7	（87/90）
英語	（N=30）	96.7	（87/90）	93.3	（84/90）
韓国語	（N=30）	98.9	（89/90）	100	（90/90）
日本語	（N=30）	97.8	（88/90）	100	（90/90）

次に，2 人称主語を要求する文における省略主語の認識に関する結果については，表 7 で示されているとおり，依頼文（例：「（あなたは）手紙を出して来てください」）では 4 グループの正答率には大きな違いは観察されなかったが，禁止文（例：「（あなたは）話をしないでください」）に関しては，中国語・英語母語話者グループと韓国語母語話者・統制群の間で，正答率に統計的差異が観察された（F (3,116) =6.07, p = .001）。特に中国語母語話者グループの正答率は統制群の正答率に対し，有意に低いことが認められた（p = .000）。

表 7　タスク 1：2 人称省略主語文の正答率

母語（人数）		2 人称主語の一致がある文			
		依頼 %	（正答 / 解答数）	禁止 %	（正答 / 解答数）
中国語	（N=30）	92.2	（83/90）	77.8	（70/90）
英語	（N=30）	95.6	（86/90）	87.8	（79/90）
韓国語	（N=30）	100	（90/90）	92.2	（83/90）
日本語	（N=30）	96.7	（87/90）	96.7	（87/90）

最後に，3 人称主語が省略された文（例：（会話している二人以外の人がトピックになっている文脈で）「（川口さんは）来年留学します」）の結果は表 8

のとおりである。3人称主語文については，1人称・2人称の結果とは異なり，4グループとも同じような正答率が見られ，統計的な有意差は観察されなかった。

表8　タスク1：3人称省略主語文の正答率

母語（人数）		3人称主語の文	
		%	（正答/解答数）
中国語	（N=30）	96.1	（343/360）
英語	（N=30）	96.9	（347/360）
韓国語	（N=30）	97.8	（352/360）
日本語	（N=30）	97.8	（352/360）

以上のことから，省略された主語が指示する人称を認識するタスク1では，英語母語の学習者と中国語母語の学習者が，韓国語母語の学習者に比べ，1人称・2人称の主語省略文の正答率が低いことがわかった。また，1・2人称省略主語の文と比較すると，3人称省略主語文については，どの母語の学習者グループも正答率は高く，統制群との差異は見られなかった。

3.3.2　タスク2：省略主語と対比トピックの選択

次にタスク2の結果を提示する前に，本タスクでの回答の集計方法について説明しておく。3.1で説明したとおり，実験に使われた会話文は，文脈上対比トピックが自然になる（主語は省略せず明示化する）ものと，対比の意味合いがない方が自然になる（主語を省略する）ものとに分けて作成されている。表2の実験例で見られるように，実験協力者は会話文中の二つの異なる文（一つは主語が省略されているもの，もう一つは主語が対比トピックとして明示的に現れているもの）のそれぞれについて，容認度を –2から+2のスケールで判断するが，例えば対比トピックが要求される文脈において，明示的な主語文をプラスとして容認し，省略主語文をマイナスとして否認した場合は，対比トピックの必要性を正しく判断したとしてスコアを1とした。また，本稿の以下の結果では取り上げないが，対比トピックが要求されない文脈において，明示的でない主語文をプラスとし，主語が明示されている対比トピック文をマイナスとした場合も，対比トピックが必要ないと正しく判断したとみなしてスコアを1とした。この二つ以外の組み合わせの回答は，すべて0として集計を行った。この方法から，それぞれの学習者が持つ容認度に対する直観をより正確に測ることを目指した。

タスク2の結果のうち，ここからは本稿の議論で直接関係する対比トピックの結果に焦点を当てて報告する。人称ごとにタスク2の結果をまとめた表が以下の表9から表11である。

まず1人称主語の文で主語が対比トピックとなる文脈においては，表9に示されているとおり，意向形（「〜ようと思う」など）を述語とする文において，中国語・英語母語話者グループと韓国語母語話者，日本語統制群の間で，スコアに差が生じているように見受けられる。しかし統計分析の結果，韓国語母語話者と中国語母語話者の二つのグループ間でのスコアに有意差は認められたものの（$p < .05$），統制群のスコアに対しての学習者グループの有意差は観察されなかった（F（3,116）=3.68, $p < .05$）。

表９　タスク２：１人称主語対比トピック文の容認度（平均値）

母語（人数）		1人称主語＝対比トピック	
		意向	心的状態
中国語	（N=30）	0.40	0.67
英語	（N=30）	0.40	0.71
韓国語	（N=30）	0.70	0.75
日本語	（N=30）	0.53	0.68

次に，2人称主語が対比トピックとなる文については，表10からわかるように，「〜てください」を使った依頼文に関しては4グループの間で統計的な有意差は認められなかったが，一方，「〜ないでください」を用いた禁止文に関してはグループの主効果が認められた（F（3,116）=5.58, $p = .001$）。多重比較の結果，中国語母語話者グループと英語母語話者グループのスコアが，統制群のスコアに対し有意に低いことが認められた（$p = .01$）。

表 10　タスク 2：2 人称主語対比トピック文の容認度（平均値）

母語（人数）		2 人称主語＝対比トピック	
		依頼	禁止
中国語	(N=30)	0.75	0.50
英語	(N=30)	0.63	0.48
韓国語	(N=30)	0.73	0.73
日本語	(N=30)	0.78	0.80

最後に，表 11 にまとめた 3 人称主語が対比トピックとなる文の結果については，正しく対比トピックの主語を選択したスコアは 4 グループとも 1・2 人称文のスコアよりも高く，またグループ間の統計的な有意差も認められなかった。

表 11　タスク 2：3 人称主語対比トピック文の容認度（平均値）

母語（人数）		3 人称主語＝対比トピック
中国語	(N=30)	0.92
英語	(N=30)	0.87
韓国語	(N=30)	0.97
日本語	(N=30)	0.87

このように，文脈により対比トピックの容認度を判断する実験文の結果は，禁止文に関しては中国語母語話者と英語母語話者グループが統制群よりも有意にスコアが低かったが，それ以外の人称と文タイプについては，学習者グループと統制群の間に違いは観察されなかった。

3.3.3　実験結果のまとめ

以上の実験結果をまとめると，省略主語が指示する人称を述語または文脈から選択するタスク 1 に関しては，中国語・英語母語話者グループが韓国語母語話者グループ・統制群よりも全体的に正答率が低くなっていることがわかった。特に 1 人称・2 人称に関しての正答率の平均は，韓国語母語話者グループが97.78%で統制群の97.80%とほぼ同じであるのに対し，中国語母語話者グループが91.68%，英語母語話者グループが93.35%であることから，韓国語母語話者よりも，CP（モダリティ）領域で一致を必要とする省略主語の人称の認識に関して日本語母語話者とは異なる解釈をする可能性が高くなっていると考えられる。

タスク2は，文脈上主語を省略した方が自然な会話文と，文脈上対比を表すため明示的な主語を用いた方が自然になる会話文それぞれにおいて，主語を省略した文と主語を明示化した対比トピックを用いた文を比べてこれら二つの文の容認度をそれぞれ判断させるものであったが，本稿ではこの中から対比トピックを使う方が自然であると考えられる実験文の結果のみ観察した。結果は実験文の種類によって異なるが，中でも2人称主語の禁止文における対比トピックの容認度（理論的に期待される数値は1.0）に関しては，中国語母語話者グループが0.50, 英語母語話者グループが0.48という結果となり，統制群の0.80よりも有意に低く，韓国語母語話者グループの0.73と比べてもかなり差があることが観察された。なお，2人称禁止文以外のタスク2の結果の平均は，中国語母語話者グループが0.77, 英語母語話者グループが0.73, 韓国語母語話者グループが0.87, 統制群が0.77となり，全体としてはグループ間の有意差はないことがわかった。

4. 考察

本稿では，(7) で示されたMiyagawa (2017) の4つの言語群の中から，談話における焦点やトピックに関わるδ素性がCからTへ継承される日本語・韓国語と，主語と述語の一致に関わるφ素性がCからTへ継承される中国語・英語という言語間の特徴に着目し，φ素性の継承に関する仮説1とδ素性の継承に関する仮説2を (10) と (11) のように立てた。

(7) a. Category I: $C_{\varphi}\ T_{\delta}$　　日本語，韓国語 ←

b. Category II: $C_{\delta}\ T_{\varphi}$　　中国語，英語 ←

c. Category III: $C\ T_{\varphi/\delta}$　　スペイン語

d. Category IV: $C_{\varphi/\delta}\ T$　　ディンカ語

(10) 仮説1： 中国語・英語母語の日本語学習者は，L1でのφ素性継承を取り除かなくてはならないため，1人称・2人称主語の文の習得が困難である。

(11) 仮説2： 中国語・英語母語の日本語学習者は，L1でCに留まっているδ素性をTに継承させるため，対比トピックの文の習得には困難を示さない。

3節で提示した木津・山田 (2018) の実験結果をもとに，(10) の仮説1と (11) の仮説2を4.1で順に検証し，さらに4.2では，GenSLAでこれまで提出された理論に対して，この実験結果にどのような示唆があるのかを考察したい。

4.1 仮説について

タスク1の結果では，どの文タイプにおいても韓国語母語話者と日本語統制群との間に有意差は観察されず，これは学習者のL1である韓国語と目標言語である日本語がφ素性の継承について同じ言語カテゴリーに属しており，L1がL2習得の妨げとはならない，あるいは言い換えるなら，L1がL2を習得する上で正の転移 (positive transfer) をしていると分析することができる。

これに対して英語母語話者グループでは，1人称主語を要求する心的状態を表す文において統制群との有意差が観察され，また中国語母語話者グループでは，2人称主語を要求する禁止文において統制群と有意差が見られた。全体の平均値から結果を検証すると，3人称主語の文ではグループ間の差異はほぼなかったが，1・2人称主語の文に関して言えば，中国語・英語母語話者グループの正答率の平均が，韓国語母語話者グループと統制群よりも明らかに低いことがわかった。これは，中国語・英語母語の学習者はL1でのφ素性の継承を排除しなければならないため，韓国語や日本語に見られるC領域での一致を習得するのが難しいからだと思われる。このことから，木津・山田 (2018) の研究結果は仮説1を支持していると言えよう。

仮説2では，中国語・英語母語の日本語学習者は，δ素性に関してL1での素性継承を排除する必要はないため，対比トピックの文の習得には困難を示さないとしていた。しかしタスク 2 の結果を見ると，中国語・英語母語話者グループは，禁止文での 2 人称主語が対比トピックとなる場合の容認度が韓国語母語話者グループと統制群よりも有意に低くなっていた。この事実だけを考えると，仮説 2 を支持することはできないように思われる。

しかしながら，禁止文の習得に関しては，これまでの同様な研究においても，どのグループも他の文タイプの結果と比べると相対的に正答率がかなり低いという観察がある（Kizu & Yamada, 2013, 2017）。例えば Kizu & Yamada (2013) では，これは統語・意味論的な原因によるものではなく，一般的な文処理能力が関係しているのではないかと述べている。つまり，実験文の中では禁止文が唯一の否定文であり，言語処理の観点から否定文はより複雑な過程を強いられるため，注意が向けられる能力（attentional capacity）に限りのある L2 学習者は，禁止文を解釈する際に負荷がかかってしまうのではないかというものである。

もしこの説明が正しいとすると，韓国語母語話者も中国語・英語母語話者と同様に禁止文の容認度は低い結果となるはずであるが，表 10 で示したとおり，実際には韓国語母語話者グループの禁止文の容認度は母語話者グループの容認度と変わりがなかった。そう考えると，中国語・英語母語話者グループの禁止文の容認度については，L2 学習者としての文処理の問題だけが原因だとは考えることはできず，また別の説明が必要となる。

一つの可能性として考えられるのは，中国語・英語母語話者は韓国語母語話者グループおよび統制群と比べて，タスク 1 の調査項目でもあった禁止文における空主語の認識がそもそも困難だという事実がある。表 7 で見たとおり，韓国語母語話者グループと日本語統制群の正答率はそれぞれ 92.2% と 96.7% であるが，中国語母語話者グループの正答率は 77.8%，英語母語話者グループは 87.8% となっている。後者の二つのグループにとって禁止文の正答率がすべての文タイプの正答率の中で最も低くなっていることから，少なくともこの実験で扱った文タイプの中では，禁止文における省略主語の習得が最も遅いと考えられる。

指示する主語の認識が談話における対比や焦点といった意味機能を選択する前提になっているとするなら，禁止文という構文の習得の遅れが当該文タイプの対比トピックに関する判断に影響を与えている可能性は十分考えられる。現に，タスク 1 で正答率の低かった 1 人称・2 人称主語文は，タスク 2 においても期待される容認度を示していないが，タスク 1 で正答率の高かった 3 人称主語文については，タスク 2 でも最も高い容認度を示している。対比や焦点などの談話に関する習得には，省略された当該名詞の認識に関わる統語と意味の習得が拠り所となっていると考えるのは理にかなっており，木津・山田（2018）のタスク 2 の結果が必ずしも仮説 2 を退けるような証拠とはならないだろう。

4.2 先行研究の主張点との関連

木津・山田（2018）の研究は，これまでの GenSLA のいくつかの先行研究での主張点を支持する結果となっている。例えば，Suda et al.（2019）は，初期の習得段階では L1 の特性を利用するが，習得が進むに従って L2 の特性を利用するという完全転移・UG 完全利用（FT/FA）モデル（Schwartz & Sprouse, 1996）を仮説とし，日本語を母語とする英語学習者を対象に疑問文と否定文の主語と述語の一致について調査を行った。その実験結果から，Suda et al. は，L2 の素性継承自体は容易であるが，L1 には存在しない L2 の素性を配置させるのは困難である傾向が観察されたという。

また，Wakabayashi（2002）や Nawata & Tsubokura（2010）の研究では，L1 にすでに存在する素性やその継承を L2 習得で取り除くのは難しいということが論じられており，このうち Nawata & Tsubokura は，日本語母語の英語学習者は φ 素性の C から T への継承の習得は比較的容易だが，δ 素性を T から取り除くのは難しいという結論を導き出している。木津・山田の結果からは，L1 には存在しない素性継承を習得するのが容易であるかどうかについては，はっきりとした結論を下すことはできないが（3.3.2 と 4.1 を参照），少なくとも L1 に存在する素性継承を L2 で取り除くことが困難であることを示す結果は提出され，この点において上記の主張を支持していると考えられる。

4.3 その他の GenSLA 仮説への示唆 [7]

さらに，これまで提出されたその他の GenSLA 理論における仮説に対して，本稿で取り上げた木津・山田（2018）の実験結果が何を示唆しているかについて考察してみたい。中でも，**解釈可能性仮説**（**Interpretability Hypothesis**; Hawkins & Hattori, 2006; Tsumpli & Mastropavlou, 2007; Tsumpli & Dimitrakopoulou, 2007; Hawkins & Casillas, 2008）と**インターフェイス仮説**（**Interface Hypothesis**; Sorace & Filiace, 2006; Sorace, 2011）に焦点を絞って論じていく。

まず解釈可能性仮説とは，L1 からの転移（L1 transfer）で可能とならない素性や，文の意味解釈に必要とならない素性であるいわゆる解釈不可能素性（uninterpretable feature）が L2 学習者にとって大きな障害となる，というものである。Tsumpli & Dimitrakopoulou（2007）は，ギリシャ語を母語とする中上級の英語学習者を対象に，省略された代名詞と残留代名詞（resumptive pronoun）の習得について調査・考察し，L1 の格と一致の解釈不可能素性を L2 で再設定することができないと結論づけている。

木津・山田で扱った言語事実のうち，一致に関わる φ 素性は解釈不可能素性とされており，タスク 1 の結果からもわかるとおり，L1 とは性質が異なる場合（中国語・英語母語の日本語学習者にとっての主語制約の文）の習得は，L1 とは性質が異ならない場合（韓国語母語の日本語学習者にとっての主語制約の文）と比べると難しいことがわかった。しかし別の観点から同じ結果を観察すると，φ 素性に関わる 1 人称・2 人称主語文において，たとえ L1 と L2 に違いのある中国語母語・英語母語話者の日本語学習者であっても，全体的な平均正答率は 90% を超えており（中国語母語話者グループが 91.68%，英語母語話者グループが 93.35%），この数値だけをみれば解釈不可能素性に関する習得が「不可能である」と結論づけることはできない [8]。

7 4.3 は，すでに GenSLA に知識を持つ読者向けとなっており，より発展的な議論を含む内容となっている。ただし，4.1 と 4.2 の主張を変えるものではないので，GenSLA に馴染みのない読者は本節を割愛することも可能である。

8 同様の主張については，スペイン語母語の英語学習者を対象に Tsumpli & Dimitrakopoulou（2007）での言語現象を扱った Leal Méndez & Slabakova（2012）を参照されたい。なお，Lardiere（1998, 2007）の中国語を母語とする英語学習者についての研究も解釈可能性仮説に関連しているが，Lardiere は L1 である中国語の主語と動詞の一致に関する解釈不可能ただし，木津・山田 (2018) が対象としたのは上級・超級日本語学習者であるため，完全転移・UG 完全利用 (FT/FA) モデルで提唱されているように，UG への接近は上・超級レベルでは可能となると考えられ，解釈可能性仮説はこのレベルの L2 には適応されないということができる。

また，上記以外の GenSLA で近年議論されている仮説の中に，インターフェイス仮説 (Interface Hypothesis; Sorace & Filiace, 2006; Sorace, 2011) がある。インターフェイス仮説とは，モジュール内部でのインターフェイス (例えば意味と統語) に関わるマッピング (mapping) よりも，モジュール内外に及ぶインターフェイス (例えば統語と談話) のマッピングの方が言語処理に多大な負荷がかかるため，その習得が困難になるというものである。木津・山田 (2018) では，主語の人称制限や空主語の認可など統語に関わる現象とともに，対比トピックの有無という談話に関わる現象も扱っているため，インターフェイス仮説を検証する素材となることが期待される。

インターフェイス仮説で議論されてきたことの一つは，目標言語の母語話者と学習者の L2 の違いが何に起因しているのかということである [9]。この違いは L2 学習者が L1 の影響を受けているからなのか，L1 とは関係のないバイリンガルにありうる言語処理上の負荷が原因なのか，あるいはこの両方なのかという疑問について論じられてきた。この点について木津・山田の調査結果は次の 2 点を示唆している。

まず，話者の心的状態を表す文と禁止文が他の種類の文に比べて正答率・容認度が低かったことから，同じ 1 人称・2 人称主語文の中でも構文によって習得が異なっていると考えられる。このことから，統語と談話に関わる現象を一括りにして論じることができないことがわかる。同じモジュール内外のインターフェイスに関わる言語事実であっても，構文ごとの言語処理上の

素性を，L2 である英語では具現化できないとしている。しかしながら，本稿で理論的基盤として仮定した Miyagawa (2017) の言語類型が正しいとすると，中国語と英語は同じ性質を持っていることになるため，Lardiere の調査結果には別の説明が必要となる。

9 インターフェイス仮説は，モジュール内外のインターフェイスに関わる言語現象の習得に関して，L2 学習者が目標言語の母語話者のような言語には到達できないという事実をもとにしているが，関連する先行研究の中には，学習者が母語話者と同様の到達度を示すと主張している研究もある (Rothman, 2009; Donaldson, 2011; Slabakova, Kempchinsky, & Rothman, 2012 他)。

問題だけでなく，インプットの量や指導の有無，学習者のL2運用力，言語現象ごとの習得順序，さらには実験方法の問題など，様々な要因を考慮する必要があるだろう。

もう一つは，中国語・英語母語話者グループと韓国語母語話者グループの間で有意差が観察されたことから，上・超級学習者であっても依然として母語による影響があると考えられることである。もし統語と談話のインターフェイスに関わる言語現象の習得の遅れが言語処理の問題であるとするなら，この3つの学習者グループ間で差異は観察されないはずである。しかし，目標言語である日本語と同じ素性継承を持つ言語群である韓国語母語話者グループの方が正答率や容認度が高かったことを考えると，L1の影響があったと結論づけることができよう。以上をまとめると，インターフェイス仮説については，統語と談話のインターフェイスに関わる現象がすべて同じような順序では習得されていないこと，そして言語処理の問題だけではなく，たとえ学習者が目標言語の母語話者の言語能力・運用力に近かったとしても，L1の影響を受け続けていることを示唆していると言える。

5.　おわりに

本稿では，日本語における述語による主語の人称制限について，母語の異なる日本語L2学習者を対象に調査した木津・山田（2018）の研究を例として取り上げ，主節現象の習得研究がどのようにGenSLA研究の仮説に示唆を与えるかについてまとめてみた。主には，学習者グループが統制群と比べて正答率や容認度が有意に低かったところに着目して論じたが，一部で触れたように，多くの場合学習者グループの正答率が高かったことにも注目しなくてはならない。

L1の知識（転移）と目標言語のインプット量がどのように関係しているのかを探求するのはGenSLA研究の目的の一つである。ここで論じている主語の省略については，初級の段階からある程度の明示的な指導はなされているが，多くは文脈上明らかな名詞は省略できる，といった大まかな説明に留まっており，具体的にどのような場合に省略したりしなかったりするのかということについては，学習者の判断と能力に任されている。つまり，述語による1人称・2人称主語の制限やトピックとなる主語の省略・非省略というのは，授業内での明示的指導で獲得されるというよりも，その他の自然習得の場面でのL2インプットが影響していることが考えられるのだが，木津・山田の調査結果のうち，日本語統制群と最も近かった韓国語母語の学習者グループは，中国語・英語母語話者グループと比べても平均学習期間と日本滞在期間が特に長いわけではない（表5を参照のこと）。さらに，日本語能力の指標としたN1, N2の合格者数の分布については，韓国語母語話者グループと中国語母語話者グループは全く同じとなっている。このことから，目標言語での学習期間や留学経験，全般的な日本語能力・運用力がここでの言語現象に関する正答率と容認度に影響を与えているようには見受けられず，インプットだけでは得られない知識が，L2の習得に関わっているのではないかと考えられる[10]。

本稿での議論が示していることは，たとえ目標言語の母語話者に近いレベルのL2学習者であっても一定のL1の影響が見られることから，UGへの接近が母語の知識を介して行われている可能性が高いということである。具体的には，L1に素性継承がありL2にない場合の習得が困難であるという結果になったが，すべての構文について同様に困難であるという事実は示されなかった。この点については，個別言語間のミクロパラメトリックな差異から生じている可能性や実験文の選定の再考も視野に入れ，今後の研究の課題としたい。

参照文献

Chomsky, N. (1981). *Lectures on government and binding*. Dordrecht: Foris.

Chomsky, N. (2001). Derivation by phrase. In M. Kenstowicz (Ed.), *Ken Hale: A life in language* (pp. 1–52). Cambridge, MA: MIT Press.

Cinque, G. (1999). *Adverbials and functional heads: A cross linguistic perspective*. Oxford: Oxford University Press.

Donaldson, B. (2011). Nativelike right-dislocation in near-native French. *Second Language Research, 27*(3), 361–390.

10　談話における主語省略の教室指導がL2習得に与える影響については，Tsuchiya, Yoshimura, & Nakayama (2015) とZhang (2018) を参照されたい。

Emonds, J. (1970). *Root and structure-preserving transformations*. Ph.D. dissertation. Cambridge, MA: MIT.

Green, G. (1976). Main clause phenomena in subordinate clauses. *Language, 52,* 382–397.

Haegeman, L., & Hill, V. (2013). The syntacticization of discourse. In R. Folli, C. Sevdali, & R. Truswell (Eds.), *Syntax and its limits* (pp. 370–390). New York & Oxford: Oxford University Press.

Haegeman, L. (2014). West Flemish verb-based discourse markers and the articulation of the speech act layer. *Studia Linguistica, 68* (1), 116–139.

長谷川信子. (2007).「日本語の主文現象から見た統語論」長谷川信子（編）『日本語の主文現象：統語構造とモダリティ』(pp. 1–16). 東京：ひつじ書房.

長谷川信子. (2008).「節のタイプと呼応現象：CP システムと空主語の認可」『「文の語用的機能と統語論：日本語の主文現象からの提言 (1)」平成 19 年～ 21 年度科学研究費補助金（基盤研究 (B) 研究報告書）』（研究代表者：長谷川信子）(pp. 5–36). 神田外語大学.

Hasegawa, N. (2008). Licensing a null subject at CP: Imperatives, the 1st person, and PRO. *Scientific Approaches to Language, No. 7* (pp. 1–34). Center for Language Sciences, Kanda University of International Studies.

Hasegawa, N. (2009). Agreement at the CP level: Clause types and the 'person' restriction on the subject. In R. Shibagaki & R. Vermueulen (Eds.), *The proceedings of the Workshop on Altaic Formal Linguistics 5* (pp. 131–152). Cambridge, MA: MIT.

Hawkins, R., & Hattori, H. (2006). Interpretation of English multiple wh-questions by Japanese speakers: A missing interpretive feature account. *Second Language Research, 22*, 269–301.

Hawkins, R., & Casillas, G. (2008). Explaining frequency of verb morphology in early L2 speech. *Lingua, 118*, 595–612.

池上嘉彦. (2005).「日本語の＜主観性＞と＜主観性＞の指標 (2)」山梨正明（編）『認知言語学論考 4』(pp. 1–60). 東京：ひつじ書房.

金谷武洋. (2004).『英語にも主語はなかった：日本語文法から言語千年史へ』東京：講談社.

Kizu, M. (2013). L2 acquisition of null subjects in Japanese: A new generative perspective and its pedagogical implications. In M. Whong, K. Gill, & H. Marsden (Eds.), *Universal Grammar and the Second Language Classroom* (pp. 35–55). Dordrecht: Springer.

Kizu, M., & Yamada, K. (2013). Null subject and topic drop in L2 Japanese: Some implications to the Interface Hypothesis. In Y. Otsu (Ed.), *The Proceedings of the Fourteenth Tokyo Conference on Psycholinguistics* (pp. 115–135). Tokyo: Hituji Syobo.

Kizu, M., & Yamada, K. (2017). The effect of instruction on null subjects: A case of L2 Japanese learners. In M. Hirakawa, J. Matthews, K. Otaki, N. Snape, & M. Umeda. (Eds.), *Proceedings of PacSLRF 2016* (pp. 115–120). The Japan Second Language

Association.

木津弥佳・山田一美. (2018).「第二言語としての日本語における空主語の人称制限の習得について」日本第二言語習得学会・第 18 回年次大会 (J-SLA 2018) 口頭発表.

小柳かおる. (2004).『日本語教師のための新しい言語習得概論』東京：スリーエーネットワーク.

Lardiere, D. (1998). Dissociating syntax from morphology in a divergent L2 end-state grammar. *Second Language Research*, *14*, 359–375.

Lardiere, D. (2007). *Ultimate attainment in second language acquisition: A case study*. Mahwah, NJ: Lawrence Erlbaum Associates.

Leal Méndez, T., & Slabakova R. (2012). The interpretability hypothesis again: A partial replication of Tsumpli & Dimitrakopoulou (2007). *International Journal of Bilingualism*, *18* (6), 537–557.

益岡隆志. (1991).『モダリティの文法』東京：くろしお出版.

益岡隆志. (2000).『日本語文法の諸相』東京：くろしお出版.

Miyagawa, S. (2017). *Agreement beyond Phi.* Cambridge, MA: MIT Press.

Nawata, H., & Tsubokura K. (2010). On the resetting of the subject parameter by Japanese learners of English: A survey of junior high school students. *Second Language*, *9*, 63–82.

仁田義雄. (1991).『日本語のモダリティと人称』東京：ひつじ書房.

岡智之. (2006).「「主語」はない,「場所」はある：場所的存在論による日本語主語論への一提案」『東京学芸大学紀要 1 人文社会科学系』*57*, 97–113.

Rizzi, L. (1997). The fine structure of left periphery. In L. Haegeman (Ed.), *Elements of Grammar* (pp. 281–388). Dordrecht: Kluwer.

Rothman, J. (2009). Pragmatic deficits with syntactic consequences? L2 pronominal subjects and the syntax-pragmatics interface. *Journal of Pragmatics*, *41*, 951–973.

Rothman, J., & Slabakova R. (2018). The generative approach to SLA and its place in modern second language studies. *Studies in Second Language Acquisition, 40*, 417–442.

Schwartz, B. D., & Sprouse, R. A. (1996). L2 cognitive states and the full transfer/full access model. *Second Language Research*, *12*, 40–72.

白畑知彦・若林茂則・村野井仁. (2010).『第二言語習得研究：理論から研究法まで』東京：研究社.

Slabakova, R., Kempchinsky P., & Rothman J. (2012). Clitic-doubled left dislocation and focus fronting in L2 Spanish: A case of successful acquisition at the syntax-discourse interface. *Second Language Research*, *28*(3), 319–343.

Sorace, A. (2011). Pinning down the concept of "interface" in bilingualism. *Linguistic Approaches to Bilingualism*, *22*, 1–33.

Sorace, A., & Filiaci, F. (2006). Anaphora resolution in near-native speakers of Italian. *Second Language Research*, *22*, 339–368.

Speas, M., & Tenny C. (2003). Configurational properties of point of view roles. In A-M. Di Sciullo (Ed.), *Asymmetry in grammar, volume 1: Syntax and semantics* (pp. 315–344). Amsterdam: John Benjamins.

Suda, K., Yokota H., Kondo T., Ogawa M., Yoshida C., & Shirahata T. (2019). The investigation of the feature inheritance hypothesis in second language acquisition. In P. Guijarro-Fuentes & C. Surárez-Gómez (Eds.), *Proceedings of GALA 2017: Language Acquisition and Development* (pp. 65–82). New Castle upon Tyne: Cambridge Scholars Publishing.

Tenny, C. (2006). Evidentiality, experiencers, and the syntax of sentience in Japanese. *Journal of East Asian Linguistics*, *15*, 245–288.

寺村秀夫. (1984).『日本語のシンタクスと意味 II』東京：くろしお出版.

Tsimpli, I. M., & Mastropavlou, M. (2007). Feature interpretability in L2 acquisition and SLI: Greek clitics and determiners. In J. Liceras, H. Zobl, & H. Goodluck (Eds.), *The role of formal features in second language acquisition* (pp. 143–183). Mahwah, NJ: Lawrence Erlbaum.

Tsimpli, I. M., & Dimitrakopoulou, M. (2007). The interpretability hypothesis: Evidence from wh-interrogatives in second language acquisition. *Second Language Research, 23*(2), 215–242.

Tsuchiya, S., Yoshimura N., & Nakayama M. (2015). Subject nouns in L2 Japanese storytelling: A preliminary study. *Ars Linguistica*, *22*, 89–102.

外崎淑子. (2006).「日本語の主語の人称制限」*Scientific Approaches to Language*, *5*, 149–160. Center for Language Sciences, Kanda University of International Studies.

上田由紀子. (2006).「人称制限と統語構造」*Scientific Approaches to Language*, *5*, 161–180. Center for Language Sciences, Kanda University of International Studies.

上田由紀子. (2007).「日本語のモダリティの統語構造と人称制限」長谷川信子 (編).『日本語の主文現象：統語構造とモダリティ』(pp. 261–294). 東京：ひつじ書房.

Ueda, Y. (2008). Person restriction and syntactic structure of Japanese modals. *Scientific Approaches to Language*, *7*, 123–150. Center for Language Sciences, Kanda University of International Studies.

Wakabayashi, S. (2002). The acquisition of non-null subjects in English: A minimalist account. *Second Language Research*, *18* (1), 28–71.

Zhang, Y. (2018). A contrast of L1 pronominal usage: Japanese and Mandarin in oral narratives. *Buckeye East Asian Linguistics*, *3*, 95–104.

第4章

目的語省略文にみる中国人日本語学習者のL1転移と逆行転移

省略の有無と有生性が転移にどのように影響するのか

澤崎宏一　張昀

1.　はじめに

第二言語習得（second language acquisition: SLA）において，**母語（L1）**などの既習言語のくせが，**習得中の言語（L2）**になんらかの影響を与えることを，**言語転移（language transfer）**と呼ぶ。言語転移はこれまで多くの議論があり，よく知られたL2習得過程のひとつである。同じ言語転移の中には，**逆行転移（reverse/backward transfer）**と呼ばれる現象もあり（Cook, 2003），特にL2習熟度が高い場合に，習得したL2のくせが，L1などの既習の言語に影響を与えることをいう。このように，言語転移には，L1からL2に与える影響と，L2からL1に与える影響の2種類があり，本稿ではこの両方を検証する。なお，ふたつの転移を区別するため，以後，前者を「**L1転移（L1 transfer）**」，後者を「逆行転移」と呼び分けるが，文脈上明らかであったり，特に両者を区別する必要のない場合は，単に「転移」と記す。

調査対象として，日本語と中国語にともにみられる現象でありながら，ふるまいが異なるとされる目的語の省略をとりあげ，省略語の有生性にも着目する。目的語の有生性とその省略のあるなしが異なる日本語文と中国語文を，中国語を母語とする初級・上級レベルの日本語学習者が読み，どのように自然度を判断するかについて調査した。中国語を読むかのように日本語を読み（L1転移），そして日本語を読むかのように中国語を読んだか（逆行転移）について検証したところ，省略の有無に関してのみL1転移と逆行転移の可能性がみられ，有生性の別については転移を示す結果が認められなかった。

本稿の構成は，続く2節で転移にかかわる先行研究をふり返り，3節では，日本語と中国語の目的語省略について述べ，研究目的と仮説を提示する。調査方法と結果を4節と5節で報告し，考察を6節にて示す。考察では，省略と有生性で結果が異なった理由について，現象の気づきやすさが関係していることなどをあげて説明する。最後に，結論を7節で記して稿を閉じる。

2.　転移：L1転移と逆行転移

2.1　L1転移

本稿でいうL1転移とは，言語間で異なる特徴があるときに，L1の特徴がL2に影響を与えてしまう現象のことで，「**負の転移（negative transfer）**」とも呼ばれる[1]。L1転移は，特に音声・語彙・語用論的側面で現れやすいといわれるが（大関，2010; 福岡，2016），ここでは特に，本研究と関連が深い，統語と語用論的側面からみたL1転移に絞って話を進める。

日本語学習におけるL1転移で，統語的視点から報告されているものに，「の」の**過剰使用**がある。「赤いの花」や「大きいの車」のような名詞を修飾する用例のことで，特定のL1にかかわらず学習者によくみられる誤用とされる（; 白畑，1993a, 1993b, 1994; 迫田，1999; 奥野，2003, 2005等）。しかし，奥野（2003, 2005）は，中国語，韓国語，英語等を母語とする日本語学習者を対象にいくつかの調査を行い，特に中国語話者に「の」の過剰使用が顕著にみられることを指摘し，これがL1転移の結果であることを示した。

例えば，初級から上級レベルの日本語学習者を対象にした縦断的な発話調査では，中国語話者は，修飾部の品詞の種類にかかわらず「の」の過剰使用が多くみられた。ほかの母語話者にも「の」の過剰使用はみられたが，中国語話者のように複数の品詞にまたがっておこることはほとんどなかった。さ

1　ただし，L1の影響は必ず現れるわけではなく，たとえL1とL2が異なっていても習得の妨げにならない場合もあれば，両言語が類似していても必ず習得が易しいとは限らない。L1転移の考え方や問題点については，奥野（2005）や大関（2010）に詳しい。

らに，中国語話者は，ほかの母語話者と比べ，上級になってもなお誤用が多く残っていた。また，上級レベルを対象に，即時的な文法性の判断を求めるテストを行った結果，中国語母語話者は，韓国語母語話者に比べて正答率が低いこともわかった。これらの結果から奥野は，中国語の名詞修飾でほとんどの場合に必要となる「的」（例：中国的漢字）が，日本語習得に影響しているとした。

次に，語用論からみた日本語学習者のL1 転移研究では，「依頼」や「断り」といった言語行為が，L1 とL2 でどのように異なるかをみた調査が多い。生駒・志村（1992）は，何かを「断る」とき，アメリカ人日本語学習者（上級）の日本語（AJ）は，日本語母語話者の日本語（JJ）よりも，アメリカ人英語母語話者の英語（AE）に近い断り方をしていることを示した。JJ，AJ，AE の回答を比較した結果，上司からの残業の依頼を断る場面で，「できません」や「いいえ」といった，直接的断りの発現頻度を比較すると，AJ（19.48%）やAE（15.05%）では比較的高く，JJ（6.74%）では低かった。さらに，友達から勧められたお菓子を断る場面では，AJ とAE は共に“No, thanks.” などの「結論」を多く使っていたのに対して，JJ はむしろ「お腹いっぱいだから」というような「理由」を多く用いていた。つまり，学習者の日本語（AJ）にはL1（AE）の特徴が現れており，L1 からL2 への**語用論的転移**がおきていた。

藤森（1994）も，中国人日本語学習者（中上級）の日本語（CJ）が，日本語母語話者の日本語（JJ）よりも中国語（CC）の影響を受けていることを示している。親しい相手に対する断わり方を調査したところ，JJ は「詫び」をまず冒頭で述べる「詫び」先行型をとるのに対して，CJ とCC は詫びを使用しない傾向がみられた。また，「王さんを誘ってみたらどうですか」のような「代案」の提示をCJ とCC は多く用いていたが，反対にJJ には「代案」はあまりみられなかった。似た例は，タイ語話者に対する研究（成田・成田，2010）でもみられ，L1 で話すようなやり方でL2 で断ったり感謝を表現するといった，語用論的L1 転移が報告されている。

2.2 逆行転移

逆行転移とは，L2 の影響がL1 に現れる現象のことをいう。L1 転移に比

べて報告例は少なく，日本語に関係したものはさらに限られている。数少ない研究事例のひとつに，L2（日本語）からL1（韓国語）への統語面での逆行転移に着目した尹（2014）がある。尹は，韓国人日本語学習者を対象に，授受表現「～てもらう（아 / 어 받다 [a/eo batda]）」形に焦点を当てて調査を行った。調査参加者は，日本語の学習歴と日本での滞在歴がある33人（KJ）と，日本語の学習歴も日本での滞在歴もない54人（KK）の2つのグループで，全員が大学（院）生であった。

日本語では，授受動詞「もらう」は「動詞＋てもらう」の形で幅広く使用される。しかし，韓国語では，「もらう」に対応する動詞「받다（batda）」は存在するものの，日本語の「動詞＋てもらう」のように「動詞＋아 / 어 받다（a/eo batda）」として用いることはない。尹は，「動詞＋아 / 어 받다（a/eo batda）」を含む10の韓国語文を用意し，その許容度を「適切（3点）」から「不適切（0点）」までの4段階の選択肢から選ぶよう指示した。その結果，KKもKJも実験文の表現を「適切」とは判断しないものの，KJ（1.10）はKK（0.67）より有意に高い値となり，日本語の学習経験がある方が，韓国語における不適切さに対して寛容であることがわかった。このことから，尹は，日本語の学習歴及び日本での滞在歴がKJのL1（韓国語）になんらかの影響（逆行転移）を与えたと主張した。

尹は，日本語（L2）から韓国語（L1）への一方向の逆行転移について報告したのに対し，清水（2012）は，日本語（L2）から英語（L1），そして英語（L2）から日本語（L1）への双方向の逆行転移について調査した。清水は，「ほめに対する返答」について，中上級レベルのアメリカ人日本語学習者48人（ALJ）と日本人英語学習者48人（JLE）の特徴を分析している。L1による返答パターンを，モノリンガルに近いそれぞれの母語話者（AEとJJ：各30人）の返答パターンと比較したところ，日本語学習者にはL1英語への逆行転移が観察されたが，英語学習者には逆行転移はみられなかった。

逆行転移がおきた日本語学習者は，他人からほめられたとき，「そんなことないです」のような不同意を示す「否定型」の返答パターンを多く用いていた。モノリンガルに近いAEの英語は，「否定型」の返答が4.1%だけだったのに対し，ALJの日本語は「否定型」が46.1%を占め，ALJの英語も15.4%の割合で使用がみられた。これらはJJの日本語の使用率（12.9%）

に近いことから，日本語学習者は日本語で話すように，ほめの返答を L1（英語）でも行っていたといえる（逆行転移）。ところが，日本人の英語学習者からは，同じような逆行転移は観察されなかった。

清水はこの結果を，Eckman（1977）の**有標性差異仮説**（**markedness differential hypothesis: MDH**）を応用して説明している。MDH は，L1 が無標（**unmarked**）で L2 が**有標**（**marked**）であるとき，L2 習得が困難で，L1 転移がおこりやすいと考える（逆に，L1 が有標で L2 が無標のときは習得が易しい）。これをもとに清水は，ほめを受け入れることが無標（英語の特徴），否定することが有標（日本語の特徴）ととらえ，L2 が有標であるときには，一度習得してしまえば自身の L1 にも影響を与えてしまうほど強い効力があるとし，逆行転移がおこりやすいと説明した。

清水は，同じ調査で L1 転移の検証も行っている。L1 転移に関して，MDH に従うならば，日本語 L1（有標）から英語 L2（無標）の場合は，英語の習得は易しく，L1 転移はおこらないはずで，清水の結果もそうなっている。しかし，英語 L1（無標）から日本語 L2（有標）の場合は，日本語の習得は難しく，L1 転移がおこりやすいはずだが，上記のとおり ALJ の日本語は「否定型」が 46.1% と報告されており，MDH に反する結果となった。このことについては，MDH 以外の理由が示されており，MDH の考え方自体は否定されてはいない。このような，Eckman や清水の考えに沿った L1 転移と逆行転移の説明には説得力があるが，本稿ではこの考えは採らない。第 6 節（考察）で，この理由と問題点について改めて触れる。

尹や清水のほかにも，誘いに対する断り方が，L1 中国語に逆行転移した例（鈴木，2013）の報告があるが，L1 転移の研究事例と比べると，逆行転移はその数も研究範囲も限られている。そこには，L2 よりも L1 のふるまいを研究対象とすることの特殊性があると思われる。また，L1 転移は習得の初期段階で現れやすいのに比べて（Shirai, 1992），逆行転移は習得の初期段階でおこることは考えにくいので，その分だけ研究対象となる学習者が限られるという事情もあるだろう。

しかしながら，L1 転移と逆行転移を同時に調査することにより，もし双方に共通する特徴をみることができるならば，SLA のメカニズムをより深く理解するための糸口となりうる（清水，2012）。これまでの逆行転移の研究は，多くが英語を軸としており，日本語を対象としたものは少ない。また，逆行転移と L1 転移の両方を検証した研究は，さらに限られている。例えば，習熟度の低い学習者と高い学習者がいた場合，同じ言語項目について，前者には L1 転移がみられ，後者には逆行転移がみられるのかという基本的な問いにさえも，答えられるだけの充分な実証データがあるとはいえない。今後，L1 転移と逆行転移の両方の研究を，日本語習得の立場から積み上げていくことは，SLA のメカニズムを知る上で重要なことといえるだろう。

3.　本研究の目的と背景：日本語と中国語における目的語の省略について

本研究の目的は，中国語を母語とする初級レベルと上級レベルの日本語学習者を対象に，L1 転移と逆行転移の現れ方を調査することである。日本語と中国語でふるまいが異なり，さらに逆行転移の可能性が示唆されている目的語の省略について，果たして L2 日本語から L1 中国語への逆行転移がおきるのか，そしてそのとき，L1 中国語から L2 日本語への L1 転移もおきるのかを検証する。以下では，日本語と中国語における目的語省略文の現れ方について，共通点と相違点を示し，最後に本研究の仮説を提示する。

3.1　日本語における目的語省略

本稿で扱う省略とは，省略されたものの復元が，文脈情報から可能なものを指す。例えば，「昨日読んだ。」という文は，主語と目的語が省略されていてこのままでは意味不明だが，それより前の文脈で，誰が何を読んだのかについてわかっている（またはそのように想定する）場合に適格となる。以下では，目的語省略と関連がある主語省略にも触れながら話を進める。

主語や目的語の省略は，文脈から復元さえできれば，どのようなものでも可能というわけではない。省略のされやすさには，一定の傾向があることがわかっており，例えば次のようなものがある。

(1) a.　より重要度の低い（古い）情報は省略されやすい。
　　b.　指示対象との文脈上の距離が遠いと省略されにくい。

c. 指示対象の候補が複数あると省略されにくい。

（久野，1978; Nariyama, 2003; 日本語記述文法研究会，2009）

(1a) の，重要度が低い情報とはすなわち，トピック (主題) として立っている古い情報ということで，文中で明示しなくても何のことかが容易にわかる情報である。しかし，トピックであっても，前回言及されてから時間がたっていると記憶から遠のいてしまう (1b)。また，古い情報が複数あると，何が省略されているのかが曖昧になってしまうので，省略がおこりにくくなる (1c)。

上記のほかに，**名詞のランク**という考え方を用いて省略のされやすさを図式化したものが，(2) である (Nariyama, 2003; 成山，2009)。名詞のランクは，**名詞の階層**とも呼ばれ，日本語以外の言語のふるまいを説明する上で，これまでも用いられてきた (Silversiten, 1976; Dixon, 1979; 角田，1991)。Nariyama らはこれを，日本語の省略を説明するために援用した。

(2)	名詞のランク	1 人称 ＞ 2 人称 ＞ 3 人称 ＞ 動物 ＞ 無生物
	トピック性	高い ←------------------------→ 低い
	主語になる条件	主語 ←------------------------→ 非主語
	省略されやすさ	省略されやすい ←--------→ 省略されにくい

（成山，2009, p. 100）

まず，(2) にあるとおり，左端の 1 人称名詞が最も名詞のランクが高く，人間 (有生) ＞動物 (有生) ＞無生物のように，右に移動するほどランクが低くなり，「有生名詞＞無生名詞」という関係が含まれる。Nariyama は，名詞のランクが高いほど文の主語になりやすいと述べる (主語になる条件)。

(3) a. 私は太郎をみつけた。
  b. ??太郎が私をみつけた。
(4) a. 太郎が猫をひいた。
  b. ??車が太郎をひいた。 (Nariyama, 2003, pp. 178–179)

例えば，(3a) と (4a) は自然な文だが，それは主語と目的語 (非主語) が名詞のランクの高いものから低いものに沿う順番で現れるからだという (私 ➔ 太郎，太郎 ➔ 猫)。一方，(3b) と (4b) は文として不自然であり，それは主語と目的語が名詞のランクに逆行する順番で現れるからだとする。この名詞ランクと主語になりやすさとの関係は，文単位での制約といえる。

さらに，談話や文章単位の視点から，名詞のランクが高いほど主題性 (トピック性) が高くなると考えることができる。この考えは，Kuno (1976) や Kuno & Kaburaki (1979) の**視点の階層**などを援用している。

(5)　The Speech-Act Participant Empathy Hierarchy
　　Speaker　>　Hearer　>　Third Person
(Kuno & Kaburaki, 1979, p. 652)

(6)　Humanness Hierarchy
　　Human　>　Animate Nonhuman　>　Thing
(Kuno & Kaburaki, 1979, p. 653)

(5) について久野 (1978) は，「話し手は，常に自分の視点をとらなければならず，自分より他人寄りの視点をとることができない (p. 146)」とし，主題性の強さには上記のような話し手の視点が関係していることを示した。

つまり，名詞のランクが高いものは文の中で主語になりやすく，また文脈的にも主題性が強まる。そしてこのランクは，名詞句の省略のされやすさとも連動しており，名詞ランクが高いほど省略もされやすくなるというのが (2) の意味するところである。例えば，(7) のような文において，「私」(1人称) の省略は自然だが，「太郎」(3人称) のみの省略は不自然となり，「本」(無生物) のみを省略することは最も不自然となるという (Nariyama, 2003)。

(7) a.　私は太郎に本をあげた。
　b.　[∅] 太郎に本をあげた。
　c.　?私は [∅] 本をあげた。
　d.　??私は太郎に [∅] あげた。

また，Nariyama らによると，主語を残したまま目的語だけを省略する (7) のような文は，原則として不適格であり，例外は，(8) にあるような wh 疑問の回答や，対比が表現されているときである。

(8) a. 誰がこの本を読んだの？ ------ 私が［∅］読んだ。(Wh 疑問の回答)
b. 太郎はこの本を読まないので，私が［∅］読んだ。(対比を示す文)
(筆者による例文)

以上の考えに従うと，日本語文で何が省略できるかには一定の規則があり，目的語だけを省略すると不自然な文になりやすいといえる。また，有生名詞と無生名詞を比べると，無声名詞の省略が難しいことがうかがえる。

3.2 日本語と中国語における目的語省略

前節 (2) の省略のされやすさの図式は，日本語についての考え方であり，中国語の省略にどの程度あてはまるかは，定かではない。しかし，(2) のもととなる名詞のランクや視点の階層といった考え方は，日本語以外でも用いられており，角田 (1991) は，一定の言語に限らない普遍的な言語の特性であることを示唆している。例えば，中国語でも，文脈から復元可能な主語と目的語は省略が可能である (Li & Thompson, 1976, 1979; 蒋，2012)。(9) はその例で，目的語が省略されている。中国語においても，名詞のランクに従った省略のされやすさが存在するのだろうか。

(9) 花子去洗衣服，我也去洗____。
「花子が服を洗いに行くから，私も____洗いに行く。」
(筆者による例文)

(2) にもとづく中国語の記述研究は，管見の限り存在しないが，実証研究の報告がある (澤﨑，2015)。澤﨑は，(10) のような実験文を用いて，日本語母語話者と中国語母語話者に対して調査を行った。

(10) a. 有生目的語文
完全文：なまいきな社員がえらそうな部長を会議で無視した。
目的語省略文：なまいきな社員が＿＿＿＿＿＿会議で無視した。
主語省略文：＿＿＿＿＿＿えらそうな部長を会議で無視した。
b. 無生目的語文
完全文：小さな子供が部屋の電気を泣きながらつけた。
目的語省略文：小さな子供が＿＿＿＿＿泣きながらつけた。
主語省略文：＿＿＿＿＿部屋の電気を泣きながらつけた。
(澤崎，2015，p. 234)

(10a) も (10b) も，完全文，目的語省略文，主語省略文からなり，文脈を伴わない単独文である。(10a) は目的語が有生名詞をとることができるが，(10b) は目的語が無生名詞のみに限られる点で異なる。各文の自然度を評定する**自然度判断課題**を用いて，これらの実験文の自然度に違いが出るかどうかが調査された。検証された仮説は，i) 主語は目的語よりも省略されやすく，ii) 有生名詞は無生名詞よりも省略されやすいというふたつで，どちらも (2) をもとに設定されている。日本語母語話者 (52 人) と中国語母語話者 (11 人) が調査に参加し，中国語母語話者は，(10) の中国語訳を読んで回答している。以下，目的語省略の結果に絞って報告する。

まず，日本語母語話者の結果は，(11) のようになった。

(11) 日本語母語話者の結果 (自然度の比較：自然＞不自然)
a. 有生目的語省略 ＞ 無生目的語省略
b. 有生目的語省略 ＝ 有生目的語完全文
c. 無生目的語省略 ＜ 無生目的語完全文

(11a) は，有生目的語を省略する方が，無生目的語を省略するよりも，有意に自然だったことを意味する。また，有生目的語の省略文だけをみると，対応する完全文との間に自然度の違いはなかった (11b)。しかし，無生目的語の省略文の場合は，対応する完全文よりも有意に不自然と判断されていた (11c)。つまり，有生目的語の省略と無生目的語の省略は同じではなく，有生目的語の省略はされやすく（より自然），無生目的語の省略はされにくい（より不自然）ということが示された。

中国語母語話者の結果も，3 つの文の中で，目的語省略文に対する自然度が，完全文に比べて有意に低かった。さらに，有生目的語が省略された文は，対応する無生目的語文より有意に自然であり，これらは日本語母語話者と似ていた。しかし，参加者を日本滞在年数に応じて 2 つのグループに分けたところ，(12) のように，滞在年数の短いグループ（6 人）は，有生目的語と無生目的語の間に違いはなく，滞在年数の長いグループ（5 人）だけが，有生目的語の省略を無生目的語の省略よりも有意に自然と判断していた[2]。

(12) a. 滞在年数が短い中国語母語話者の結果
有生目的語省略 = 無生目的語省略（日本語と異なる）
b. 滞在年数が長い中国語母語話者の結果
有生目的語省略 > 無生目的語省略（日本語と同じ）

このことから，澤﨑は，中国語には日本語ほどの，「有生名詞は無生名詞よりも省略されやすい」という強い傾向がなく，省略に関して，ふたつの言語は同じではないと推測している。同時に，日本語により精通した学習者は，日本語文を読むかのように中国語文を読むようになり，L2 日本語の知識が母語の中国語に逆行転移する可能性を指摘している。ただし，澤﨑で用いられた (10) のアンケート文は，それぞれ 3 セットと数が少なく，さらに，実験文としての妥当性に問題があるものも含まれていた（澤﨑，2018）。また，調査に参加した中国語母語話者は 11 人のみであり，それを滞在年数で 2 つのグループに分けているので，この点でもデータ量が少なく，結果の解釈には注意が必要である。

上記の報告のほかにも，日本語と中国語の違いとして，中国語の目的語省略は日本語よりもおこりにくいという指摘がある。蒋 (2012) は，中国の現代小説『駱駝祥子 (1936)』とその日本語訳，川端康成の『雪国 (1937)』と

2 澤﨑 (2015) では，「日本滞在年数の長いグループの方が，日本語により似通った結果を示した (p. 231)」とあるのみで，詳しい説明はない。上記は，澤﨑の元資料による。

その中国語訳について，それぞれの原本と訳本に現れた目的語省略の数を比較した。その結果，目的語省略の合計数は，『駱駝祥子』では，中国語の 128 に対して日本語訳が 209 で，日本語訳の省略が圧倒的に多かった。『雪国』でも，中国語訳の 62 に対して日本語が 93 と，日本語の省略が多かった。このことから，蒋は，日本語よりも中国語の方が，目的語省略の頻度が低いと主張する。

以上より，日本語と中国語は，ともに主語や目的語の省略を許すものの，省略頻度は日本語の方が高いということがわかる。また，省略のされやすさについて，名詞のランクにもとづく (2) の傾向も，日本語の方が顕著であることがうかがえる。これらのことを踏まえて，次節で本稿の仮説を提示する。

3.3　仮説

本稿の目的は，中国語を母語とする日本語学習者を対象に，L1 転移と逆行転移が現れるかを調査することである。両言語でふるまいが異なり，日本語から中国語への逆行転移の可能性が指摘されている目的語省略について，L1 中国語から L2 日本語への L1 転移と，L2 日本語から L1 中国語への逆行転移がみられるかについて，文自然度判断アンケート調査を用いて検証する。先行研究を参考に，次のように仮説を立てる。

(13)　仮説 I：日本語と中国語の違いに関する仮説
　　目的語の省略は，日本語と中国語の間で自然度に違いがある。
　　a.　日本語では，無生目的語より有生目的語の省略が自然である。
　　b.　中国語では，無生目的語と有性目的語の省略の間に違いがない。

(14)　仮説 II：転移に関する仮説
　　日本語学習者の L1 転移と逆行転移の現れ方は，習熟度と関係がある。
　　a.　初級学習者は，L1 転移がおこりやすく，逆行転移はおこりにくい。
　　b.　上級学習者は，L1 転移がおこりにくく，逆行転移はおこりやすい。

仮説は，日本語と中国語の違いに関する (13) の仮説 I と，転移に関する (14) の仮説 II に分かれ，それぞれにさらに下位仮説がある。仮説 I は主に澤崎 (2015) の知見をもとにしている。仮説 II は，L1 転移は初級レベルの学習者に多くみられ，習得が進むとその発生率は下がり，逆に逆行転移が現れるという考え方である。仮説IIで，L1転移というのは，中国語母語話者のふるまいが，学習者の日本語に現れることを指す。逆行転移は，日本語母語話者のふるまいが，学習者の中国語にみられることを指す。いずれも，目的語省略について，日本語と中国語の相違点を確認した上で，転移の議論に移ることが可能となる。次節では，仮説を検証するための調査方法について記す。

4. 調査方法

4.1 参加者

日本語母語話者（88人）と中国語母語話者（328人）が調査に参加した。中国語母語話者は，日本語知識のない話者（CC），初級日本語学習者（CJL），上級日本語学習者（CJH）の3つのグループで，日本語母語話者（JJ）を含めて合計4グループであった。JJは，静岡県内の公立大学に通う学生で，中国語の知識がないか，ほとんどない（学習経験が6ヶ月以内）者に限った。CCは，中国に住み，日本語の学習歴がない者とした。日本語学習者と区別するため，便宜上，JJとCCをそれぞれ，日本語モノリンガル，中国語モノリンガルと位置づける。

日本語学習者は，日本での滞在経験の有無と，**日本語能力試験（JLPT）**の合格級によって初級と上級を分けた。初級学習者であるCJLは，日本での滞在経験がなく，中国にある大学・大学院で日本語を専攻する学生で（平均学習期間：1年1ヶ月），JLPTのN3に合格しているかまたはそれ以下の学習者であった[3]。上級学習者であるCJHは，全員が日本にある大学・大学院の正規学生または卒業生（平均滞在期間：5年10ヶ月）で，JLPTのN1レベルに合格していた。JLPTとは，日本語能力を測定するための試験で，N1からN5までの5つのレベルがある。N4とN5は，主に教室内で学ぶ基本

3 CJLグループは，大学1年を終えたばかりの学生もおり，その多くはJLPT合格級に対して回答がなかったため，未受験者と判断した。ただし，未受験者であっても，大学で自身の専門領域として日本語を1年間学んでいることから，N5またはN4に相当する日本語力を有すると推察される。

的な日本語能力を，N1 と N2 は，より幅広い生活場面での日本語能力を測っている（日本語能力試験公式ウェブサイト：https://www.jlpt.jp/ より）。

JJ は日本語の調査文を読んで回答し，CC は中国語の調査文を読んで回答した。他方，学習者である CJL と CJH は，日本語と中国語の両方のアンケートに回答した。表記の都合上，日本語を読んだ回答データを CJL-J/CJH-J とし，中国語を読んだ回答データを CJL-C/CJH-C とする。

調査の後，分析に不適切とみなされる参加者が回答データから削除された。削除されたのは，回答時間が速すぎたり，終了できなかった参加者や，習得レベルが各グループの条件からはずれていることが事後にわかったり，評定値がグループ平均から大きく外れた参加者などであった。その結果，JJ の 80 人（-8），CC の 82 人（-6），CJL-J の 61 人（-19），CJL-C の 72 人（-8），CJH-J の 49 人（-31），CJH-C の 63 人（-17）が残り，最終的に分析の対象となった。これらの参加者の内訳を，表 1 に示す。

なお，CJH では同じ参加者が日本語と中国語の両言語でのアンケートに回答したのに対し，CJL では，種々の制約により，日本語文に対して回答した参加者と，中国語文に対して回答した参加者が異なっていた。同じ参加者が両言語のアンケートに回答することが理想的であることを考えると，このことが，結果に影響を与える可能性は否めない。結果の考察（6 節）において，この点について改めて述べる。

表 1　参加者グループの内訳と調査対象となった参加者数

グループ	日本語に対する回答	中国語に対する回答
JJ（日本語モノリンガル）	JJ（80 人）	
CC（中国語モノリンガル）		CC（82 人）
CJL（初級学習者）	CJL-J（61 人）	CJL-C（72 人）
CJH（上級学習者）	CJH-J（49 人）	CJH-C（63 人）

4.2　材料

本調査の実験文として，まず初めに，（15）と（16）に示すような実験文を 20 対用意した。すべて，「A が B を～した。そして，C までもが B を～した」という構造を持ち，B にあたる目的語が，前文と後文で繰り返されている。

(15) 有生目的語文（日本語）

a. 母が妹を責めた。そして，姉までもが妹を責めた。（完全文）

b. 母が妹を責めた。そして，姉までもが＿＿責めた。（省略文）

(16) 無生目的語文（日本語）

a. 父がパソコンを壊した。そして，弟までもがパソコンを壊した。

b. 父がパソコンを壊した。そして，弟までもが＿＿＿＿＿壊した。

(17) 有生目的語文（中国語）

a. 妈妈　责备了　妹妹。然后　姐姐　也　责备了　妹妹。
母　責めた　妹　そして　姉　も　責めた　妹
「母が妹を責めた。そして，姉も妹を責めた。」

b. 妈妈　责备了　妹妹。然后　姐姐　也　责备了　＿＿。
「母が妹を責めた。そして，姉も＿＿責めた。」

(18) 無生目的語単文（中国語）

a. 爸爸　弄坏了　电脑。　然后　弟弟　也　弄坏了　电脑。
父　壊した　パソコン　そして　弟　も　壊した　パソコン
「父がパソコンを壊した。そして，弟もパソコンを壊した。」

b. 爸爸　弄坏了　电脑。　然后　弟弟　也　弄坏了　＿＿。
「父がパソコンを壊した。そして，弟も＿＿＿＿＿壊した。」

ただし，(15a) は完全文であり，(15b) は 2 文目の目的語が省略されている。そして，20 対の内 10 対を，B が有生目的語をとる (15) のように，もう 10 対を，B が無生目的語をとる (16) のような対にそろえた。後文を「姉も責めた」ではなく「姉までもが責めた」としたのは，「姉も責めた」の場合，省略されている「妹」が主語とも目的語とも解釈できる曖昧文になるので，これを避けるためである。なお，実験文に用いた語彙は，JLPT 出題基準語彙表を参考にしたため，使える語彙には制限があった。

さらに実験文は，(17) と (18) のような中国語版も用意された。日本語と中国語は，固有名詞や直訳がかえって不自然であるものを除き，できるだけ両者が等しくなるように作成した。しかし，中国語では日本語のような主語と目的語の間の曖昧性が生じないため，日本語の「までもが」は「也（も）」のみで記すこととした。

実験文 20 対が用意された後，全体の自然度の散らばりを一定範囲に保つために，事前調査を行った。本調査に参加しない日本語母語話者 3 人と中国語母語話者 5 人が，それぞれの言語の実験文（完全文のみ）の自然度を 7 段階で評定した。この結果と，評定者からの意見を参考に，当初の各 10 対（有生名詞文 10 対と無生名詞文 10 対）の中から，自然度の逸脱度が比較的大きい 2 対が除かれ，残った各 8 対（計 16 対）が最終的に実験文として採用された。

実際のアンケートは，対となる 2 文のどちらか一方だけを回答者が読むように 2 分され（ラテン方格法），2 種類のアンケートが作られた。それぞれに含まれる実験文は 16 文で，これに本稿とは別の調査のための 16 文と，フィラー文 12 文を加え，計 44 文からなるアンケートができあがった（実験文は，巻末の添付資料を参照）。そして，各実験文の自然度を問うため，(19) のような質問を設け，7 段階で自然度が評定されるようにした。

(19)　実験文への設問：

下記の文についてあなたはどう思いますか？下線文の自然度について，1 ～ 7 のうちに該当するものに○を付けてください。

母が妹を責めた。そして，姉までもが妹を責めた。

不自然　　　　　　　　　　　　**自然**

1　2　3　4　5　6　7

4.3　手続き

調査は，2017 年 7 月～9 月に実施された。擬似ランダムに配置された実験文を，日本語母語話者は紙媒体の調査紙上で評定し，中国語母語話者は，居住地が国内外で広範にわたっていたため，インターネットによるアンケートツールを用いて評定した。日本語文と中国語文の両方を読んだ CJH グループは，まず中国語文を評定し（CJH-C），その 1 ヶ月後に日本語文を評定した（CJH-J）[4]。

4　回答の順番が結果に与える影響を配慮して，回答者を，中国語を先に読むグループと日

4.4 予測

3.3 節の (13) と (14) で示した仮説に従い，結果の予測を記す。まず，仮説 I に沿うならば，図 1 (JJ) と図 2 (CC) にあるような結果が期待できる。

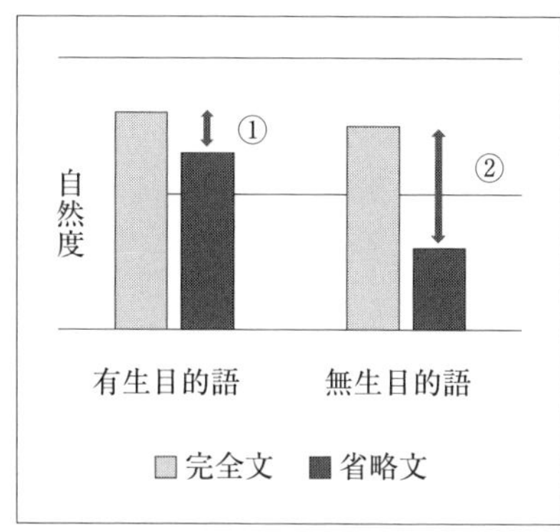

図 1 JJ 結果の予測イメージ

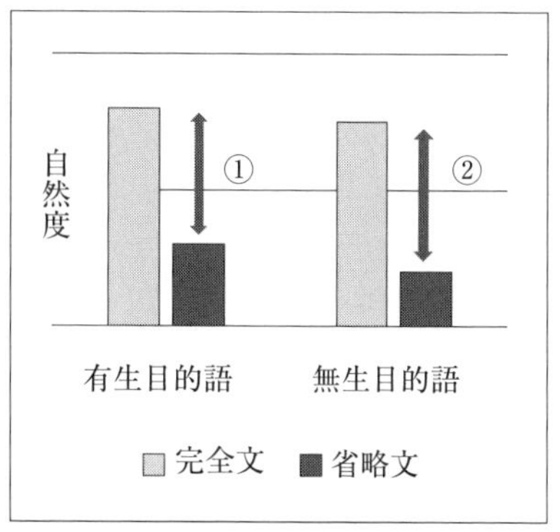

図 2 CC 結果の予測イメージ

完全文の自然度はどれも一様に高いことを前提に，完全文と省略文の自然度の違い (①と②) に注目することで，仮説を検証できる。つまり，仮説 Ia に従うなら，JJ は，①よりも②の方が開きが大きくなるはずである (13a)。一方，CC は，①と②の差に違いはないはずである (13b)。

さらに，これを仮説 II にもあてはめて，一覧にしたものが表 2 である。仮説 IIa に従うならば，初級学習者 (CJL) は，L1 転移がおこりやすく，CC と似たふるまいが日本語 (CJL-J) に現れると予測できる。また，逆行転移はおこりにくいので，学習者の中国語 (CJL-C) も CC と変わらないはずである (14a)。次に，仮説 IIb に従うならば，上級学習者 (CJH) は，L1 転移がおこりにくく，JJ と同じふるまいが日本語 (CJH-J) に現れると予測できる。また，その場合逆行転移がおこりやすくなるとの仮説から，学習者の中国語 (CJH-C) に JJ の影響が現れると予測する (14b)。

本語を先に読むグループに分けることが理想的であるが，準備の制約上その方法は採ることができなかった。

表 2　仮説 I と仮説 II の結果予測

仮説	グループ	予測	転移
日中語の違いの仮説（仮説 I）	JJ	①　<　②	N/A
	CC	①　=　②	N/A
転移に関する仮説（仮説 II）	CJL-J	CC に同じ	L1 転移
	CJL-C	CC に同じ	×
	CJH-J	JJ に同じ	×
	CJH-C	JJ に同じ	逆行転移

5.　結果

5.1　データの調整

まず初めに，回答者の素点が ***z*-score** に変換された。*z*-score とは，平均値とデータのばらつきを調整して，データの比較を行いやすくした値のことである。本稿で示す統計分析は *z*-score を使って行うが，図表などでは，視覚的なわかりやすさを考えて，素点の値で表示する。

5.2　JJ と CC の結果

図 3 と図 4 は，それぞれ JJ と CC の結果を表している。これらの図は，仮説 I の予測（図 1 と図 2）と少し異なっている。図をみる限り，JJ は，無生目的語の省略よりも有生目的語の省略が自然である。しかし，完全文も同様に，無生目的語文より有生目的語文の方が自然という結果にみえる。CC では，完全文同士は自然度に違いがほとんどないが，省略文は，無生目的語文の方が自然という結果にみえる。

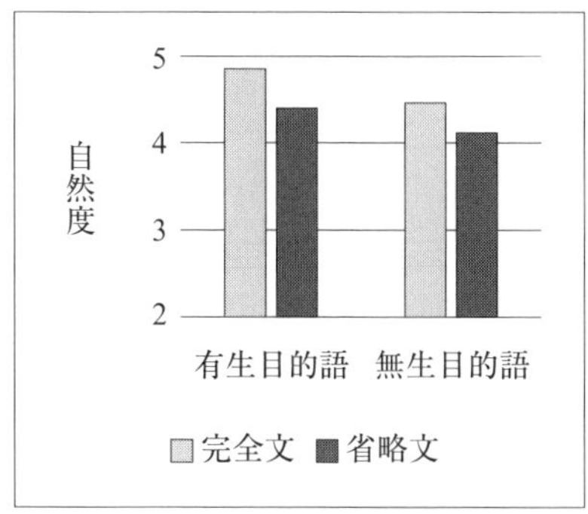

図 3 JJ 結果

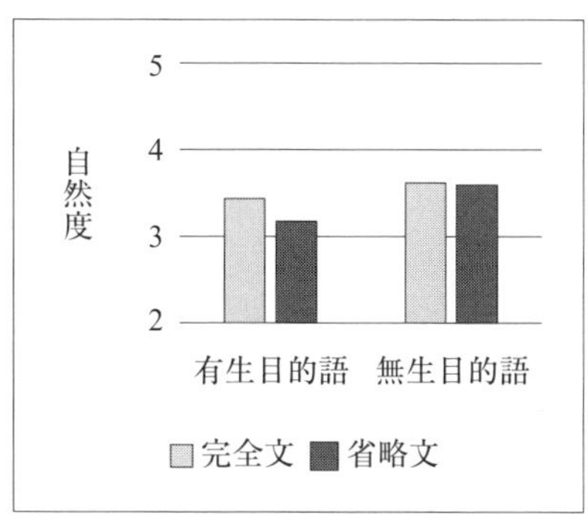

図 4 CC 結果

結果を統計的に検証するため，グループ条件（JJ と CC），有生条件（有生と無生）と省略条件（完全文と省略文）を独立変数とし，自然度評点を従属変数として 2×2×2 の分散分析を行った。その結果，グループ条件の主効果も（F（1,160）=1.980, p > .1），有生条件の主効果も確認されなかった（F（1,160）=1.393, p > .1）。省略条件では有意差があり，完全文の方が省略文より自然度が高かった（F（1,160）=12.195, p = .001）。交互作用をみると，3 条件間では確認されなかったが（F（1,160）= .047, p > .1），グループ条件と省略条件の間で有意傾向がみられ（F（1,160）=3.636, p = .058），グループ条件と有生条件の間は有意であった（F（1,160）=33.769, p < .001）。

2 つの交互作用がみられたので，それぞれにおいて単純主効果の検定を行ったところ，表 3 のような結果が得られた。まず，省略条件のみをみた場合，JJ では完全文の方が省略文よりも自然度が高かった（p < .001）。しかし，CC では完全文と省略文の間に違いがなかった。次に，有生条件のみをみた場合，JJ では有生文の方が無生文よりも有意に自然度が高かった（p < .001）。しかし，CC では無生文の方が有生文よりも有意に自然度が高かった（p < .01）。

表 3 JJ と CC の違い

グループ	省略条件	有生条件
JJ	完全 ＞ 省略	有生 ＞ 無生
CC	完全 ＝ 省略	有生 ＜ 無生

3 条件の間に交互作用がみられなかったことから，図 1 や図 2，そして表 2 で示した仮説 I とは合致しないことがわかる。しかし，JJ と CC の間には，少なくとも表 3 のような違いがあった。JJ と CC が全く同じではないという点では，仮説 I は部分的に支持されたともいえる。次節では，これらの違いが，学習者の L2（日本語）と L1（中国語）に，L1 転移や逆行転移をもたらすかどうか（仮説 II）を検証する。

5.3　学習者グループの結果

5.3.1　全体の結果

まず，学習者グループの結果を概観するため，レベル条件（初級と上級），省略条件，有生条件，そしてテスト言語条件（日本語と中国語）の 4 条件を独立変数に，自然度評点を従属変数にして，2×2×2×2 の分散分析を行った。すると，レベル条件（F（1,241）=36.900, $p < .001$），省略条件（F（1,241）=15.451, $p < .001$），有生条件（F（1,241）=9.174, $p < .01$），テスト言語条件（F（1,241）=32.651, $p < .001$）の全ての主効果が有意であった。つまり，初級グループの方が上級グループよりもより自然度が高く，完全文の方が省略文よりもより自然度が高く，無生文の方が有生文よりもより自然度が高く，日本語で尋ねられたときの方が中国語で尋ねられるよりも自然度が高い結果であった。しかし，4 条件間に交互作用はみられなかった（F（1,241）=1.672, $p > .1$）。また，表 3 の結果と学習者グループの結果を比較する上で参考となるような，省略条件とレベル・テスト言語条件の間の交互作用や，有生条件とレベル・テスト言語条件の間の交互作用も確認されなかった（全て $p > .1$）。

レベル・テスト言語条件が省略・有生条件との間に交互作用をもたらさなかったことに関して，CJL（初級）グループと CJH（上級）グループの参加者の構成に問題があったことが考えられる。4.1 節で述べたとおり，CJH では同じ参加者が日本語と中国語の両言語でのアンケートに回答したのに対し，CJL では，日本語文に対して回答した参加者と，中国語文に対して回答した参加者が異なっていた。このことが，データの均質性に影響を与え，統計分析を困難にしている可能性がある。そこで，以下では学習者グループ毎に結果の分析を行い，表 3 との比較を試みることとする。

5.3.2 CJL（初級グループ）の結果

CJL グループの結果を図にしたものが，図 5（CJL-J）と図 6（CJL-C）である。表 3 で確認されたような違いが，CJL グループにも認められるかを検証するため，各グループで，省略条件と有生条件を独立変数に，自然度評点を従属変数にして，分散分析を行った。すると，日本語文の回答データである CJL-J は，省略条件の主効果も（F（1,60）= .308, p > .1），有生条件の主効果も（F（1,60）= .934, p > .1），両者の交互作用もみられなかった（F（1,60）= .135, p > .1）。一方，中国語文の回答データである CJL-C は，交互作用はみられなかったが（F（1,71）= .008, p > .1），省略条件（F（1,71）=4.909, p = .030）と有生条件（F（1,71）=5.390, p = .023）の主効果がそれぞれ確認された。

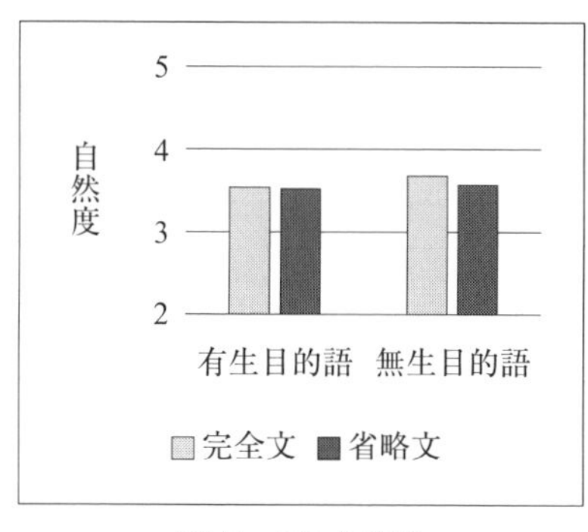

図 5 CJL-J 結果

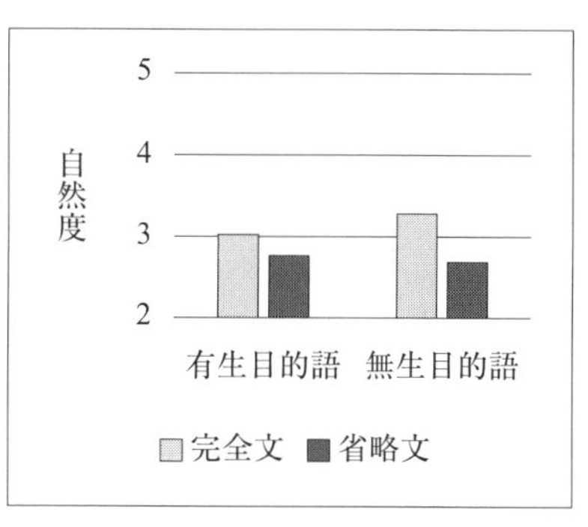

図 6 CJL-C 結果

これをまとめたのが表 4 である。比較のため JJ と CC の結果も加えてある。省略条件では，日本語文を読んだ場合（CJL-J），完全文も省略文も自然度に違いはなく，これは CC の結果と酷似している（L1 転移の可能性）。中国語文を読んだ場合（CJL-C）は，完全文の方が省略文よりも自然だと感じており，これは JJ に酷似している（逆行転移の可能性）。次に，有生条件では，日本語文を読んだ場合（CJL-J），有生文と無生文の間に違いがなく，JJ とも CC とも異なっている。中国語文を読んだ場合（CJL-C）は，有生文よりも無生文の方を自然であると感じており，CC と同じだった。これらの結果から，省略条件において転移の可能性がみられた一方で，有生条件においては，転移の可能性はみられなかったといえる。

表 4　CJL：省略条件と有生条件の分散分析の結果

グループ	省略条件	有生条件	交互作用
JJ	完全 ＞ 省略	有生 ＞ 無生	*n.s.*
CJL-J	完全 ＝ 省略*	有生 ＝ 無生	*n.s.*
CJL-C	完全 ＞ 省略**	有生 ＜ 無生	*n.s.*
CC	完全 ＝ 省略	有生 ＜ 無生	*n.s.*

注：* = L1 転移の可能性　** = 逆行転移の可能性

5.3.3 CJH（上級グループ）の結果

CJH グループの結果を図にしたものが，図 7（CJH-J）と図 8（CJH-C）である。表 3 で確認されたような違いが，CJH グループにも認められるかを検証するため，各グループにおいて，省略条件と有生条件を独立変数に，自然度評点を従属変数にした分散分析を行った。すると，日本語を読んだ回答の CJH-J では，省略条件（F (1,48) =8.872, p = .005）の主効果がみられた。しかし，有生条件（F (1,48) = .514, p > .1）の主効果も交互作用（F (1,48) =1.617, p > .1）も確認できなかった。中国語を読んだ回答の CJH-C では，省略条件（F (1,62) =4.685, p = .034）と有生条件（F (1,62) = 4.877, p = .031）の両方で主効果が認められたが，交互作用（F (1,62) =2.668, p > .1）は確認されなかった。

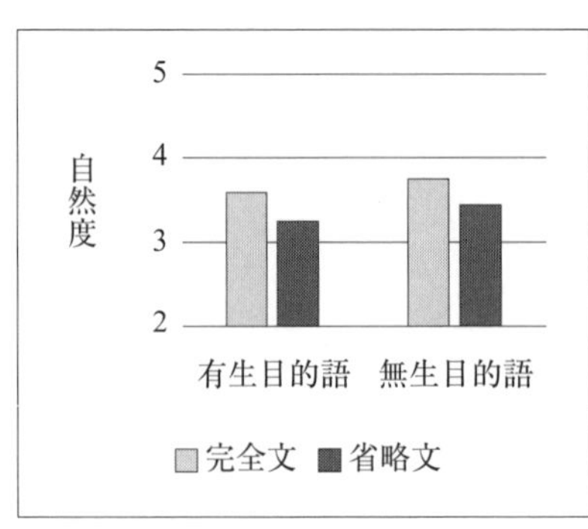

図 7　CJH-J 結果

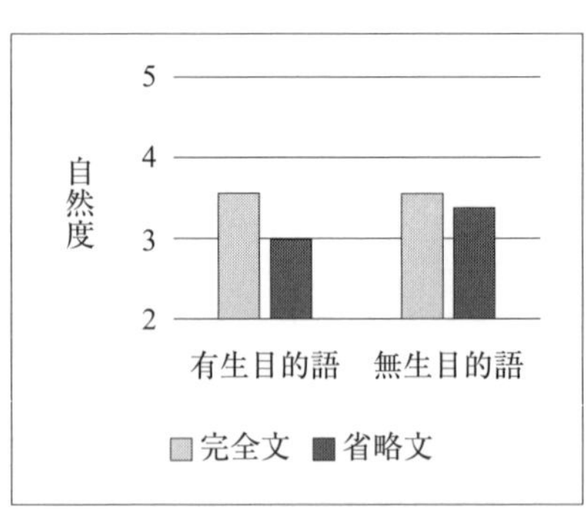

図 8　CJH-C 結果

表 5　CJH：省略条件と有生条件の分散分析の結果

グループ	省略条件	有生条件	交互作用
JJ	完全 ＞ 省略	有生 ＞ 無生	*n.s.*
CJH-J	完全 ＞ 省略	有生 ＝ 無生	*n.s.*
CJH-C	完全 ＞ 省略**	有生 ＜ 無生	*n.s.*
CC	完全 ＝ 省略	有生 ＜ 無生	*n.s.*

注：* = L1 転移の可能性　** = 逆行転移の可能性

これをまとめたのが表 5 である。省略条件では，どちらの言語で読んだ場合でも，完全文の方が省略文よりも自然だと感じており，JJ の結果と酷似している（逆行転移の可能性）。しかし，有生条件では，日本語文を読んだ場合は JJ や CC との類似点がなく，中国語文を読んだ場合にのみ CC と酷似している。これらの結果から，省略条件においてのみ逆行転移の可能性がみられたが，有生条件においては，転移の可能性はみられなかったといえる。

6. 考察

6.1 結果のまとめ

本研究は，日本語と中国語で自然度に異なりがあるとされる目的語省略文について，L1 転移と逆行転移がおこるかを調査するために，アンケート調査を行った。その結果，JJ は，有生目的語の省略よりも，無生目的語の省略の方を不自然だと感じると予測した仮説 I は，支持されなかった。JJ も CC も，省略と有生性との間に関係性を確認することができなかった。

しかし，JJ と CC には，表 3 のような違いがあることがわかり，両言語は同じではない点において，仮説 I と合致していた。つまり，JJ は，「完全文＞省略文」，「有生文＞無生文」という自然度の違いを感じ，CC は，「完全文＝省略文」，「有生文＜無生文」という自然度の違いを感じていた。JJ の結果である「完全文＞省略文」も，「有生文＞無生文」も，予測とは異なるものの，Nariyama (2003) の指摘には沿うものであり，澤﨑 (2015) の結果とも大きく矛盾しない。しかし，CC の「完全文＝省略文」と「有生文＜無生文」という結果は，3.2 節で示した先行研究の知見とは異なるものであった。

次に，これらJJとCCの違いが，学習者のデータにどのように反映されるかを検証したところ，表4や表5で示した結果が得られた。これをまとめると，CJLグループは，L1転移の可能性と逆行転移の可能性の両方がみられ，CJHグループは，逆行転移の可能性のみがみられたということになる。また，転移を示唆する結果が現れたのは，省略条件のみであった。つまり，目的語が省略されているかどうかの自然度判断は，L2日本語からの影響を受けやすいが，目的語が有生であるか無生であるかということに関しては，L2日本語の影響は受けにくいということになる。

次節からは，上記のような結果となった理由について考察していく。

6.2　JJの結果について

JJの結果は先行研究に矛盾するものではなかったが，仮説Iは部分的にしか支持されなかった。(13) で示した仮説Iを再掲する。

(13)　仮説I：日本語と中国語の違いに関する仮説（再掲）

　　目的語の省略は，日本語と中国語の間で自然度に違いがある。

　a.　日本語では，無生目的語より有生目的語の省略が自然である。

　b.　中国語では，無生目的語と有性目的語の省略の間に違いがない。

JJは，省略と有生性の間に交互作用がみられず，完全文・省略文に関係なく「有生目的語文＞無生目的語文」という結果である。これは，特に省略文に有生性の大きな影響がみられるとした仮説Iaとは異なる。この結果をどう考えればよいだろうか。日本語における，「有生目的語の省略＞無生目的語の省略」を指摘したのは澤崎（2015）である。この指摘そのものに間違いがある可能性もあるが，有生性が日本語文の理解に影響を与えるという報告はほかにも多数あり（井上，1998; 坂本・安永，2009; 佐々木，2003; 佐藤，2011; 澤崎，2012等），本結果がそうではなかったからといって目的語省略と有生性の関係を否定してしまうのは性急かもしれない[5]。

5　ただし，これらの先行研究で報告されている有生性の影響は，「が」格連続文（坂本・安永，2009; 澤崎，2012），関係節を含む文（井上，1998; 佐藤，2011），即座に文主語を判断させる課題（佐々木，2003）を用いての結果で，どれも一定の処理負荷がかかる実験内容そこで，本研究と澤﨑 (2015) の実験文との違いから，本結果を考えてみたい。(20) と (21) は，それぞれ，本研究と澤﨑で使われた実験文である。これらは，次の2点で異なっている。ひとつは，省略目的語の照応元 (何が省略されているか) が，実験文内に示されているか否かという点であり，もうひとつは，本実験文には曖昧さがあるという点である。

(20) 本研究の実験文
　a. 母が妹を責めた。そして，姉までもが妹を責めた。(有生)
　b. 母が妹を責めた。そして，姉までもが＿＿責めた。(有生)
　c. 父がパソコンを壊した。そして，弟までもがパソコンを壊した。(無生)
　d. 父がパソコンを壊した。そして，弟までもが＿＿＿＿＿壊した。(無生)

(21) 澤﨑 (2015) の実験文
　a. なまいきな社員がえらそうな部長を会議で無視した。(有生)
　b. なまいきな社員が＿＿＿＿＿＿＿＿会議で無視した。(有生)
　c. 小さな子供が部屋の電気を泣きながらつけた。(無生)
　d. 小さな子供が＿＿＿＿＿＿泣きながらつけた。(無生)

まず，省略目的語の照応元は，(20) では，第1文内で明示されている「妹」と「パソコン」である。しかし，(21) の場合は，「会議で無視した」対象と「泣きながらつけた」対象が実験文 (省略条件文) からは探せないため，回答者が各自の経験や想像で補って，照応元を推察する必要がある。つまり，(21) は，省略目的語の照応元を文脈以外から自力で補う作業と，自然度を評定する2つの作業を求められるが，(20) は，省略名詞の照応元は文脈が示してくれているので，その分だけ処理にかかる負荷が軽いといえる。有生・無生の違いがもたらす効果は，処理負荷の高い作業でより顕著に現れる可能性があるので (脚注5参照)，処理負荷が比較的軽い本実験文で

である。本実験のような，単純な構造で，自分の時間配分でアンケート回答できる課題の場合，回答のための処理負荷が低くなり，有生性の影響がみえにくくなる可能性がある。

は，その効果が現れにくかったのかもしれない。

次に，本実験文のもつ曖昧さとは，目的語の解釈が，有生文と無生文では異なることである。有生文の，「母が妹を責めた。そして，姉までもが妹を責めた」の場合，母が責めた妹と姉が責めた妹は，同一人物である。しかし，無生文の，「父がパソコンを壊した。そして，弟までもがパソコンを壊した」の場合は，父が壊したパソコンと弟が壊したパソコンは，同じパソコンかもしれないし（唯一的解釈），それぞれが所有する別々のパソコンを指しているのかもしれない（分配的解釈）。実験文の有生文と無生文をすべて比較したところ，両言語で，半数以上の無生文にこのような解釈の曖昧さがみつかった。しかし，澤崎の実験文にはこの曖昧さがみられず，この違いが，なんらかの形で先行研究とは異なる結果を招いた可能性もある。

これらのことを踏まえると，今後は，澤崎（2015）のような単文での実験文を用意するか，または実験文を複雑にしたり回答に制限時間を加えるなど，回答者の処理負荷を重くして改めて調査を行ってみることが必要であろう。さらに，上述したような目的語解釈の曖昧さが生まれないような実験文を揃えることも，より精度の高い分析のためには必要と思われる。

6.3 CCの結果について

次に，CCの結果は，完全文・省略文に関係なく「有生目的語文＜無性目的語文」であり，仮説Ibを支持しない。さらに，「完全文＝省略文」ということもわかり，これらは先行研究の知見とは異なることを6.1節で述べた。中国語の目的語省略は日本語よりもおこりにくいという蒋（2012）に従えば，中国語も「完全文＞省略文」となるはずであった。また，滞在年数が少ない中国人日本語学習者は有生省略と無生省略を区別しないという澤崎（2015）に従えば，「有生文＝無生文」となるはずであった。

本結果が先行研究と異なった理由を，次の3つの可能性から考えてみる。ひとつは，先行研究の知見が充分ではなかったこと，次に，先行研究とは研究手法が異なっていたこと，そして最後に，前節でもあげた，実験文がもつ曖昧さである。まず，先行研究の報告が，本結果を予測するには不十分であった可能性から説明する。予測のもととなった蒋の報告とは，中国の現代小説『駱駝祥子（1936）』とその日本語訳，川端康成の『雪国（1937）』とその中国語訳を比較した結果，中国語（計 190 箇所）は日本語（計 302 箇所）よりも目的語省略の発生率が低いというものであった。この結果だけをみると，中国語の目的語省略は，日本語の約 1.6 倍少ないといえる。

しかし，蒋のデータを詳しくみると，「これから，＿＿ お送りいたしましょう (p. 33)」のような例も含まれている。これは，日本語では相手に謙譲語（「お送りいたす」）を用いることで，目の前の相手にあえて「先生をお送りいたしましょう」のように目的語をつけないのが一般的な用法であるのに対して，中国語ではこのような言語形式がないために，日中語で違いが生じているのである。ほかにも，「あの人がたった一人 ＿＿ 見送ってくれた (p. 26)」のような，あえて「私を」と加えなくても，「見送ってくれた」にその意味が既に含まれている，いわゆる「やり・もらい」表現なども同じである。こういった日本語の省略は，義務的省略（日本語記述文法研究会，2009）とも呼ばれ，言語的文脈にもとづく省略とは性質が異なる。そこで，蒋のデータを言語的文脈情報からの省略のみに絞り，さらに『駱駝祥子』と『雪国』を作品別に比較したデータを抽出したところ，次のようになった。

(22) 2 作品の言語文脈による目的語省略比較：蒋 (2012) より
　a. 『駱駝祥子』日本語：183　中国語：113（約 1.6 倍）
　b. 『雪国』　日本語：63　中国語：59（約 1.1 倍）

(22) をみると，日本語の目的語省略の方がどちらも多いことに変わりはないが，作品間で違いがあることがわかる。『駱駝祥子』では日本語の省略は中国語の 1.6 倍多いものの，『雪国』では 1.1 倍と，その差がほとんどない。作品間のこの違いは，原作が日本語なのか，中国語なのかという違いも考えられるが，純粋に作品間の違いが目的語省略の度合いの違いをもたらしているという可能性もある。つまり，中国語では目的語省略がおこりにくい（= 省略文は不自然である）という予測は，どのような文章（作品や著者）を対象とするかによって，変わる可能性があるのかもしれない。

2 つめの理由は，蒋と本稿の研究手法の違いが，結果の食い違いを生んだということである。蒋の調査は，既存の文学作品からデータを抽出する手法（**コーパス研究・文産出研究**）であるのに対し，本調査は，文を読んでどう感じるかという，アンケート結果を分析する手法（**文理解研究**）を用いている。文産出と文理解が同じ原理で働き，同じ結果を導くかどうかは議論の分かれるところであり，蒋の結果と本研究の結果が一致しない理由も，このためかもしれない[6]。

3 つめの理由は，前節で JJ の結果を説明する際に述べた，本実験文が抱える問題である。「父がパソコンを壊した。そして，弟までもがパソコンを壊した」の文のような，2 人のパソコンが同じものか別々のものかの解釈が曖昧であることを指す。これは，日本語文だけではなく中国語文にもあてはまり，それ故に，澤﨑で報告された中国語母語話者の結果が，本研究では再現されなかった可能性が考えられる。

これらの点を踏まえると，中国語の目的語省略の特徴について，さらに多くの知見を集めることが，最も重要だと考えられる。特に，文理解研究からの結果報告をもとにした仮説の設定や結果の比較を行うことで，今後の研究結果の解釈が，より精査され容易になるであろう。

6.4　学習者の結果：L1 転移と逆行転移

学習者の結果に目を向けると，初級学習者（CJL）からは，L1 転移と逆行転移の両方の可能性がみられ，上級学習者（CJH）からは，逆行転移の可能性のみがみられた。また，転移に関する結果が現れたのは，省略条件からのみであった。このことを，（14）で示した仮説 II（転移に関する仮説）と照らし合わせると，（23）のようになる。つまり，CJL グループの結果は仮説に沿わないが，CJH グループの結果は仮説を支持している。

6　文産出と文理解が必ずしも同じ結果にならない例として，語順の研究がある。例えば，日本語や英語で好まれる語順は，発話のしやすさから生まれるものであり，理解のしやすさとは必ずしも一致しないという報告である（日本語：佐藤，2012; Yamashita, 2002; Yamashita & Chang, 2001，英語：Clifton & Frazier, 2004）。さらに，日本語の SLA 研究において，主語関係節が目的語関係節に比べて易しいかどうかは，産出（大関，2005; Ozeki & Shirai, 2007）と理解（Kanno, 2007）で異なる結果が示されている。その一方で，産出と理解は同じであるとする主張もあり（Aoshima, Phillips, & Weinberg, 2004; 村岡，2006），一概に結論づけることはできない。

（23） 仮説 II と結果

日本語学習者の L1 転移と逆行転移の現れ方は，習熟度と関係がある。

a. 初級学習者は，L1 転移がおこりやすく，逆行転移はおこりにくい。
結果 ➔ L1 転移も逆行転移もみられた。（仮説を不支持）

b. 上級学習者は，L1 転移がおこりにくく，逆行転移はおこりやすい。
結果 ➔ 逆行転移のみがみられた。（仮説を支持）

上の結果には，説明を必要とするところが少なくとも 2 点ある。ひとつは，初級学習者は，なぜ L1 転移も逆行転移もみられたのかということである。もうひとつは，転移の可能性が，なぜ省略条件にだけ現れたのかという点である。これらの点を中心に，考察をしていきたい。

6.4.1 CJL の結果について

CJL-J で L1 転移が現れたということは，目的語の省略が不自然だという日本語の特徴を，学習者が習得できていないことを意味する。その一方で，CJL-C で逆行転移の兆候があったということは，学習者の母語に，日本語の特徴が現れたことを意味する。習得できていない L2 項目が，学習者の母語に影響を与えられるはずがなく，矛盾した結果である。

この大きな理由として，日本語を読んだ CJL-J グループと中国語を読んだ CJL-C グループが，同じ参加者ではなかったことが考えられる（4.1 節参照）。日本語も中国語も同じ参加者が回答した CJH グループと異なり，CJL グループは，異なる参加者グループがそれぞれのアンケートに回答した。このため，同じ初級グループでも，日本語を読んだ参加者（CJL-J：61 人）と中国語を読んだ参加者（CJL-C：72 人）が厳密には同等の習熟度ではない可能性がある。このことを確認するため，両参加者の JLPT 合格級を比較した。

CJL グループの習熟度条件は，JLPT の N3 に合格しているかまたはそれ以下の学生であった。両参加者グループの合格級の分布を確認したところ，CJL-J は，N3 合格者が 9 人，N4 合格者が 12 人，N5 合格者が 6 人，未受験者が 34 人であった。一方，CJL-C は，N3 合格者が 21 人，N4 合格者が 24 人，N5 合格者が 8 人，未受験者が 19 人であった。未受験者は，学習歴の比較的浅い学習者で占められる。両参加者グループを比べると，CJL-J の方に，合格級の低い学習者が偏っているようにみえるため，カイ二乗検定を用いて分布を比較したところ，有意差が確認された（χ^2 (3) =12.50, p = .006）。つまり，中国語文を読んだ CJL-C よりも，日本語文を読んだ CJL-J の方が習熟度が相対的に低いことがわかる。この理由により，習熟度がより低い CJL-J は L1 転移を招き，習熟度がより高い CJL-C は逆行転移を招いたとすれば，本結果の矛盾は説明される。

もちろん，このことを確認するためには，日本語文を読む参加者と中国語文を読む参加者を同一にして，もう一度同じ調査を繰り返し，本結果と比べてみる必要があることはいうまでもない。

6.4.2　CJH の結果について

CJH では，L1 転移と逆行転移が想定どおりにおこった。CJH は，日本語文を読んだとき，日本語母語話者（JJ）と同じように省略文を不自然と感じ，母語（CC）の影響（L1 転移）は現れなかった。これは，日本語の特徴である「完全＞省略」の知識を習得していることを示唆する。そして，同じ CJH が中国語文を読んだときも「完全＞省略」となったことは，CJH の中国語に，日本語の影響（逆行転移）が現れたことを示唆する。つまり，ある L2 の項目について，母語の影響が出ないほど習得に成功した場合，その項目が自身の L1 に現れやすいことを示す例といえるだろう。特筆すべきは，CJH グループは，全員がまず中国語でアンケートを読み，日本語のアンケートはその一ヶ月後に実施されていることである。つまり，CJH の逆行転移の結果に，日本語の実験文からの影響（**プライム効果**）はありえないといえる [7]。

6.4.3　省略条件のみに転移が現れたことについて

次に，有生条件では，なぜ L1 転移も逆行転移もおこらなかったのかについて考えたい。省略条件に転移の可能性がみえたのに比べて，有生条件は非常に異なっていた。また，省略条件では上級者グループで L2 の習得がみられるのに対し，有生条件は，上級になっても習得が困難なように思われる。

7　ただし，CJH-J の結果に，一ヶ月前に読んだ中国語（CJH-C）の影響がないかは，わからない。ちなみに，同グループの有生条件をみると，CJH-C と CJH-J の結果は異なり，先に読んだアンケート文の影響は確認できない。

省略条件と有生条件で結果が異なった可能性のひとつに，言語事象に対する気づきやすさ（**卓立性：saliency**）の違いがあるかもしれない。完全文と省略文は，目的語が目にみえるかみえないかという違いが，比較的わかりやすく，気がつきやすいといえる。一方，有生性の別は，目的語が有生の形をとろうと無生の形をとろうと，どちらも目にみえている点で変わりがなく，その違いが生み出す効果に比較的気づきにくいといえるだろう。

同じことは，省略の有無と有生性の別では，かかわる言語知識の種類が異なるという点からも説明できる。省略の有無には，目的語を省略する統語的知識と，どういった文脈で省略が自然におこるかという語用論的な知識のふたつがかかわると思われる。一方，有生性の別には，文脈上で有生と無生の間にどのような意味的な違いが生まれるかという語用論的な知識のみがかかわるといえるだろう。統語的知識と語用論的知識がかかわる省略と，語用論的知識のみがかかわる有生性を比べたとき，規則としてより理解しやすいのは統語的知識だと思われるので，省略の有無の方が強く認識され，気づきがおこりやすい言語事象であるといえるだろう。

これらのことから，より気づきやすいものはその分習得につながりやすく，その結果，上級話者による逆行転移もおこりやすいという考えが成り立つ。逆に，より気づきにくいものは，たとえ上級話者でも習得が遅れ，逆行転移にはつながりにくいと考えられる。

気づきやすさが言語学習と深いかかわりがあることは，SLAでは広く知られている。Schmidt（1990）は，**意識的な気づき（conscious awareness）**が記憶の保持に役立ち，L2習得を促進させるとした。そして，気づきには，知覚的な卓立性（perceptual saliency），習熟度，期待，頻度などが深く関係していると指摘する。また，Goldschneider & DeKeyser（2001）は，英語の形態素習得における**習得順序（natural order）**がなぜ存在するのかという疑問について，卓立性の考え方で説明できると主張している。

気づきやすさという考え方は，簡単でわかりやすく，多くの事象に説明を応用できそうである。しかし，その万能さ故に，言語学的な説明が手薄になってしまうこともあり，気づきやすさという一言で，果たしてSLAのメカニズムをすべて説明できたことになるのかという批判もある（白畑・若林・村野井，2010）。本研究も，省略や有生性にかかわる言語学上の知見にさらに目を向けることで，気づきやすさだけが結果を説明する最も適当な方法かについて，より注意深く考察を進める必要があるだろう。

6.4.4　有標性と言語習得について：有標性差異仮説（MDH）

前節では，「気づきやすさ」が転移や習得のおこりやすさを決定する指標であることを示唆した。気づきやすさと関係の深い考え方に，**有標性**（**markedness**）がある。有標性とは，困難性，複雑性，異常性や発生頻度といった視点から，言語現象を**有標**（非一般的なもの）と**無標**（一般的なもの）に分けてとらえる，言語学では一般的な考え方である。ただ，どのような基準で有標と無標を分けるかは，研究者によって異なり，一致した意見はない（Haspelmath, 2006）。

SLA では，Eckman（1977）が**有標性差異仮説**（**MDH**）を提唱している。MDH は，L1 が無標で L2 が有標のときに L2 習得が難しく，逆に，L1 が有標で L2 が無標のときは，L2 習得が易しいとする。2.2 節でも触れたように，清水（2012）は MDH にもとづいて，特に L2 が有標言語の場合に，一度習得すれば逆行転移がおこると提案している。既習の L2 項目がすべて逆行転移を招くとは考えにくいので，どのようなときに逆行転移が現れるかを説明する上で，清水の提案は大変興味深い。そこで本節では，本結果を MDH と清水の主張に照らして考えてみる。そして，本結果はこれらの考えに即した解釈には必ずしも適さないことを示す。

MDH において有標性は，次のように定義される。

（24）　A phenomenon A in some language is more marked than B if the presence of A in a language implies the presence of B; but the presence of B does *not* imply the presence of A.　（Eckman, 1977, p. 320）
ある言語における現象 A の存在が B の存在を含意するが，B の存在が A の存在を含意しないなら，現象 A は B よりもより有標である。
（村山，2015, p. 58）

この定義は，例えば，次のような２種類の受身文の違いについてあてはめることができる。

(25) a. The door was closed (無標).
のみを許す言語：アラビア語・ギリシャ語・ペルシャ語等
b. The door was closed. と The door was closed by the janitor.
の両方を許す言語：英語・フランス語・日本語
c. The door was closed by the janitor (有標).
のみを許す言語：なし

Eckman によると，(25a) のような，行為者を示さない受身文だけが可能な言語がある一方で，(25b) のような，行為者を明示する形と明示しない形のどちらも作ることができる言語もある。しかし，行為者を明示した (25c) だけを許す言語は存在しないという。MDH に従うと，この場合，ある言語において (25c) のような文の存在は (25a) の存在を含意することになるが，その逆はないので，(25c) の文型が (25a) の文型よりも有標である。そして，有標形式をもつ言語 (25b) の母語話者が (25a) の言語の受身表現を習得するのは易しいが，無標形式しかない言語 (25a) の母語話者が，(25b) の言語の受身表現を習得するのは難しいと考える[8]。

このMDH の考え方を，本研究にあてはめるとどのようになるだろうか。

表3 JJ と CC の違い (再掲)

グループ	省略条件	有生条件
JJ	完全 > 省略	有生 > 無生
CC	完全 = 省略	有生 < 無生

表3を再掲して考える。まず，完全文と省略文をみると，省略文の存在は完全文の存在を含意し，完全文は必ずしも省略文の存在を含意しないので，完全文よりも省略文の方が有標といえるだろう。有標は無標に比べて非通常の形であることから，自然度でおきかえると「完全>省略」となる。ここで仮に，「完全>省略」は JJ の特徴と同じなので，JJ を無標，この特徴に背く形

8 Eckman は，(25) に関する実証データを示してはいない。また，1種類の受身形を許す言語と2種類の受身形がある言語では，後者の方が複雑で難しいことが推察され，MDH を用いる必要がないように思われる。しかし，音韻の習得では MDH を用いた説明がより効果的に働き，研究報告も多い (村山，2015)。

「完全＝省略」(CC) を有標と考えてみる。この場合，有標のCCが無標のJJを習得するのは易しいはずである。さらに，清水に従えば，無標形を習得しても逆行転移はおこらないと予測できる。結果は，予測のとおり「完全＞省略」(JJ) の習得は容易だったが，逆行転移も確認され，これは予測とは異なる。

次に，有生と無生をみると，(2) であげた名詞の階層に沿うのは「有生＞無生」である。「有生＞無生」はJJの特徴と同じであり，これを無標，この特徴に背く形「有生＜無生」(CC) を有標と仮定してみる。すると，省略条件と同様に，有標のCCが無標のJJを習得するのは易しいはずだが，結果は，有生性の習得は難しかった。このように，MDHに即して本研究の結果を解釈しようとしても，うまくいかないことがわかる。また，このように有標と無標を決めることが，果たして適当であるのかもわからない。

ただし，2.2節で紹介したように，清水は，「ほめに対する返答」に関する調査で，日本語を学ぶ英語母語話者と，英語を学ぶ日本語母語話者の結果を，MDHを応用して解釈し，L1転移と逆行転移の両方の説明に成功している。ここから考えられるのは，MDHを用いたデータの説明はすべての言語現象に有効とはいえないということである。前節で示した「気づきやすさ」と習得の関係は，言語の有標性とも関連があるように思われるが，すべての言語事象を一律に説明することの難しさを，本結果は示している。

7. 結論

本研究は，中国語を母語とする初級・上級レベルの日本語学習者を対象に，L1転移と逆行転移の可能性を調査した。日本語と中国語でともに許される現象でありながら，ふるまいが異なるとされる目的語の省略について検証したところ，目的語の省略とその有生性が互いに影響を与え合うという予測は支持されなかった (仮説I)。この理由として，先行研究と本研究との調査手法の違いや，先行研究の不足，実験文の問題点などがあげられた。

しかし，目的語省略の有無と，目的語の有生性の別が，それぞれ独立して自然度に影響を与え，日本語と中国語の違いを生むことが確認された。これらの違いが，L1転移と逆行転移に結びつくかを検証したところ，初級学習者にはL1転移がおこり，上級学習者には逆行転移がおこるという仮説は部分的に支持された（仮説 II）。つまり，初級学習者には L1 転移と逆行転移の両方の可能性がみられ，上級学習者には，逆行転移の可能性のみがみられた。また，どちらの学習者も，転移に関する結果が現れたのは省略条件のみであった。初級学習者の結果の理由として，初級学習者は，日本語文を読んだ回答者と中国語文を読んだ回答者が異なっていたことがあげられた。

省略条件にだけ結果がみられたのは，目的語の有無が，学習者の注意を引きやすく，日中語の違いに気づきやすかったためと考えられる。その結果，習得が促され，結果的に自身の母語にまで影響を与えた可能性が高い。反対に，有生性は，省略の有無に比べると学習者の気づきやすさが弱いため，習得がおこりにくく逆行転移もおこらなかったと考えられる。

このように，本研究は，逆行転移に関する先行研究が乏しい状況において，目的語省略の視点から L1 転移と逆行転移の双方に焦点をあて，初級学習者と上級学習者の転移のおこり方を比較した点で意義があったといえる。今後は，日本語学習者だけでなく，日本語を母語とする中国語学習者や，日本語と中国語以外の学習者からのデータも合わせて比較していくことで，より視野の広い研究へと発展させていくことができるだろう。

一方で，本稿では充分に考察できなかったことも多い。第一に，有生性の別について，習得が遅れるならば，L1 転移がおこると予測されるが，その傾向はみられなかった。気づきやすさが上級学習者の逆行転移の理由ならば，気づきにくさは初級と上級学習者の両方に L1 転移をもたらすはずである。実際は，初級学習者も上級学習者も，母語の特徴とも L2 の特徴とも異なる結果となり，この点については議論が及ばず，充分な説明を提示することができなかった。何が L1 転移と逆行転移を招く要因となるのかについて，さらに議論を深める必要がある。

さらに，基本的な疑問として，本研究の結果が，本当に L1 転移や逆行転移にあたるのかということについても，議論が及ばなかった。「の」の過剰使用や（奥野，2003, 2005），「こそあど」の誤用といった（迫田，2001），一見 L1 転移と思われる現象が，実は L1 と L2 の差異にかかわらず，多くの学習者にみられることであることも，これまでに報告されている。本結果についても，本当に日本語と中国語の違いがもたらした転移なのかということは，幅広い L1 話者からの実証データを合わせて，今後明らかにしていく必要があることはいうまでもない。

最後に，先行研究の不足や調査方法の問題点もいくつか指摘された。実験文に曖昧性がみられたり，参加者の統制や配分が充分にできなかったことで，調査結果が乱れ，データの解釈を困難にした可能性がある。いくつかある問題点の中で，どれが本結果に大きくかかわっているのかを見極めることは難しい。ひとつひとつの可能性を潰していくような追実験を丹念に重ねることで，より精度の高い結果にたどり着くことができるだろう。

本稿は，第二筆者の修士論文『中国人日本語学習者における第二言語から第一言語への逆行転移：主語省略と目的語省略からの考察』の一部を大幅に修正した，日本第二言語習得学会第 18 回年次大会での発表『目的語省略文における中国人日本語学習者の L1 転移と逆行転移：目的語の有生性と省略からの考察』をもとにしており，さらにそれを修正・発展させたものである。本研究の一部は，JSPS 科研費基盤研究（C）16K00484 の助成を受けている。

本稿の準備にあたり，白畑知彦先生，須田孝司先生，平川眞規子先生，稲垣俊史先生，西川朋美先生，翟勇先生，若林茂則先生，そして，上記大会に参加した方々から大変貴重なご指摘とご意見を頂いたことを深く感謝します。

添付資料（フィラー文を除く実験文）

日本語：有生目的語文

(1) a.　母が妹を責めた。そして，姉までもが妹を責めた。（完全文）
　　b.　母が妹を責めた。そして，姉までもが責めた。（目的語省略）
(2) a　夫が子どもをいじめた。そして，妻までもが子どもをいじめた。
　　b　夫が子どもをいじめた。そして，妻までもがいじめた。
(3) a.　母は田中先生を訪ねた。そして，父までもが田中先生を訪ねた。
　　b.　母は田中先生を訪ねた。そして，父までもが訪ねた。
(4) a.　母が弟を褒めた。そして，兄までもが弟を褒めた。
　　b.　母が弟を褒めた。そして，兄までもが褒めた。
(5) a.　コーチが弟を叱った。そして，母までもが弟を叱った。
　　b.　コーチが弟を叱った。そして，母までもが叱った。
(6) a.　店員が泥棒を追いかけた。そして，店長までもが泥棒を追いかけた。
　　b.　店員が泥棒を追いかけた。そして，店長までもが追いかけた。
(7) a.　姉が父を嫌った。そして，妹までもが父を嫌った。
　　b.　姉が父を嫌った。そして，妹までもが嫌った。
(8) a.　容疑者が裁判長を憎んだ。そして，弁護士までもが裁判長を憎んだ。
　　b.　容疑者が裁判長を憎んだ。そして，弁護士までもが憎んだ。

日本語：無生目的語文

(1) a. 父がパソコンを壊した。そして，弟までもがパソコンを壊した。(完全文)
b. 父がパソコンを壊した。そして，弟までもが壊した。(目的語省略)
(2) a. 兄が中国語を習った。そして，弟までもが中国語を習った。
b. 兄が中国語を習った。そして，弟までもが習った。
(3) a. 学生が教科書を読み返した。そして，先生までもが教科書を読み返した。
b. 学生が教科書を読み返した。そして，先生までもが読み返した。
(4) a. 高橋さんがゼミを休んだ。そして，担当の先生までもがゼミを休んだ。
b. 高橋さんがゼミを休んだ。そして，担当の先生までもが休んだ。
(5) a. 母が食事の時間を忘れた。そして，父までもが食事の時間を忘れた。
b. 母が食事の時間を忘れた。そして，父までもが忘れた。
(6) a. 歩美が約束を破った。そして，賢治までもが約束を破った。
b. 歩美が約束を破った。そして，賢治までもが破った。
(7) a 花子が JASSO の奨学金を申し込んだ。そして，太郎までもが JASSO の奨学金を申し込んだ。
b. 花子が JASSO の奨学金を申し込んだ。そして，太郎までもが申し込んだ。
(8) a. 課長が反対意見を述べた。そして，部長までもが反対意見を述べた。
b. 課長が反対意見を述べた。そして，部長までもが述べた。

中国語：有生目的語文

(1) a. 妈妈责备了妹妹。然后姐姐也责备了妹妹。(完全文)
b. 妈妈责备了妹妹。然后姐姐也责备了。(目的語省略)
(2) a. 丈夫虐待了孩子。然后妻子也虐待了孩子。
b. 丈夫虐待了孩子。然后妻子也虐待了。
(3) a. 媛媛拜访了吴老师。然后小华也拜访了吴老师。
b. 媛媛拜访了吴老师。然后小华也拜访了。
(4) a. 妈妈表扬了弟弟。然后哥哥也表扬了弟弟。
b. 妈妈表扬了弟弟。然后哥哥也表扬了。
(5) a. 教练训斥了弟弟。然后妈妈也训斥了弟弟。
b. 教练训斥了弟弟。然后妈妈也训斥了。
(6) a. 店员追赶了小偷。然后店长也追赶了小偷。
b. 店员追赶了小偷。然后店长也追赶了。
(7) a. 姐姐讨厌父亲。然后妹妹也讨厌父亲。
b. 姐姐讨厌父亲。然后妹妹也讨厌。
(8) a. 嫌疑人埋怨了审判长。然后律师也埋怨了审判长。
b. 嫌疑人埋怨了审判长。然后律师也埋怨了。

中国語：無生目的語文

(1) a.　爸爸弄坏了电脑。然后弟弟也弄坏了电脑。（完全文）
　　b.　爸爸弄坏了电脑。然后弟弟也弄坏了。（目的語省略）
(2) a.　小花学了日语。然后小明也学了日语。
　　b.　小花学了日语。然后小明也学了。
(3) a.　学生重读了课文。然后老师也重读了课文。
　　b.　学生重读了课文。然后老师也重读了。
(4) a.　小张翘了英语课。然后同桌也翘了英语课。
　　b.　小张翘了英语课。然后同桌也翘了。
(5) a.　爸爸忘记了饭局的时间。然后妈妈也忘记了饭局的时间。
　　b.　爸爸忘记了饭局的时间。然后妈妈也忘记了。
(6) a.　小红取消了重逢的约定。然后小军也取消了重逢的约定。
　　b.　小红取消了重逢的约定。然后小军也取消了。
(7) a.　哥哥申请了国家奖学金。然后妹妹也申请了国家奖学金。
　　b.　哥哥申请了国家奖学金。然后妹妹也申请了。
(8) a.　总理陈述了反对意见。然后主席也陈述了反对意见。
　　b.　总理陈述了反对意见。然后主席也陈述了。

参照文献

Aoshima, S., Phillips, C., & Weinberg, A. (2004). Processing filler-gap dependencies in a head-final language. *Journal of Memory and Language, 51*, 23–54.

Clifton, C. Jr., & Frazier, L. (2004). Should given information come before new? Yes and no. *Memory and Cognition, 32*(6), 886–895.

Cook, V. (2003). Introduction: The changing L1 in the L2 user's mind. In V. Cook (Ed.), *Effects of the second language on the first* (pp. 1–18). Clevedon: Multilingual Matters.

Dixon, R. M. W. (1979). Ergativity. *Language, 55*(1), 59–138.

Eckman, F. R. (1977). Markedness and the contrastive analysis hypothesis. *Language Learning*, *27*(2), 315–330.

藤森弘子. (1994).「日本語学習者に見られるプラグマティック・トランスファー：『断り』行為の場合」.『名古屋学院大学 日本語学・日本語教育論集』*1*, 1–19.

福岡昌子. (2016).「音声の習得」森山新・向山陽子 (編)『第二言語としての日本語習得研究の展望』(pp. 25–60). 東京：ココ出版.

Goldschneider, J. M., & DeKeyser, R. M. (2001). Explaining the "natural order of L2 morpheme acquisition" in English: A meta-analysis of multiple determinants. *Language Learning, 51*(1), 1–50.

Haspelmath, M. (2006). Against markedness (and what to replace it with). *Journal of*

Linguistics, *42*(1), 25–70.

尹テレサ. (2014).「韓国人日本語学習者における第二言語から第一言語への転移現象：授受表現 (てもらう〔a/eo batda〕) 形に焦点を当てて」『社会言語科学』*17*(1), 49–60.

生駒知子・志村明彦. (1992).「英語から日本語へのプラグマティック・トランスファー」『日本語教育』*79*, 41–52.

井上正勝. (1998).「ガーデンパス文の読みと文の理解」苧阪直行 (編)『読み：脳と心の情報処理』(pp. 72–89). 東京：朝倉書店.

Kanno, K. (2007). Factors affecting the processing of Japanese relative clauses by L2 learners. *Studies in Second Language Acquisition*, *29*, 197–218.

Kuno, S. (1976). Subject, theme, and the speaker's empathy: A reexamination of relativization phenomena. In C. N. Li (Ed.), *Subject and topic* (pp. 417–444). New York: Academic Press.

久野暲. (1978).『談話の文法』東京：大修館書店.

Kuno, S., & Kaburaki, E. (1979). Empathy and syntax. *Linguistic Inquiry 8*(4), 627–672.

Li, C. N., & Thompson, S. A. (1976). Subject and topic: A new typology of langauge. In C. Li (Ed.), *Subject and topic* (pp. 457–489). New York: Academic Press.

Li, C. N., & Thompson, S. A. (1979). Third-person pronoun and zero anaphora in Chinese discourse. In T. Givón (Ed.), *Syntax and semantics 12: Discourse and syntax* (pp. 311–335). New York: Academic Press.

村岡諭. (2006).「日本語の文理解過程における目的語名詞句の格助詞の影響」*Gognitive Studies*, *13*(3), 404–416.

村山友里枝. (2015).「第二言語習得における学習困難度の言語類型論的研究について：有標性の概念の問題点と格の学習困難度への拡張」『国際広報メディア・観光学ジャーナル』*20*, 55–71.

成田昌子・成田高宏. (2010).「『申し出の断り』表現における日本語・タイ語母語話者，およびタイ人日本語学習者の意味公式使用の相違」.『小出記念日本語教育研究会論文集』*18*, 23–39.

Nariyama, S. (2003). *Ellipsis and reference tracking in Japanese*. Amsterdam: John Benjamins.

成山重子. (2009).『日本語の省略がわかる本』. 東京：明治書院.

日本語記述文法研究会 (編). (2009).『現代日本語文法 7』. 東京：くろしお出版.

奥野由紀子. (2003).「上級日本語学習者における言語転移の可能性：「の」の過剰使用に関する文法性判断テストに基づいて」『日本語教育』*116*, 79–88.

奥野由紀子. (2005).『第二言語習得過程における言語転移の研究：日本語学習者による「の」の過剰使用を対象に』東京：風間書房.

大関浩美. (2005).「第二言語における日本語名詞修飾節の産出は普遍的習得難易度階層に従うか」『第二言語としての日本語の習得研究』*8*, 64–68.

大関浩美. (2010).『日本語を教えるための第二言語習得論入門』東京：くろしお出版 .

Ozeki, H., & Shirai, Y. (2007). Does the noun phrase accessibility hierarchy predict the difficulty order in the acquisition of Japanese relative clauses? *Studies in Second Language Acquisition, 29,* 169–196.

坂本勉・安永大地. (2009).「ガ格三連続文の処理に有生性が及ぼす影響について」『日本言語学会第 138 回大会予稿集』(pp. 276–281).

迫田久美子. (1999).「第二言語学習者による『の』の付加に関する誤用」.『第 2 言語としての日本語の習得に関する総合研究』. 平成 8 年度～ 10 年度科学研究補助金研究成果報告書 (pp. 327–334).

迫田久美子. (2001).「学習者の文法処理方法」野田尚史・迫田久美子・渋谷勝己・小林典子『日本語学習者の文法習得』(pp. 3–23). 東京：大修館書店.

佐々木嘉則. (2003).「競合モデルに基づく第二言語取得研究の論点：日本語習得の観点から」畑佐由紀子 (編)『第二言語習得研究への招待』(pp. 31–46). 東京：くろしお出版.

佐藤淳. (2011).『日本語関係節の処理負荷を決定する要因の検討：コーパスにおける使用頻度の影響を中心に』広島大学博士論文.

佐藤有希子. (2012).「上級日本語学習者の文処理に影響を及ぼす要因について：語順および句の長さ・複雑さの順序に着目して」『言語科学会第 14 回年次国際大会予稿集』(pp. 125–128).

澤崎宏一. (2012).「読書経験と作動記憶が文理解に及ぼす影響：『が』格・有生名詞連続文の難易度判定より」. *Ars Linguistica*, *19*, 21–40.

澤崎宏一. (2015).「日本語の目的語省略における有生性の影響：量的データからの考察」深田智・西田光一・田村敏広 (編)『言語研究の視座』(pp. 220–234). 東京：開拓社.

澤崎宏一. (2018).「大学生の過去の読書経験は単独文の読みに影響を与える：主語・目的語省略文に対する文自然度判断から」『国際関係・比較文化研究』*17*(1), 17–34.

Schmidt, R. W. (1990). The role of consciousness in second language learning. *Applied Linguistics, 11*(2), 129–158.

清水崇文. (2012).「語用論的転移の双方向性：日本人英語学習者とアメリカ人日本語学習者の対照研究」畑佐一味・畑佐由紀子・百済正和・清水崇文 (編)『第二言語習得研究と言語教育』(pp. 150–171). 東京：くろしお出版.

白畑知彦. (1993a).「連体修飾構造獲得過程における化石化現象」『平成 5 年度日本語教育学会春季大会予稿集』(pp. 55–59).

白畑知彦. (1993b).「幼児の第 2 言語としての日本語獲得と『の』の過剰生成：韓国人幼児の縦断研究」『日本語教育』*81*, 104–115.

白畑知彦. (1994).「成人第 2 言語学習者の日本語の連体修飾構造獲得過程における誤りの分類」.『静岡大学教育学研究報告 (人文・社会科学篇)』*44*, 175–190.

白畑知彦・若林茂則・村野井仁. (2010).『詳説第二言語習得研究：理論から研究方法

まで』東京：研究社.

Shirai, Y. (1992). Conditions on transfer: A connectionist approach. *Issues in Applied Linguistics, 3*(1), 91–109.

蒋娟. (2012).「中日目的語省略の比較：『駱駝祥子』と『雪国』及びそれらの訳本を基礎に」南京農業大学修士論文.

Silverstein, M. (1976). Hierarchy of features and ergativity. In R. M. W. Dixon (Ed.), *Grammatical categories in Australian languages* (pp. 112–171). Canberra: Humanities Press.

鈴木恵理子. (2013).「中国人日本語学習者の逆行転移：日本滞在期間に注目して」『秋田大学国際交流センター紀要』*2*, 3–18.

角田太作. (1991).『世界の言語と日本語』東京：くろしお出版.

Yamashita, H. (2002). Scrambled sentences in Japanese: Linguistic properties and motivations for production. *Text, 22*(4), 597–633.

Yamashita, H., & Chang, F. (2001). "Long before short" preference in the production of a head-final language. *Cognition, 81*, B45–B55.

第5章

日本留学前後に見られる日本語を話す力の発達

プロフィシェンシー(言語運用能力)と流暢性

岩﨑典子

1. はじめに

1.1 話す能力とは

第二言語(L2)学習者が留学すると話す能力が伸びると言われる。しかし，話す能力とはどのような能力で，その能力が伸びるとは，どのようなことなのであろうか。話す能力やその発達については，いくつかの考え方があるが，ここでは，第二言語習得研究の分野で研究が重ねられてきた「流暢さ」と，北米の外国語教育・評価法や日本における日本語教育の分野で影響力のある**プロフィシェンシー(Proficiency)**という言語運用能力の概念に注目して，米国から日本に留学した学生の話す能力が伸びたのかを検証するとともに，話す能力とはどのような能力なのかを考える。

1.2 手続き的知識と流暢さ

L2を話すためには文法や語彙の知識を蓄積するだけでは不十分である。話す行為を遂行するためには，瞬時に既習の文法や語彙を処理するための動的知識が不可欠で，そのような動的知識は，**手続き的知識(procedural knowledge)**と呼ばれる。この観点からは，話す能力を伸ばすというのは，話すための手続き的知識を習得し，それを**自動化(automatization)**することによって，速やかに，注意を払わずとも自動的に発話行為を遂行できるようになることであると考えられる。

L2習得研究においては，読解，聴解，書く行為に比べ話す行為を遂行する過程に注目した研究は少ないが（Bygate, 1998）[1]，1980年代頃から発話の速度，ポーズ（沈黙する場合の無声ポーズ，フィラーを使う有声ポーズ）の頻度・長さなどの時間的な変数を測って「**流暢さ**」（**fluency**）を調査し，手続き的知識の発達を明らかにしようとする研究も行われてきた（Raupach, 1987; Towell, 1987; Towell, Hawkins, & Bezergui, 1996）。

1.3　プロフィシェンシー

一方，L2を使って現実的場面で何ができるのかを言語運用能力と捉えるのが「プロフィシェンシー」という概念である。北米で1980年代頃より全米外国語教育協会（ACTFL: American Council on Teaching Foreign Languages）が，「目標言語を使ってコミュニケーションのためにタスク遂行をする運用能力」としてプロフィシェンシーを外国語教育で重視することを奨励し，4技能全ての運用能力の基準を記述して周知した。中でも話す能力の評価には初期から力を入れ，Oral Proficiency Interview（OPI）という，インタビューによる口頭運用能力の評価法を開発して，北米の外国語教育に大きな影響を与えた（例えば，Liskin-Gasparro, 2003参照）。その結果，このプロフィシェンシーと呼ばれる運用能力こそが話す能力であるという考え方が北米で浸透した[2]。

OPIを行うためには数日に及ぶ研修を受け，資格を得ることが必要だが，日本では1989年より日本語のプロフィシェンシーのレベルを判定するためのOPIワークショップが行われ，テスター資格を得た日本語教育関係者も少なくない。そのため，日本国内の日本語教育や第二言語としての日本語の口頭能力研究でも活用されている。第二言語習得研究では，発達の指標としても，データとしても活用され，90名の学習者を対象としたOPIを文字化したコーパス（KYコーパス）もある（鎌田，2006; 森，2017）。さらに，2010年には，OPIやプロフィシェンシーの研究に特化した学会，「日本語プ

1　L2日本語の文産出メカニズムの研究についてはIwasaki（2006, 2015）を参照されたい。

2　ただし，プロフィシェンシーの概念は理論的根拠が希薄であるなどの批判もある（例えば，Lantolf & Frawley, 1985）。

ロフィシェンシー研究会」も発足した[3]。

OPIでは，話者が目標言語を使って何ができるのかを探り，ACTFLのレベル基準[4]に従って，初級・中級・上級・超級の基準を満たしているかどうかでレベルを判定する。さらに，初級・中級・上級の主要カテゴリーのそれぞれに3段階（上・中・下）の下位レベルがある。基準には各レベルのタスク（例えば，中級では「日常的会話で質問したり答えたりできる」）が記述されている。インタビューのやりとりだけでは遂行を促すことが難しいタスク（例えば，上級レベルの「不測の事態を伴う対人交流の場面にも対応する」）はロールプレイで促される。タスクを遂行できるかどうかのほかに，場面・話題の領域，談話テクストの型（例えば，文の羅列なのか段落を構成しているのか）や「正確さ」（文法・語彙・発音のほか語用論的・社会言語学的能力も含む）も考慮して判断する。

「流暢さ」も言及されており，プロフィシェンシーの構成要素の一つではある。超級の話者は，「複雑な事柄を詳細に説明し，長い筋の通ったナレーション（語り）を，容易に，流暢に，また正確に遂行することができる」という文言を含み，超級に近づく上級上では「高いレベルの流暢さを示し，発話も楽にこなせる」，上級中では「かなりの流暢さ」，上級下では「流暢さが不規則だったり自己訂正が目についたりする」という流暢さについての記述が含まれる。

1.4　留学と話す能力

目標言語が話される国・地域に留学して，1学期から1学年過ごした学習者は，流暢さとプロフィシェンシーの両方を高めるのだろうか[5]。これまで留学によるL2の口頭能力の発達は，OPIでレベルを判定するか，流暢さの尺度で調査されることが多かった（Llanes, 2011）。OPI査定と流暢さの両方の

3　2017年からは「日本語プロフィシェンシー研究学会」となった。詳しくは学会ウェブサイトを参照されたい。http://proficiency.jp/（2019年10月閲覧）

4　以下のACTFLのウェブサイトで2012年バージョンのガイドラインが閲覧できる。https://www.actfl.org/publications/guidelines-and-manuals/actfl-proficiency-guidelines-2012（2019年9月閲覧）

5　近年，3週間～1ヶ月の短期留学をする学習者を対象にする研究も数多く見られるようになった。

変化をみた研究もあるが，プロフィシェンシーのレベルの高くなった学習者が流暢さも伸びたのかなどの関係性には注目していない。

本稿では，米国から日本に 1 学年（約 10 ヶ月）留学した 5 名の学生の留学前から留学後にかけての日本語の口頭能力の発達を，OPI のレベル判定と流暢さに焦点を当てて分析し，話す能力がどのように伸びたのかを検証し，話す能力における流暢さについて考察する。以下，まず，流暢さの概念を明らかにし，留学による口頭能力の発達に関する先行研究を概観して残された課題を論じたのち，本研究について報告する。

2.　先行研究

2.1　流暢さとは

広義には口頭能力全般を指すこともあるが，狭義には，円滑に話せる能力である（以下，狭義の流暢さを指す際には，「流暢性」と呼ぶ）。流暢性は，**認知的流暢性**（**cognitive fluency**, 発話を円滑に難なく計画し遂行する認知メカニズムの操作），**聞き手からみた流暢性**（**perceived fluency**），そして，**発話の流暢性**（**utterance fluency**）の 3 通りに分けられる（Segalowitz, 2010, 2016; Baker-Smemoe et al. 2014）。さらに，発話の流暢性は，中断（ポーズなどの非流暢性），発話速度，言い直しの非流暢性（言い直し，繰り返し[6]，言い換え）の 3 側面に分けられる（例えば，Tavakoli & Skehan, 2005）。この中でも，発話速度（例えば，1 分あたりに発話された語数や音節数）が最も一般的に測られる。本稿で扱うのは，発話の流暢性と聞き手からみた流暢性である。

Baker-Smemoe et al.（2014）は，L1 が英語である L2 話者の OPI（日本語を含む 5 言語の L2，計 126 本のインタビュー）の査定レベルと，各 OPI サンプルの発話の流暢性の関係を分析し，発話速度（1 分あたりの音節数）が OPI のレベルを予測できると報告している。

プロフィシェンシーの基準でも構成要素として言及されている流暢さは発話の流暢性と考えられ，発話の流暢性は，OPI で判定される運用能力において大きな役割を果たす可能性がある。

6　繰り返しには対話相手の発話部分を繰り返す other-repetition と自分の発話の部分を繰り返す self-repetition があるが，流暢性の研究で分析されるのは後者である。

2.2 聞き手からみた流暢性

聞き手からみた流暢性の研究では，発話の流暢性との関係性も調査している（表 1 参照）。ただし，聞き手の属性や評価の対象となる発話の種類など研究方法がかなり異なる。

表 1 発話の流暢性と聞き手からみた流暢性の先行研究

	L2 L1（括弧内）	発話サンプル （タスク）［長さ］	聞き手
Bosker et al. (2013)	オランダ語 （英語，トルコ語） 各 15 名	独話（出来事の描写，反論，意見） ［各 20 秒］	オランダ語 L1 の 20 名 （実験 1）， トレーニングなし
Derwing et al. (2004)	英語 （中国語） 20 名	独話（ナラティブ，最も幸せと感じた時） ［各 30 秒］， 対話［90 秒］	英語 L1 の大学生 28 名， トレーニングなし
Kormos & Dénes (2004)	英語 （ハンガリー語） 16 名	独話（絵に基づくナラティブ）［2–3 分］	英語 L2 話者 3 名 英語 L1 話者 3 名 英語教育の専門家
Rossiter (2009)	英語 （多様な L1） 24 名	独話（ナラティブ）， 10 週間の間隔で 2 回 ［各 1 分］	英語 L1 学生 15 名 英語教育専門家 6 名 上級 L2 話者 15 名， トレーニングなし
Sato (2014)	英語 （日本語） 56 名	独話， ピアと対話タスク ［各 1 分］	英語 L1 の英語教育経験のある大学院生 4 名， トレーニングあり
Préfontaine & Kormos (2016)	フランス語 （英語） 40 名	独話 （3 種類のナラティブ） ［言及なし］	フランス語 L1 のフランス語教師 3 名， トレーニングなし
Saito et al. (2018)	英語 （日本語） 90 名	独話（絵の描写） ［各 10 秒］	英語 L1 話者 10 名， トレーニングあり
田島 (2005)	日本語 （韓国語）61 名， （英語）22 名	独話 （留守電メッセージ） ［約 2 分］	日本語 L1 話者で日本語教育経験者，L1 韓国語話者の評価 2 名，L1 英語話者の評価は 1 名

2.2.1 聞き手の属性とトレーニング

どんな聞き手が評価するかによって流暢性の評価が変わりうる（Rossiter, 2009）が，聞き手の属性も，評価前に課されたトレーニングや指示もさまざまである。多くの場合，聞き手は，L2 話者の目標言語の L1 話者であるが，目標言語の専門家（研究者・教師）かどうか，評価のためのトレーニングを受けて評価するかどうかには相違がある。Rossiter の研究では，聞き手は，英語教育関連の専門知識のない英語 L1 話者の学生，英語教育の専門家，上級レベルの L2 話者の 3 つのグループで，3 グループの評価には高い相関関係があったが，英語教育経験のない L1 話者による評価が最も高かった。

あえて評価者に評価基準などのトレーニングをしない理由は，(1) 研究者の想定する流暢さの概念を聞き手に課さず，現実社会で L1 話者がどのように捉えるかを明らかにする（Préfontaine & Kormos, 2016, p. 155），(2) トレーニングのない聞き手が，研究者の重視する発話の属性を捉えて流暢さの判断ができるかどうかを調査する（Derwing, Rossiter, Munro, & Thomson, 2004, p. 659），(3) 聞き手はトレーニングの有無を問わず同様に評価できるという先行研究の報告がある（Bosker, Pinget, Quené, Sanders, & de Jong, 2013）などである。ただし，トレーニングなしでも，研究者による流暢さの定義を聞き手に与えて，何に注目するか指示をしている研究も多い（Derwing et al., 2004; Bosker et al., 2013; Saito et al., 2018）。

どのような聞き手を選ぶのか，トレーニングを課すのか，評価の仕方の指示を与えるのかは，研究者の上記の (1)，(2) にも見られるように研究者の目的による。しかし，L2 話者がどのような聞き手に流暢だと思われたいのかという観点から聞き手が選択されている先行研究はない。

2.2.2 発話サンプルの種類と聞き手の評価

発話サンプルには，主に独話と対話の 2 種類があるが，独話のサンプルのほうが分析しやすいため，独話が用いられることが多い。同一の L2 話者が異なるタスク（独話と対話）を遂行した発話サンプルを用いた研究では，同じ L2 話者の発話の聞き手の評価が発話タスクによって異なることを報告している。例えば，Derwing et al. (2004) の調査では，初級・中級レベルの L2 英語話者が遂行した 3 種のタスクの発話サンプル（独話〈ナラティブ，最も幸せと感じた時〉，対話）のうち，8コマの絵のストーリーを語るナラティブの評価が最も低かった。Sato (2014) も，独話より対話での方が流暢性の評価が高いと報告している。独話と対話の聞き手の流暢性の評価には相関関係がなく，対話で流暢だと判断されるL2話者が必ずしも独話でも流暢だと判断されるわけではなかった。対話では相互責任により，互いの沈黙を埋めて気まずい長いポーズができないようにする (McCarthy, 2010, p. 7) ため，対話の流暢性につながると考えられる。本研究で用いられたOPIのサンプルは，対話に近く，L2話者が比較的高い評価を受けやすい発話サンプルであると考えられる。

2.2.3 発話の流暢性と聞き手からみた流暢性

聞き手が発話のどのような側面に注目して評価するのかについては，発話速度，中断（ポーズ），言い直しの3側面の影響を中心に調査されてきた。まず，発話速度が評価に影響するという報告が多い (Derwing et al., 2004; Kormos & Dénes, 2004; 田島, 2005; Rossiter, 2009; Bosker et al., 2013; Sato, 2014; Saito et al., 2018)（ただし，評価に影響した発話速度の算出に言い直しや繰り返しも含まれていたかどうかは研究によって異なる）。中断（ポーズの長さや頻度など）も影響する傾向があった (Derwing et al., 2004; 田島, 2005; Rossiter, 2009; Bosker et al., 2012; Saito et al. 2018)。しかし，言い直しの評価への影響の有無は明らかではなかった (Bosker et al., 2012; Derwing et al., 2004; Kormos & Dénes, 2004; Saito et al., 2018)。発話速度は，1分あたりの語数，または，1分あるいは1秒あたりの音節数で算出されることが多い。L2日本語の研究では，田島 (2005) が秒あたりのモーラ数を算出している。

しかしながら，これらの研究では，聞き手にあらかじめ何に注目するのかを指示した研究が多く，現実社会で一般のL1話者がL2話者のどのような発話を流暢と捉えるのかは，十分に明らかになったとは言えない。

2.2.4 評価に影響する発話の側面（聞き手の印象や回顧から）

発話速度やポーズを算出して評価との関係を量的に分析するだけではなく，直接評価者から何が評価に影響したかを聞き出した研究もある。Rossiter (2009) は，聞き手の印象も聞き出した。否定的な印象としては，ポーズの頻度に関する言及が最も多く，それに続いて繰り返し，発話速度（遅さ），非語彙フィラーに関する言及が多かった[7]。

Kormos & Dénes (2004) も，L2英語発話サンプルを評価した6名の聞き手にコメントも求めたところ，主に評価の要因として挙げられたのは，発話速度，ポーズや言い直しなどの頻度であった。Préfontaine & Kormos (2016) は，評価に何が影響したかを聞き手の回顧から質的に調査し，発話速度が顕著な要素であり，適度な速さが重要であることを報告している。しかし，ポーズ，フィラーについては，自然なポーズやフランス語のL1話者も使うフィラー（*euh, enfin, bon, alors* など）の使用が高い評価に結びついていた。言い直しは必ずしも否定的な印象にはつながらず，Préfontaine & Kormos は，言い直しを非流暢性の指標とすることを疑問視している。

以上，2.2では，聞き手からみた流暢性を各側面から検討してきた先行研究を概観した。先行研究では，聞き手が評価した発話サンプルの種類や聞き手の属性によって流暢性の判断が異なることが報告されている。L2話者の発話は独話より対話での方が流暢だと判断され，教師や専門家ではない聞き手にはより流暢だと判断されていた（Rossiter, 2009）。中断や発話速度は聞き手の評価に影響するという報告が多いが，フィラーや言い直しが聞き手の評価にどのように影響するのかについての結果はまちまちである。

2.3 留学前後の口頭能力と流暢性の伸び

留学の成果を探る研究では，「留学すると流暢になる」と一般的に考えられることが多いことから，口頭能力の中でも流暢性が注目されてきた。Tullock & Ortega (2017) が調査した1995年から2017年3月までの英語で出版された留学研究のうち31本は流暢性に関するものであったという。主に発話の流暢性が調査され，聞き手からみた流暢性を調査したのは Freed (1995) と Kim et al. (2015) のみであると述べるが，Dubiner, Freed, & Segalowitz (2007) も調査している。また，Lennon (1990) は，教師9名にL2サンプルを聞かせて印象も尋ねているという点で先駆的である。ここでは，本稿で報

7 どのような語彙を非語彙のフィラー（non-lexical fillers）とみなしたかについては言及がない。*uh, um* などを語彙とみるかどうかは研究者によって意見の分かれるところである（例えば，Clark & Fox Tree, 2002）。

告する研究と同じく大学生を対象とする表 2 の研究を概観する。

表 2 留学前後の流暢性に関する研究

	L2（L1） ［留学地，期間］	口頭能力の 査定方法 [8]	発話サンプル
Raupach （1987）	フランス語 （ドイツ語）		KASSEL コーパス
Lennon （1990）	英語（ドイツ語） ［英国，6ヶ月］ 4 名	時変数 （12 種）	独話 （6 コマの絵に基づく ナラティブ）
Freed （1995, 2000）	フランス語 （3 名以外は英語） ［フランス，1 学期］ 15 名	OPI, 発話量， 時変数（6 種）， 聞き手の評価	OPI: 各 OPI の 2 カ所 から 45 秒ずつ
Towell et al. （1996）	フランス語（英語） ［フランス，6ヶ月］ 12 名	時変数	ビデオに基づく ナラティブ
Segalowitz & Freed （2004）	スペイン語（英語） ［スペイン，1 学期］ 22 名	OPI, 発話量， 時変数（4 種）	OPI: 各 OPI の 2 カ所から 2 分ずつ
Dubiner et al. （2007）	同上	聞き手の評価	上記の 2 分から 30 秒ずつ
Freed et al. （2004）	フランス語（英語） ［フランス，1 学期］ 8 名	OPI に準ずるイン タビュー，発話量， 時変数（6 種）	各インタビューの 2 カ所から 1 分ずつ
Du （2013）	中国語（英語） ［中国，1 学期］ 29 名	毎月 1 回の会話， 発話量・長さ， 発話速度	各会話から 2 分ずつ
Kim et al. （2015）	中国語（主に英語） ［中国，1 学期］ 22 名	SOPI, 発話の流暢性と聞き 手からみた流暢性	SOPI（OPI 形式の質問 に独話で答える）

* この表では時間的変数を略して「時変数」と称している。

2.3.1 手続き的知識と発話の流暢性

1980 年代には，流暢性の高まりは手続き的知識の発達に関連づけられる

8 口頭能力の査定のみ記述しているが，口頭能力以外も調査した研究もある。

ことが多かった。Raupach（1987）は，ドイツの大学生のフランス留学前後の発話を収めたコーパス[9]の留学前後の発話を分析し，留学後は手続き的知識の習得によりMLR（**“Mean Length of Run”** ポーズとポーズの間の連続した発話の長さの平均）が長くなり，ポーズが減少したと報告している。また，発話を質的にも分析し，留学後はフランス語のフィラーなどを使用し，ポーズを取る位置などが母語話者に類似して，流暢さの質にも変化が見られたと報告している。Towell, Hawkins, & Bazergui（1996）も，L2フランス語（上級）話者のフランス留学前後の発話を時間的変数の測定と質的分析で比較した。発話速度（1分あたりの音節数）を総合的な流暢性とみなし，主にMLRの伸びが発話速度を速めていると示唆している。

留学前後の流暢性に焦点を絞ったLennon（1990）は，ドイツから英国に6ヶ月留学した英語専攻の学生4名の留学前後[10]の発話を調査した。学生が絵で示されたストーリーを独話で語った発話の時間的変数と非流暢性（有声ポーズや繰り返し）を分析したところ，4名とも発話速度（繰り返しや言い直しを含まない1分あたりの語数）が伸び，有声ポーズが減っていたが，3名は言い直しの頻度が増えていた。さらに，Lennonは，流暢さの定義を9名の英語教師に示して，録音された各学生の発話の流暢さの判断を求め，9名の判断にほぼ同意が見られたと報告している。Lennonの研究結果でも，言い直しは必ずしも非流暢性と関連づけられず，むしろ言い直しは流暢さ（の伸び）に関係する可能性もありそうである。

2.3.2 留学の成果の検証（OPI，発話の流暢性，聞き手からみた流暢性）

1990年代から，留学する場合としない場合の言語能力の伸びを比べることで留学による成果を検証しようとする研究が数多く行われた。口頭能力の伸びの測定には，主にOPIのレベル判定，OPIサンプルを分析した発話の

9 The Kassel Corpusと呼ばれるもので，1977年から1982年にドイツの大学でフランス語または英語（あるいはその両方）を学ぶ学生が留学前後に主に口頭の様々なタスクで産出したデータのコーパスである（Dechert, Möhle, & Raupach, 1984）。

10 留学（学期）の前と後にデータを収集する場合と，留学（学期）期間中の始めと終わりの頃に収集する場合がある。本稿ではどちらの場合も「留学前後」または留学しなかった学生も含む研究の場合は「学期前後」と呼んでいる。

流暢性が用いられた。留学する学生群と留学しない学生群の比較が焦点であったため，OPI のレベルと流暢性の関係性についての分析はなかった。

留学の成果の初期の研究で最も重要なのは，Freed（1995, 2000）の研究であろう。Freed（1995, 2000）は，フランスに 1 学期留学した学生と，留学せず米国の大学で 1 学期フランス語の学習を続けた学生（各 15 名）のフランス語習得に差があるかを検証するために，留学した学生の留学前後，米国の大学で学習を続けた学生の学期前後の OPI のレベル判定，発話の流暢性（発話速度，フィラーなしの発話の長さ，ポーズ，フィラー，言い直し），L1 話者の評価で比較した。聞き手として評価した L1 話者は，L1 フランス語話者 6 名（3 名は大学のフランス語教師）で，学期前後の各 OPI から抜き取ったサンプルを，流暢さの定義を与えられることなく直感に基づいて 7 段階で評価した。Freed の予想に反し，全体として 2 群の学生に有意な差はなかったが，学期前に評価が 4 以下であった学生だけを比較すると，留学した学生は，米国で学習を続けた学生より大きな伸びが認められた。評価者が記述した評価基準には「優れた（複雑な）文法」，「豊富な語彙」が多かったが，発話の流暢性に関しては，発話速度と「あまりつっかえない傾向」が含まれていた。さらに評価者に流暢性の構成要素となりうる 8 項目を示して，どの項目が重要かの選択を求めたところ，6 名中 5 名が発話速度と「出だしの言い間違いがないスムーズな発話」という項目を選んだと報告している。言い直しについては，留学した学生で特にレベルの高い学生が，使おうとした表現が使えずに言い直す傾向があったと述べている（Freed, 1995, p. 142）。

Freed（1995, 2000）と同様に，Segalowitz & Freed（2004）は留学の成果を検証するために，スペインに 1 学期留学した米国の大学生 22 名と米国の大学でスペイン語学習を続けた 18 名の学期前後の OPI 査定と発話の流暢性を比較した。発話の流暢性は，学期前後の OPI データから抜き取った発話サンプル内の発話量（語数）や時間的変数を測定することで調査した。その結果，留学した学生は発話の流暢性（発話の長さ，発話速度，フィラーなしの発話の長さ，ポーズなしの発話の長さ）と OPI 査定のいずれにも有意な伸びが見られた[11]。Segalowitz & Freed は，OPI のレベル判定と発話の流暢性の関

11 Segalowitz & Freed（2004）はほかにも語彙アクセスの速さや注意制御などの認知処理能

係は調査しなかったが，Dubiner, Freed, & Segalowitz（2007）は，Segalowitz & Freed で分析された発話の部分（留学前後から各 2 箇所，30 秒ずつ）を 9 名の L1 スペイン語話者（スペイン語教育の専門家ではない大学院生）に聞かせ，発話の流暢性と聞き手からみた流暢性の関係性を調査した。聞き手にはトレーニングや注目すべき点の指定をせず，流暢さを 7 段階で評価するように指示した。その結果，聞き手からみた流暢性は，発話の流暢性（発話の長さ，発話速度，フィラーなしの発話の長さ，ポーズなしの発話の長さ）と有意な相関関係があった。

留学した学生，米国の大学で学習を続けた学生だけではなく，イマージョン・プログラムの学生も加え，3 群の学生グループを比べて留学の成果を検証した研究もある。Freed, Segalowitz, & Dewey（2004）は，1 学期間フランスに留学した学生（8 名），米国の大学で学習を続けた学生（8 名）の他に米国内の夏期集中イマージョン・プログラムでフランス語を学習した学生（12 名）という 3 つの学生群を比較した。学期前後に OPI に類似したインタビューを行い，各発話サンプルの 6 つの時間的変数（発話速度，無声ポーズなしの発話の平均の長さ，有声ポーズなしの発話の平均の長さ，ポーズなしで最も長い発話の長さ，繰り返しのない発話の長さ，文法の間違いの言い直しのない最も長い発話の長さ）を分析した。「長さ」は全て語数で測られた。どの変数でも留学前と比べて有意な伸びがあったのはイマージョンの学生だけだった。留学した学生は，授業を米国の大学で受け続けた学生に比べると，発話速度以外の発話の流暢性に関係する 5 つの変数の平均値で伸びが見られた。留学していた学生はフランスでもフランス語より英語を使う時間が長かったのに対し，イマージョンの学生は教室内外で最もフランス語を使っていた時間が長かったことが流暢性の伸びにつながったと説明している。

2.3.3　留学前後の比較

近年は留学する学生の間で留学中の環境，各学生の態度，活動，経験が多様であるという認識があり，留学する学生としない学生という比較を疑問視

力も測り，認知処理能力と口頭能力の相互関係や，学生が記録した言語使用の時間との関係も調査した。

する見方もある（Iwasaki, 2019 参照）。そのため，比較をせずに留学前後の変化を調査する研究も多いが，Du（2013）は，留学中の変化も調査した。L2中国語を学習する米国の学生 29 名を対象にして中国留学中の伸びを研究した。Du は月一度の会話から抜き取った 2 分のサンプルの発話量（文字化した発話の文字数[12]），発話速度（1 分あたりの文字数），サンプル中で最も長いターン（文字数）を算出した。全ての学生がどの変数でも伸びたが，中国語をできるだけ使うことを心がけていた学生の方が伸びていた。

Kim et al.（2015）も米国から中国に留学した学生 22 名を対象として，OPI 形式の質問に答えた発話サンプルを分析し，発話の流暢性（1 分あたりの文字数，ポーズの頻度と長さ）と聞き手の評価の関係を調査した。聞き手は米国在住の L1 中国語話者 4 名で，トレーニングや定義を提示されず 10 段階で流暢さを評価した。その結果，留学後は留学前に比べ発話速度が速く，ポーズが短くなり，聞き手の評価も高くなった。

以上のように L2 話者の流暢さは留学との関わりからも検証が行われてきたが，Freed（1995, 2000）や Freed et al.（2004）の報告にあるように留学の成果は必ずしも明白ではない。しかしながら，Tullock & Ortega（2017）は，発話速度に限るとこれまで一貫して伸びが報告されていると述べており，発話速度は留学前と比べ留学後に伸びるという報告が多い。

発話速度は発話の流暢性の代表的な変数であるが，速ければいいというわけではなく，聞きやすい速さとはどの程度の速さなのかという問題も残る。また，従来非流暢性の指標と見なされていたポーズ，言い直し，フィラーなどが聞き手の評価に影響しないという報告や，L2 フィラーの使用がかえって高い評価に関係するという言及もあり，発話の流暢性だけを流暢さと捉えると，現実社会で望まれる流暢性と乖離する可能性がある。したがって，発話の流暢性と聞き手からみた流暢性の関係のさらなる調査が望まれる。

12　中国語の発話の流暢性の研究では，発話速度の算出や発話の長さの測定に文字化した発話の文字数を用いることが多い。文字が形態素や音節と対応しているため妥当と考えられる。

3. 本研究の動機と目的

本研究の目的は，まず，留学前から留学後にL2日本語話者の口頭能力が伸びたかどうか，どのように伸びたのかを，流暢性に注目して精査することである。これまで留学後の口頭能力の伸びはOPIを用いてOPI査定のレベルで測られることが多かった（Llanes, 2011; Iwasaki, 2019）が，OPI査定では伸びの見られない事例も少なからず報告されている。例えば，上述のSegalowitz & Freed（2004）では22名中10名，Magnan & Back（2007）では20名中8名はOPIのレベルに伸びがなかった。しかし，OPI査定では直接測れない流暢性の側面が伸びていた可能性もある。そこで，本研究では，OPIデータを用い，発話の流暢性に加え，これまで留学研究ではあまり取り上げられなかった聞き手からみた流暢性も調査し，留学前後のOPI査定と，発話の流暢性，聞き手からみた流暢性の伸び，その関係性を調査する。具体的には，OPIの査定レベルで伸びのあったL2話者の発話は，流暢性が伸びていたのか，OPIの査定レベルで伸びの見られなかったL2話者の発話には流暢性の伸びがなかったのかなどを調査する。

さらに，評価対象となったそれぞれの発話サンプルの属性（発話速度やフィラー，繰り返しの使用）と聞き手の評価を比較し，聞き手が自由回答で記述した評価基準も分析することで，発話のどのような側面が聞き手の評価に影響したのかを探る。

本研究の対象となるのは，留学中に日本人学生と交流し，多くの友人を持つことを望んでいた米国の学生5名の発話である。そのため，聞き手からみた流暢性の調査で聞き手としたのは，同世代の日本の学生である[13]。流暢な話し手は聞き手の印象を高めて相互交流の機会を維持し，目標言語による交流の機会を増やすことにもつながる（Rossiter, 2009）ため，留学生が教室外で交流していたと考えられる聞き手と同様の属性を持つと考えられる日本の学生がどのように評価するのかを知ることに意義があると考えた。調査で以下のリサーチクエスチョン（略してRQ）に答える。

13 流暢さの評価のほかに，交流につながる評価「こういう話し方をする人と話してみたい」という項目の評価も求めたが，本論ではその報告は割愛する。

RQ1: 留学後に発話の流暢性（発話速度）が伸びたか
RQ2: OPI レベルと発話の流暢性に関係性が見られるか
RQ3: 留学後に聞き手からみた流暢性が伸びたか
RQ4: 聞き手からみた流暢性と発話の流暢性にどのような関係性が見られるか

4. 調査方法

4.1 主なデータ

本研究で分析したデータは米国東北部の州立大学で日本語を専攻または副専攻し，留学を希望して 2002 年秋から 1 年留学した 19 歳～21 歳の男性 5 名のプロフィシェンシーを査定した OPI のデータである。2002 年に日本に留学することが決まった 15 名（女性 4 名，男性 11 名）の全てに呼びかけたが，留学前後とも参加したのは 5 名で，全て英語が L1 の男性であった[14]。表 3 に 5 名の仮名と留学前後の OPI 査定を示す。グレッグは日本語初級コース，ほか 4 名は中級コースの履修後に留学した。グレッグとアランは関西の大学，サムとピーターは関東，ヘンリーは中部地方の大学で日本語を履修した。グレッグとサムはホームステイ，アランとヘンリーは途中までホームステイをし，ピーターは学生寮に滞在した。

インタビュアの発話とロールプレイ部分を除いて分析対象となった OPI データは，表 3 に示されているように 13 分 12 秒～21 分 18 秒だった。

表 3 留学前後の OPI 査定

仮名	伸び（下位レベル）	留学前	OPI の長さ	分析対象	留学後	OPI の長さ	分析対象
グレッグ	＋1	中級下	29 分 56 秒	16 分 41 秒	中級中	26 分 24 秒	17 分 3 秒
ヘンリー	なし	中級中	27 分 28 秒	17 分 27 秒	中級中	30 分 16 秒	16 分 48 秒
アラン	＋1	中級上	28 分 46 秒	21 分 18 秒	上級下	31 分 6 秒	21 分 15 秒
サム	＋2	中級上	30 分 48 秒	19 分 47 秒	上級中	27 分 33 秒	16 分 4 秒
ピーター	＋2	上級下	31 分 8 秒	19 分 33 秒	上級上	28 分 30 秒	13 分 12 秒

14 このうち 4 名については，留学後の日本語能力については日本語能力試験の過去版を利用して読解と語彙・文法も評価した（Iwasaki, 2007 で報告している）。

OPI では，インタビューでは十分に促せないタスクのためにロールプレイを行うが，ロールプレイのタスクの性質がレベルによってかなり異なるため，ロールプレイ部分は分析の対象としなかった。5 名中 4 名は留学後 OPI 査定でもレベルが上がったが，1 名（ヘンリー）は留学後も同じレベル（中級中）であった。

4.2　発話の流暢性

本研究では，発話の流暢性の 3 つの側面である発話速度・中断・言い直しのうち，留学研究の流暢さとして最も一般的に調査されてきた発話速度（Tullock & Ortega, 2017）を中心に調査した。形態素数・モーラ数の両方で算出したが，Tullock & Ortega が英語などの研究で発話速度を語数で算出すると，長い語の産出で不利になることを指摘し，語数より音節数の方が妥当であることを示唆しており，形態素でも同様の問題が生じうるため，本研究では，モーラ数による 2 種の発話速度を報告する。すなわち，(a) フィラー・言い直し・繰り返しを含むモーラ数と，(b) これらの無意味語を取り除いたモーラ数から算出した秒あたりの有意味モーラ数である。ただし，(a) にも「え」「あー」などの非語彙フィラーは含まなかった。(b) の算出には，語彙フィラーはその機能（Iwasaki, 2011）も考慮し，その発話で対人的機能を果たさない無意味な場合は除外し，言い直しは，直された先行部分で意味のなさないものを除外した。

以下の抜粋 (1) はサムの留学後の発話サンプルの一部で，[ ] 内には (b) の算出のための有意味モーラ数，( ) 内には，(a) の算出のための全てのモーラ数には含んだフィラーなどの無意味語のモーラ数を示している。

抜粋 (1) サムの留学後発話サンプル 2（全 47 秒）から抜粋（35 秒）

その日本の [6] えーと (3) 古くからの [6] えーと (3) 能力とか [6] えーと (3) 同じ会社で [7] あー (0) 働くことも [7] その (2) けい (2) えとー (3) 経過 [3] あー (0) と (0) それ (2) そういうことを重視する [12] えー (0) 習慣は [5] あー (0) 本当に [5] ん (0) 尊敬するべきことだと思います [17]

この抜粋の場合，(a) の算出の対象となるのは，無意味モーラ 18 を含む 92，

(b) の算出の対象となる有意味モーラは 74 である。

独話とは違い，対話やインタビューの場合はポーズの認定や測定がむずかしい (Tavakoli, 2016)。インタビュアの相槌が重なってポーズの長さを正確に測れないこともあれば，L2 話者のポーズが長い際にインタビュアが質問を聞き直すためポーズが短くなることもある。これらの理由でポーズの認定と測定が必要な変数 (ポーズの頻度や長さ，MLR) より発話速度の方が妥当だと考えた。留学前後の発話速度として，OPI のロールプレイ部分を除く全ての発話の速度と，聞き手の流暢性の調査のために聞き手が聞いた発話サンプル部分 (詳しくは 4.3.1) の発話の速度を算出した。

4.3 同世代学生による聞き手からみた流暢性

4.3.1 評価のための発話サンプル

先行研究 (例えば，Segalowitz & Freed, 2004) で，OPI データの一部を時間的変数の分析に用いていたように，本研究でも OPI の音声ファイルの一部を用いた。この場合は，評価者の負担を考え，およそ 45 秒 (40～47 秒，平均 44 秒) を留学前後の各 OPI からそれぞれ 2 箇所ずつ抜き取り，計 20 のファイルを準備した。それぞれインタビュアの発話がわずかで，前の文脈なしで理解できる部分を選び，文節の途中では切れないように抜き取った。評価者の理解を促すためにファイル名を「アルバイト」，「卒業後」などのようにそのトピックに関連付け，回答用紙に明記した。

4.3.2 聞き手として参加した学生

評価者は関西の大学で英語，心理学，英米文化などを専攻する計 58 名 (女性 35 名，男性 23 名) の日本語を L1 とする大学生で，平均年齢は 21 歳だった。言語に関心をもつ学生を含むが，第二言語習得や日本語教育が専門ではない。

4.3.3 手順

20 の音声ファイルをランダムな順でスライドに 1 つずつ挿入し，スライドの順を並べ替えて，スライドの順序の異なる二種のファイルを準備した。筆者はパワーポイントを約 20 名の評価者に同時に見せ，音声を聞いて，話者が流暢かを回答用紙に1（全然）から7（非常に）の7段階の尺度で評価をするように指示した。最後に「流暢さ」の評価に影響した要因などについてコメントを求めた。定義や指示を与えず，直感での判断を求めることで，現実社会の日本の大学生がL2日本語話者の発話の「流暢さ」をどのように捉えるかを知る狙いがあった。

4.4 分析方法

RQ1（留学後に発話の流暢性（発話速度）が伸びたか）に答えるために，留学した5名それぞれの留学前と留学後の発話（表3で示したOPIの発話）の速度を算出し，留学前と留学後の発話速度を従属変数として，対応 t 検定で有意な差があったかを検証した。次にRQ2（OPIレベルと発話の流暢性に関係性が見られるか）は，留学前後のOPI査定レベルの伸びがあったL2話者の発話速度に伸びがあったか，OPI査定レベルで伸びのなかったL2話者の発話速度に伸びがなかったのかをみる。また，OPIのレベル判定でレベルの低い話者から高いレベルの話者の順に発話速度が速いのかをみる。

RQ3とRQ4は聞き手からみた流暢性に関わる。まず，発話サンプルを直感で評価した聞き手の評価がどの程度一致しているかの信頼性は，先行研究に倣ってクロンバックの α 係数で調べた。RQ3（留学後に聞き手からみた流暢性が伸びたか）は，5名それぞれの留学前と留学後の発話に対する聞き手の評価の平均値を算出し，これを従属変数として，対応 t 検定で有意な差があったかを検証して答える。RQ4（聞き手からみた流暢性と発話の流暢性にどのような関係性が見られるか）は，以下の3通りの方法で分析して答える。(1) まず，各発話サンプルの聞き手からみた流暢性の平均値と発話（発話サンプル）の速度の相関関係をピアソン相関指数で調べる。(2) 発話サンプルのフィラー，言い直し，繰り返しの頻度を数えて，それぞれのサンプルの属性を明らかにし，フィラーや言い直しの頻度と聞き手の評価に関係があったかをみる。(3) 先行研究で流暢さの構成要素として論じられた概念に基づきリストを作成し，各項目に関して何名の聞き手がコメントで言及したのかを調べた。

5. 結果

5.1 RQ1：留学後に発話の流暢性（発話速度）が伸びたか

発話速度を発話の流暢性の代表的変数と捉え，(a) 発話全て[15]のモーラ数と (b) フィラー・言い直された表現・繰り返しなどの無意味語を除いたモーラ数から算出した2通りの秒ごとのモーラ数を表4に示した。図1A (a) は日本語発話全てのモーラ数，図1B は (b) 無意味語を除いたモーラ数から算出した速度を棒グラフにしたものである（次ページ）。表4と図1A, Bが示すように留学後は，5名全員の発話速度が速くなっている。5名の留学前と留学後の発話速度を従属変数として，留学前後で有意な差があるかを対応 t 検定で調べたところ，(a)，(b) どちらの発話速度でも留学前後で有意差が認められた（全ての発話，$t(4) = -4.636$ $p = .01$; 無意味語除去，$t(4) = -4.896.207$ $p < .01$）。

表4 留学前後の発話速度（1秒ごとのモーラ数）

	(a) 発話全て			(b) フィラー・言い直し・繰り返し除く		
仮名	前	後	差	前	後	差
グレッグ	1.44	2.92	1.48	1.35	2.12	0.77
ヘンリー	2.27	2.74	0.47	1.86	2.54	0.68
アラン	3.39	4.52	1.13	2.67	3.85	1.18
サム	2.92	3.67	0.75	2.29	3.14	0.85
ピーター	3.55	5.38	1.83	3.20	5.08	1.88

5.2 RQ2：OPIレベルと発話の流暢性に関係性がみられるか

4.1の表3で示したように，5名のうち，OPIのレベルが大きく上がっていたのは，ピーター（上級下→上級上）とサム（中級上→上級中）であった。この二人のうち，ピーターは発話の流暢性の伸びも他の4名より大きかったが，サムの伸びはそれほどでもなかった。OPIのレベルでは伸びが見られなかったヘンリー（留学前後どちらも中級中）も，発話速度は速くなり，伸びがあった。

図1A, Bは5名のL2話者をOPIのレベルで，左から最もレベルの低かっ

15 使用された英語の語彙や非語彙フィラーは含まれていない。

たグレッグ（中級下→中級中）から最もレベルの高かったピーターの順に示している。フィラーや繰り返しを含んだ発話の速度を示す図1Aでは，OPI査定レベルと発話速度に関係性が見られないが，無意味語を除いた発話速度を示す図1Bでは，サム以外の4名については，OPI査定のレベルが高いほど発話速度も速い。

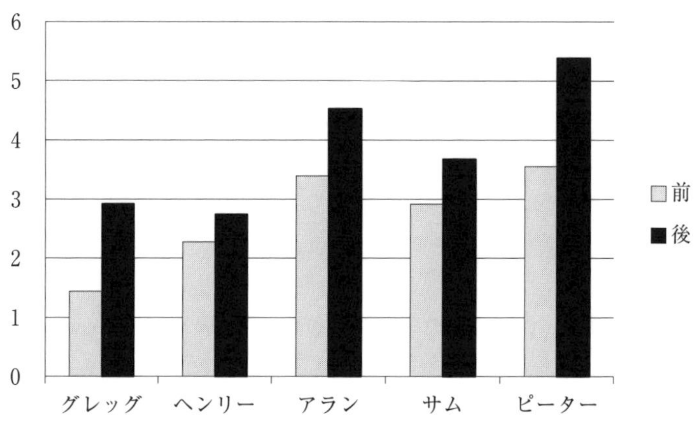

図1A　発話速度：全ての発話の秒ごとのモーラ数

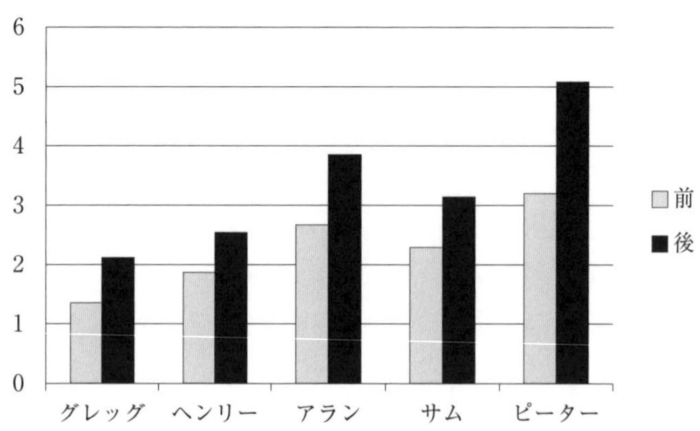

図1B　発話速度：無意味語を除いた秒ごとのモーラ数

5.3 RQ3：留学後に聞き手からみた流暢性が伸びたか

聞き手には1から7の7段階で流暢さを評価するように指示していたが，58名中4名は1と7だけを用い，度合いというより2項目だけで判断していたため，信頼性の算定や平均値の算出からは除外した。20の発話サンプルに対する54名の評価の信頼性は，級内相関係数（平均測定値）が.984, $p < .001$，クロンバック $\alpha = .988$ で，トレーニングや定義の提示がなくとも高い信頼性があった[16]。

5名の留学前と留学後の聞き手の評価（留学前，留学後のそれぞれの2つの発話サンプルに対する聞き手の評価の平均値）を従属変数として，留学前後で有意な差があるかを対応 t 検定で検証したところ，留学前後で有意差が認められた（$t(4) = -6.88$ $p < .01$）。聞き手の評価は，OPIのレベルで見られた伸びに関わらず，伸びていた。

5.4 RQ4：聞き手からみた流暢性と発話の流暢性の関係性

5.4.1 聞き手からみた流暢性と発話の流暢性の相関関係

各発話サンプルの発話速度と聞き手による評価には高い相関関係があった。全発話の発話速度（a）と聞き手評価のピアソン相関指数は，.916 $p <$ .001で，無意味語を除いた発話速度（b）とのピアソン相関指数は.919 $p <$ .001でほぼ同じであった。無意味語を含むモーラ数でも，1秒あたりに発話されたモーラ数が多い場合に聞き手の評価が高かった。

5.4.2 発話サンプルの属性と聞き手からみた流暢性

表5には，発話サンプルの発話速度と非流暢指標とされるフィラー，言い直し，繰り返しの数と聞き手の流暢性の評価を示している。サンプル内の非流暢性指標（フィラー，繰り返し，言い直し）の数と聞き手の評価を見ると，これらの非流暢性指標が評価には大きくは影響していない可能性が見て取れる。留学後に最も聞き手から高い評価（6.0, 6.28）を得たピーターの留学後のサンプルはどちらも非流暢性指標は少ないが，ほかに5以上の評価

16 聞き手の評価の高い信頼性は，先行研究でも報告されている。クロンバック α で算出されることが多く，Derwin et al.（2004）は，$\alpha = .95$, Bosker et al.（2013）は.97, Saito et al.（2018）は，$\alpha = .98$ の高い信頼性を報告している。

を得たアランとサムの発話には，留学後に少なくはなっているものの，留学前も後もフィラーが少なからず使われている。サムの留学後2の一部はすでに抜粋 (1) でモーラの算出例として紹介したが，非流暢性要素が計13あるにも関わらず，4.96の評価を聞き手から得た。

表5 発話サンプルの繰り返し・言い直し・フィラーと聞き手の流暢性

		速度 (a)	速度 (b)	繰り返し	言い直し	フィラー	非流暢総数	聞き手の評価
グレッグ	前1	1.6	1.4	0	0	0[17]	0	2.67
	前2	1.6	1.5	1	2	2	5	2.45
	後1	2.7	2.2	1	0	12	13	3.56
	後2	3.1	1.8	1	2	17	20	3.54
ヘンリー	前1	1.8	1.6	1	1	8	10	2.33
	前2	2.3	1.9	1	1	8	10	2.96
	後1	3.1	2.8	2	2	5	9	3.20
	後2	1.5	1.3	1		5	6	3.24
アラン	前1	3.3	2.6	7	3	17	27	4.46
	前2	3.4	2.6	0	1	18	19	4.19
	後1	4.4	4.2	1	2	9	12	5.85
	後2	4.5	3.9	2	0	12	14	5.52
サム	前1	3.3	2.7	6	3	11	20	3.93
	前2	2.4	2.0	4	1	10	15	3.74
	後1	3.6	3.2	1	1	6	8	5.59
	後2	3.1	2.6			13	13	4.96
ピーター	前1	4.7	4.4			13	13	5.43
	前2	3.6	3.3	1	1	6	8	4.81
	後1	4.9	4.6		1	6	7	6.00
	後2	4.5	4.5			1	1	6.28

アランの場合，留学前1のサンプルでは，フィラー，繰り返し，言い直しを全て含み，合計数が全ての発話サンプルのうち最も多い27で，フィ

17 グレッグは留学前に頻繁に英語のフィラーを使用したがこの表では除外している。

ラーの数も多かったが，評価は比較的高く，4.46 であった。ただし，留学後はフィラー，繰り返し，言い直しがある程度少なくなり，評価が高くなっているので，フィラーが多いほうが評価が高かったわけではない。

以下抜粋（2）はアランの留学後 1 のサンプルである。フィラーや言い直しを含む非流暢性要素が計 12 あるが，5.85 の高い評価を聞き手から得た。この抜粋は，アランが旅行中に会った日本人について触れた後，インタビュアがその日本人がどんな人だったのか質問したのに対して答えた発話である。非流暢性指標とみなした部分は下線で示した。

抜粋（2）アランの留学後発話サンプル 1（全 45 秒）（カッコ内はインタビュア）

日本のいろんなとこで働いてたみたい。<u>あー</u> で，どんな人かなー（性格とか？）<u>あー</u> あんまりサラリーマンに なりたくない人でした。<笑> って言えばいいかな。<u>ん</u> でー どうしておもしろいかと言うと，彼は<u>すご</u> <u>あのー</u>日本語がうまくはなせない人と話すことは上手でした。（ふーん）だから <u>あー</u> 僕はあまり <u>じゅ</u>熟語とか <u>あのー</u> が <u>知らなかっても</u> 知らなくても彼とよく話せました（ふーん）うん，ほんと。で彼はほんと いろーんな <u>あのー</u> いろんな <u>ふ</u> <u>あの</u> いろいろなおもしろいことを言いました。

文法の言い直し（「知らなかっても」→「知らなくても」）と「すご」と言いかけて，別の言い回しに換えた 2 件の言い直し，語の一部の繰り返し（「じゅ」→熟語）が 1 件である。フィラーが多いが，過去の記憶を思い出しながらの発話ではフィラーの使用は自然である。「いろーんな」「いろんな」は，母音の伸ばしで強調の度合いが異なるので同じ語と捉えず，繰り返しの数には入れていない。「いろーんな」「いろんな」「いろいろな」は効果的な繰り返しとも考えられる。

5.4.3 聞き手が記述した評価基準・影響要因

聞き手は，「発話のどういう点が流暢さの判断に影響しましたか。どういう点を考慮して判断しましたか」という質問に自由記述で答えた。先行研究などでも触れられているキーワード・概念の言及を含む記述をした人数を集計したところ，最も多かったのは，ポーズ（23 名）で，次に発話速度（17 名），次に文法・正確さ・助詞を合わせた文法（16 名）で，フィラー（14 名），ス

ムーズさ (11 名) が続いた。他には，少数だが 3 名以上が言及したのは，イントネーション (7 名)，繰り返し・言い直し (5 名)，発音 (4 名)，接続詞 (4 名)，わかりやすさ (3 名) だった。

6. まとめと考察

6.1 留学前後の発話の流暢性の伸びとプロフィシェンシー

5 名全員留学前より留学後の発話速度が速くなり，OPI のレベル判定では伸びの見られなかったヘンリーも，発話速度が速くなっていた。このことから，OPI 査定だけでは，話す能力の伸びを十分に把握できないことがわかる。先行研究 (Tullock & Ortega, 2017) でも報告されているように，L2 日本語の場合も，留学すれば発話速度は伸びると考えられる。

ただし，発話速度は，速ければいいというわけではない。例えば，留学後にプロフィシェンシーが最も高く，発話速度も最も速かったピーターの速度は速すぎなかったのか。インタビューとはジャンルが異なるが，高村 (2009) が韓国語を L1 とする L2 日本語話者の弁論大会のスピーチで，日本語が L1 の聞き手に聞きやすいと判断されたスピーチの発話速度を分析した結果，1 分あたり 310 から 330 モーラが聞きやすい速度であると報告している。1 秒あたりに換算すると，5.2 から 5.5 モーラである。ピーターの留学後の 6.00, 6.28 モーラはそれよりは速く，速すぎる可能性もあるが，インタビューのやりとりにおける適切な発話速度は弁論大会のスピーチより速いと考えられる。

OPI でレベル判定されるプロフィシェンシーと発話速度については，レベルの高い話者の発話は発話速度も速かった。流暢性は，レベル判定で重要な位置づけであるとも考えられるが，様々なタスクの遂行に要する手続き的知識が発話速度も速めるとも考えられる。留学後ピーターは，5 名で最も高いレベルの上級上と判断された。上級上に判定されるためには，ある程度は超級レベルのタスクを遂行できなければならないが，超級レベルのタスクは，「社会問題や政治的な問題など自分が関心のある多くの問題について意見を述べ，その意見を支えるためにきちんと構成された議論を提示する」こと，「仮定を構築し展開する」ことなどである。ピーターは，かなりの思考を要する発話内容でも速やかに表現できる能力があったと言えるが，このような運用能力が，上級上や超級のレベルのプロフィシェンシーに伴うことが多いのかどうかについては，さらなる研究を要する。

6.2 聞き手からみた流暢性・発話の流暢性と留学前後の伸び

聞き手からみた流暢性についても，5名全て留学前から留学後での伸びがあった。全く定義も評価基準の指示も与えられずに発話サンプルを評価したにもかかわらず，日本の大学生間の評価は，信頼性が高かった。つまり，かなり共通の基準で評価していた可能性を示唆している。

聞き手からみた流暢性は発話速度と高い相関関係にあり，聞き手は発話の流暢性に基づいて流暢さを判断していたことが窺われる。発話のどのような側面が評価に影響したのかという問いに対しては，ポーズや速さなどに言及する聞き手が多かった。言語教育の専門家がそれぞれ特有の基準（例えば，文法教育に関心があれば正確さ）に注目してしまう（Dubiner et al., 2007）のに対して，一般の話者が「流暢さ」で想起するのは，発話の速度を中心とした発話の流暢性と考えられる。L2話者が能力を伸ばす目的は，長い目で見れば教室外でL2を使うことであり，聞き手からみた流暢性を伸ばすことは重要であるが，発話の流暢性（発話速度）を伸ばせば，聞き手からみた流暢性も伸びると言える。

最も多くの聞き手が評価に影響した発話の側面として挙げたのが，「ポーズ」である。本稿ではポーズそのものは分析の対象としなかったが，発話速度は，調音の速度とポーズを含む変数である（Bosker et al., 2013; Saito et al., 2018）。すなわち，速度の遅かった発話には，ポーズが多いもの，長いものも含まれている。独話とは違い，インタビューのポーズの分析は困難であるが，ポーズの影響の調査は今後の課題である。しかしながら，ポーズが少なく短ければ流暢だというわけではない。L2話者が留学後にポーズの位置がL1話者と類似していたという報告（Raupach, 1987）もあり，今後，留学前後のポーズの位置や文脈も見る質的研究も望まれる。

さらに，質的研究が望まれるのは言い直しである。先行研究でも言い直しが非流暢性を示すのかには異論があった（例えば，Préfontaine & Kormos, 2016）。本研究でも，表5や抜粋（2）のアランの発話サンプルの分析が示すように，言い直しを含む発話サンプルの聞き手の評価は必ずしも低くない。発話速度などが言い直しの影響を相殺した可能性も否めないが，言い直しが留学後に増えていたという先行研究（例えば，Freed, 1995, 2000; Lennon, 1990）もある。小坂（1997）のL2日本語話者の言い直しの調査では，L1が英語の中級日本語話者は発音や構文の正確さのための言い直しが多いのに対し，上級以上では挿入や淀みのための言い直しが多いと報告し，野原（2011）は，言い直しの形態別の聞き手への評価の影響を調査し，語句挿入の言い直しは聞き手の理解を助け，高く評価されると報告している。

フィラーについては，自然なフィラーの使い方が流暢性につながるという先行研究もある（Raupach, 1984; Préfontaine & Kormos, 2016）。本稿の研究対象である5名も，留学後は使用するフィラーの種類が増え，フィラーの対人的機能を生かした使い方をしていた（Iwasaki, 2011）。本稿で聞き手から流暢さを高く判断されたアランやサムの発話サンプルにも，抜粋（1）（2）のようにフィラーの使用が多い。

発話の流暢性の二つの側面，中断（ポーズ，フィラー）と言い直しは，単純に非流暢性の指標ではなく，発話（の流暢性）を高めることもあるということは確かであろう。

7. おわりに

本研究の対象となったのはわずか5名のOPIの発話サンプルではあるが，発話の流暢性と聞き手の流暢性の角度から調査し，留学後には，流暢性が伸びていたことが明らかになった。発話の流暢性の代表的な変数である発話速度は，プロフィシェンシー（OPIレベル）と関係し，プロフィシェンシーにおいても重要な要素であることが裏付けられた。

発話速度は聞き手の評価とも関係していたが，中断や言い直しなど一般に非流暢性と関連づけられる現象は，必ずしも聞き手による流暢性の評価に影響しないことがわかった。今後，質的分析などを行って，非流暢性と関連づけられることの多いこのような現象が，どのような場合にどのように流暢性を高めるのかの調査が求められる。

参照文献

Baker-Smemoe, W., Dewey, D. P., Bown, J., & Martinsen, R. A. (2014). Does measuring L2 utterance fluency equal measuring overall L2 proficiency? Evidence from five languages. *Foreign Language Annals*, *47*(4), 707–728.

Bosker, H. R., Pinget, A-F., Quené, H., Sanders, T., & De Jong, N. H. (2013). What makes speech sound fluent? The contributions of pauses, speed and repairs. *Language Testing*, *30*(2), 159–175.

Bygate, M. (1998). Theoretical perspectives on speaking. *Annual Review of Applied Linguistics, 18*, 20–42.

Clark, H. H., & Fox Tree, J. E. (2002). Using *uh* and *um* in spontaneous speaking. *Cognition*, *84*, 73–111.

Dechert, H. W., Möhle, D., & Raupach, M. (Eds.) (1984). *Second language productions*. Tübingen, Germany: Gunter Narr Verlag Tübingen.

Derwing, T. M., Rossiter, M. J., Munro, M. J., & Thomson, R. I. (2004). Second language fluency: Judgments on different tasks. *Language Learning*, *54*(4), 655–679.

Du, H. (2013). The development of Chinese fluency during study abroad in China. *The Modern Language Journal, 97*(1), 131–143.

Dubiner, D., Freed, B., & Segalowitz, N. (2007). Native speakers' perceptions of fluency acquired by study abroad students and their implications for the classroom at home. In S. Wilkinson (Eds.), *Insights from study abroad for language programs* (pp. 3–21). Boston, MA: Thompson Heinle.

Freed, B. F. (1995). What makes us think that students who study abroad become fluent? In B. F. Freed & T. Huebner (Eds.), *Second language acquisition in a study abroad context* (pp. 123–148). Amsterdam/Philadelphia: John Benjamins Publishing Company.

Freed, B. F. (2000). Is fluency, like beauty, in the eyes of (and ears) of the beholder? In H. Riggenbach (Ed.), *Perspectives on fluency* (pp. 243–265). Ann Arbor: The University of Michigan Press.

Freed, B. F., Segalowitz, N., & Dewey, D. P. (2004). Context of learning and second language fluency in French: Comparing regular classroom, study abroad, and intensive domestic immersion programs. *Studies in Second Language Acquisition*, *26*(2), 275–301.

Iwasaki, N. (2006). Processes in L2 Japanese sentence production. In M. Nakayama, R. Mazuka, & Y. Shirai (Eds.), *The handbook of East Asian psycholinguistics Volume II: Japanese* (pp. 158–164). Cambridge: Cambridge University Press.

Iwasaki, N. (2007). Assessing progress towards advanced level Japanese after a year abroad: Focus on individual learners. *Japanese Language and Literature, 41*(2), 271–296.

Iwasaki, N. (2011). Filling social space with fillers: Gains in social dimension after studying abroad in Japan. *Japanese Language and Literature*, *45*(1), 169–193.

Iwasaki, N. (2015). Sentence production models to consider for L2 Japanese sentence production research. In M. Nakayama (Ed.), *Handbook of Japanese psycholinguistics* (pp. 545–581). Mouton de Gruyter.

Iwasaki, N. (2019). Individual differences in study abroad research: Sources, processes and outcomes of students' development in language, culture and personhood. In M. Howard (Ed.) *Study abroad, second language acquisition and interculturality: Contemporary perspectives* (pp. 237–262). Bristol, UK: Multilingual Matters.

鎌田修. (2006).「KYコーパスと日本語教育研究」『日本語教育』*130*, 42–51.

Kim, J., Dewey, D. P., Baker-Smemoe, W., Ring, S., Westover, A., & Eggett, D. L. (2015). L2 development during study abroad in China. *System, 55*, 123–133.

Kormos, J., & Dénes, M. (2004). Exploring measures and perceptions of fluency in the speech of second language learners. *System*, *32*(2), 145–164.

小坂昌子. (1997).「自己修正と日本語の運用力の関係について」『日本語国際センター紀要』*7*, 1–16.

Lennon, P. (1990). Investigating fluency in EFL: A quantitative approach. *Language Learning*, *40*(3), 387–417.

Lantolf, J. P., & Frawley, W. (1985). Oral proficiency testing: A critical analysis. *Modern Language Journal, 69*, 337–345.

Liskin-Gasparro, J. E. (2003). The ACTFL proficiency guidelines and the oral proficiency interview: A brief history and analysis of their survival. *Foreign Language Annals, 36*(4), 483–490.

Llanes, À. (2011). The many faces of study abroad: An update on the research on L2 gains emerged during a study abroad experience. *International Journal of Multilingualism*, *8*(3), 289–215.

Magnan, S. S., & Back, M. (2007). Social interaction and linguistic gain during study abroad. *Foreign Language Annals, 40*(1), 43–61.

McCarthy, M. (2010). Spoken fluency revisited. *English Profile Journal, 1,* 1–15.

森秀明. (2017).「KYコーパスを使用した計量的分析法の現状と課題」『文化』*81*(1, 2), 75–95.

野原ゆかり (2011)「言い直しが聞き手の評価に及ぼす影響：中国語・韓国語を母語とする中上級日本語学習者の発話を対象に」『留学生教育』*16*, 117–124.

Préfontaine, Y., & Kormos, J. (2016). A qualitative analysis of perceptions of fluency in second language French. *IRAL, 54*(2), 151–169.

Raupach, M. (1984). Formulae in second language speech production. In H. W. Dechert, D. Mohle, & M. Raupach (Eds.), *Second language production* (pp. 114–137). Tubingen: Gunter Narr.

Raupach, M. (1987). Procedural learning in advanced learners of a foreign language. In J. A.

Coleman & R. Towell (Eds.), *The advanced language learner* (pp. 123–155). London: Centre for Information on Language Teaching and Research.

Rossiter, M. J. (2009). Perceptions of L2 fluency by native and non-native speakers of English. *Canadian Modern Language Review*, *65*(3), 395–412.

Saito, K., Ilkan, M., Magne, V., Tran, M., & Suzuki, S. (2018). Acoustic characteristics and learner profiles of low, mid, and high-level second language fluency. *Applied Psycholinguistics, 39*(3), 593–617.

Sato, M. (2014). Exploring the construct of interactional oral fluency: Second language acquisition and language testing approaches, *System, 45*, 79–91.

Segalowitz, N. (2010). *Cognitive bases of second language fluency*. London: Routledge.

Segalowitz, N. (2016). Second language fluency and its underlying cognitive and social determinants. *International Review of Applied Linguistics in Language Teaching*, *54*(2), 79–95.

Segalowitz, N., & Freed, B. F. (2004). Context, contact, and cognition in oral fluency acquisition: Learning Spanish in at home and study abroad contexts. *Studies in Second Language Acquisition*, *26*(2), 173–199.

高村めぐみ (2009)「聞きやすいスピーチの特徴に関する一考察：ポーズと速さを視点に」『外国語教育研究』*12*, 3–21.

田島ますみ (2005)「流暢さを表す指標について：発話速度とポーズ頻度」『中央学院大学人間・自然論叢』*21*, 133–155.

Tavakoli, P. (2016). Fluency in monologic and dialogic task performance: Challenges in defining and measuring L2 Fluency. *IRAL*, *54*(2), 133–150.

Tavakoli, P., & Skehan, P. (2005). Strategic planning, task structure and performance testing. In R. Ellis (Ed.), *Planning and task performance in a second language* (pp. 239–277). Amsterdam: John Benjamins.

Towell, R. (1987). Approaches to the analysis of the oral language development of the advanced learner. In J. A. Coleman & R. Towell (Eds.), *The advanced language learner* (pp. 157–181). London: Centre for Information on Language Teaching and Research.

Towell, R., Hawkins, R., & Bazergui, N. (1996). The development of fluency in advanced learners of French. *Applied Linguistics*, *17*(1), 84–119.

Tullock, B., & Ortega, L. (2017). Fluency and multilingualism in study abroad: Lessons from scoping review. *System, 71*, 7–21.

第6章

日本語母語話者による L2英語とL3ドイツ語の音声習得

語末閉鎖子音の発音について

安田麗　上田功

1.　はじめに

小論は日本人ドイツ語学習者の音韻習得，特に**阻害音**の**有声無声**の違いに関する論考である。実験参加者は全員大学生であり，中学校から大学入学後まで英語を学んでいるので，英語を第二言語と見なして，第三言語としてドイツ語を習得するにあたって，声帯振動の有無に関する問題点を論じるものである。このように書くと，「英語を第二言語と見なしうるのか」という疑問をもたれる向きもおられると思うので，最初に第三言語の習得について，少々述べることにする。また**阻害音**や**有声無声**のような，本論考を理解するために必要な基本概念の解説は3節に，「用語」としてまとめている。

多くの読者は，第二言語習得の研究が我が国で始まった時期に，英語ははたして「第二言語」かという議論が交わされたことを記憶していることであろう。日本語しか話されない言語環境で生活する者が，学校という場で形式的な教授によってのみ教えられる，インプットの少ない英語は，第二言語ではなく外国語であると主張して，第二言語と外国語を峻別しようとする研究者も多かった。筆者らはこの考えにもある程度妥当性はあると考えている。しかしながらそのような時代から約半世紀も経とうとしている現在では状況が変わりつつある。グローバリゼーションの拡大や移動する人々の驚異的な増加によって，第二言語習得は多言語習得のコンテクストのなかで論じられるようになってきた。ところが2つの言語でさえ上記のような論争が起こるところに，さらにもうひとつ（あるいはそれ以上）の言語が関係してくると，事情はさらに複雑になってくる。Jessner（2008）は多言語習得の複雑さを論じ，3つの言語習得の典型的な環境を次のように分類している。

（1）　3つの言語習得が起こりうる環境　（Jessner, 2008）

1. 幼児期から3つの言語が使われる環境
2. バイリンガルの子供が幼少期から3つ目の言語を学校などで学習する環境
3. バイリンガルの子供が移民として3つ目の言語環境に移住するケース

これを見ると，3つの言語習得はバイリンガルの子供が想定されており，本稿で扱う第三言語学習はモノリンガル環境であり，Jessner（2008）の分類では，典型的な例ではないことがわかる。また3つの言語の習得順序も複雑で，Jessner（2008）はCenoz（2000）を引いて，次の4通りの可能性を示している。

（2）　4通りの習得順序　（Cenoz, 2000）

1. 3つの言語を同時に習得
2. 3つの言語をひとつずつ順番に習得
3. 1つ目を習得した後に2つ目と3つ目を同時に習得
4. 2つの言語を同時に習得し，続いて3つ目を習得

本研究はこの分類では，2.の3つの言語を順番に習得するケースに該当することになる。また（1）（2）から見えてくることは，第三言語習得は習得条件を定める「変数」が，従来の第二言語習得と比較して，はるかに多岐に渡り複雑であるということである。本来言語習得研究の望ましいあり方は，このような変数を先行する研究とできるだけ同じにして結果を比較することが有意義な手法であるが，上で述べたような複雑さのために，条件を揃える

ことは非常に難しい。例えば，2番目と3番目の言語の学習開始時期にしても，驚くほど多くの組み合わせが可能であることがわかる。現在第三言語習得研究は，このような様々な条件下で研究者が可能な範囲の事例研究を積み重ねている段階であり，本研究もそのようなケーススタディーのひとつと位置づけられる。このような，いわば混沌とした状況は，音韻論においてもGut et al. (2015) に収録されている論考の無秩序とも言える多様性を見ても理解できるであろう。さらに本研究のように，モノリンガル言語使用環境（特に日本）において，第二言語を習得し，さらに3つ目の言語の習得の諸相を研究した事例を，筆者らは寡聞にして知らない。即ち，依拠すべき先行研究が無いと言っても過言ではないことを断っておく必要があろう。

続いて本研究の実験の条件設定に関してひと言説明しておく。最も問題となるのが，英語が第二言語たり得るかという点である。その場合，何をもって第二言語と認めるに足る英語の能力を有しているかが問題となる。実験参加者に関しては実験のセクションで詳しく説明するが，全員が大阪大学外国語学部ドイツ語専攻の学生である。彼／彼女らは中学校，高等学校の英語教育を受けた後，大学入試センター試験を受験し，大阪大学の個別入学試験（リスニングを含む）を受験して合格している。さらに入学後も2年間日本人教員とネイティブ教員による「総合英語」の授業を週2回受けており，この授業では外部検定試験で一定のハードルをクリアすることが求められている。これらから考えると，実験参加者全員が大学生としては日本でトップクラスの英語力を有していると考えられ，運用能力に個人差はあるものの，全員が最低限の英語力は十分に持っていると考えられる。以上から筆者らは，実験参加者は第二言語としての英語能力を持つと見なしうると判断している。

2. 2番目の英語と3番目のドイツ語のステイタス

外国語音声の習得における**転移**や**干渉**に関する多くの研究では，おもに母語と目標言語に焦点があてられている。しかし，上述したように，日本の外国語教育の現状を考慮すると，日本語母語話者の多くは外国語として英語を最初に学び，その後，その他の言語を学ぶ。したがって，高等教育機関での英語以外の外国語教育においては，母語である日本語の知識の他にすでに英語の言語知識を持っていることを前提として指導を行うことになる。

このような日本の高等教育機関における外国語学習者の背景を考慮すると，第2外国語の発音習得過程において日本語だけでなく英語の干渉の可能性もあると考えられる。ある目標言語と他の目標言語が類型論的に類似性を持つ場合，目標言語の産出において干渉することや（De Angelis & Selinker, 2001），転移や干渉においては相違性よりも類似性が最も重要な要素であるという指摘もある（Ringbom, 2001, 2005）。例えばドイツ語は英語と文字表記や発音において類似性が高く，類型論的にも英語と近い関係である。そのため，日本語を母語とするドイツ語学習者にとっては，ドイツ語を学習する際に母語である日本語に加えて第二言語である英語の影響がある可能性も大いに考えられる。さらに，**言語間転移**や**干渉**（Ulbrich & Ordin, 2014; Sherwood Smith& Kellerman, 1986）の可能性があるとすれば，第三言語であるドイツ語の発音がすでに学習した英語の発音にも影響を与えることも考えられる。

本研究は日本語を母語とする大学生を対象とし，第2外国語として学習しているドイツ語の発音の実態を明らかにすることを目的とする。そして，日本という言語環境における多言語の発音習得過程の第一歩となる研究を目指す。以下の節では，まず本研究で扱う音韻論・音声学の用語について簡単に説明し，次に先行研究を概観する。そして，日本語を母語とするドイツ語学習者を対象にして行った音声生成実験の結果を報告する。

3. 用語

本論に入る前に，読者の理解のために必要な音声学の基本概念を説明する。

3.1 阻害音

ほとんどの言語音は，肺からの呼気によって生成されるが，このうち子音は声道内で必ず呼気が妨害を受ける（これを**調音**と呼ぶ）。そこで子音を分類する場合，**調音位置**，**調音様式**，**声門の状態**の3つが基準として用いられる。調音位置は子音を調音するために必要な狭めや閉鎖等の妨害が声道のどこで生じるか，調音様式は狭めや閉鎖がどのように生じるかを表す。3つ目の声門の状態に関しては，3.2 の有声・無声の節で詳しく述べる。

調音様式で分類された子音のうち，**閉鎖音**，**摩擦音**，**破擦音**をまとめて**阻害音**と呼ぶ。**閉鎖音**は調音位置で声道が完全に閉鎖され一時的に気流が止まる調音様式である。**摩擦音**は声道が完全に閉鎖されることはないが，調音位置の気流の通路が非常に狭く，持続的に気流の乱れが生じる調音様式である。**破擦音**は閉鎖音と摩擦音のふたつの調音特徴を併せもつ子音であり，調音位置で一時的に声道が閉鎖され，その閉鎖の開放の後すぐに同じ調音位置で摩擦音が生成される。総じてこれらは妨害の厳しい音といえる。

本研究では阻害音のうち，おもに調音位置が唇の閉鎖音 <p･b>（両唇閉鎖音），調音位置が歯茎の閉鎖音 <t･d>（歯茎閉鎖音），調音位置が軟口蓋の閉鎖音 <k･g>（軟口蓋閉鎖音）の発音について論じる。

3.2 有声・無声

子音を分類するためのひとつの基準は，声門の状態である。これは，**声帯が振動**しているかどうかという区別であり，声帯が振動している音を**有声音**，すなわち声を伴う音，振動していない音を**無声音**，すなわち息を吐く状態で出す音と呼ぶ。日本語の「ば」(ba) と「ぱ」(pa) の子音部分は，前者が有声音，後者が無声音であるという違いがあり，その他の基準である調音位置（唇）と調音様式（閉鎖音）は同じである。「だ」(da) と「た」(ta)，「が」(ga) と「か」(ka) も同様に子音部分が前者が有声音，後者が無声音という点だけが異なる。

3.3 無声化

本来有声である母音または子音が，声帯振動を伴わずに発音されることが**無声化**である。本研究では，語末の位置で無声化する有声閉鎖子音 /b//d//g/ についての発音について観察を行う。「ば」(ba) と「ぱ」(pa) を例に取ると，「ば」(ba) が無声化すると「ぱ」(pa) と同じになるか，少なくとも「ぱ」(pa) のように聞こえる。

4.　語末阻害音の無声化に関する先行研究

語末または音節末の有声阻害音が無声音となることはドイツ語やオランダ語，ポーランド語，ロシア語などの発音において特徴の一つである。例えば，ふつうドイツ語では語末にある有声閉鎖子音 /b//d//g/ は，無声閉鎖子音 [p][t][k] として発音される。したがって，*Bad*（風呂）と *bat*（頼んだ）はともに [ba:t], *weg*（去って）と *Weck*（小型の白パン）はともに [vɛk] となり，原則として両者は語末の子音の発音に有声，無声の違いがない（Kohler, 1995）。このような音韻規則は英語にはなく，英語の bad [bǽd] と bat [bǽt], wig[wɪg] と wick[wɪk] の発音には，それぞれ語末閉鎖子音の有声，無声の違いが存在している。

ところが，音響機器を用いてドイツ語の語末阻害音を計測してみると，2 音は必ずしも同じ音になっていないことがわかってきた。Port & O'Dell（1985）は，10 人のドイツ語母語話者によって発音された語末閉鎖有声，無声子音を含む 10 ペアの語を音響分析している。その結果，音響的要素に違いがあり，ペアの語の発音の違いが完全になくなっていないと述べている。つまり，人間の耳には語末閉鎖有声子音は無声化し，ペアごとの有声，無声の違いはなくなったように聞こえるが，Port & O'Dell（1985）の実験では，ペアの語の語末閉鎖子音の直前の母音の持続時間などに差が見られ，ペアの 2 語の発音に違いがあったということである。さらに，第二言語習得中の被験者を対象にした先行研究 Smith et al.（2009）は，アメリカ滞在経験のあるドイツ語母語話者 13 人によって発音された，ドイツ語と英語の有声と無声のペアの語について音響分析を行い，ドイツ語母語話者の語末阻害音の発音において，有声子音と無声子音が完全に同じにはなりきっていないと述べている。Smith & Peterson（2012）では，第二言語としてドイツ語を習得するアメリカ英語話者 12 人の発音した語末閉鎖子音を含む語を音響分析している。その結果，個人差はあるが多くのアメリカ英語話者のドイツ語の発音は，英語とつづり字が類似している語の発音と似た発音であったと述べている。つまり，ドイツ語の "*Tod*（死）" や "*tot*（死んだ）" は英語の "toad" や "tote" の発音と音響的な要素が類似していて，語末閉鎖子音の有声，無声の明らかな違いがあった。

いずれの先行研究においても語末閉鎖子音の有声，無声の音響的要素には差が認められ，無声化が不完全であると述べている。

以上の先行研究から次のことがわかる。語末阻害音の有声無声に関して，ドイツ語母語話者では，英語の影響のあるなしにかかわらず，わずかな違いがある。それに対して，アメリカ英語話者のドイツ語習得では母語である英語と同じような発音になり，相当の違いがあるということである。

5. 研究仮説

上記の先行研究の結果を受けて，次のような問題提起が可能であろう。第三言語としてドイツ語を習得する日本語母語話者の語末阻害音の無声化はどのようであろうか？ そもそも日本語では音節構造の制約から，語末に阻害音がくることは許されず，無声化現象自体が存在しない。したがってドイツ語を習得する場合，もし十分に習得できていれば，語末の阻害音は完全に無声化して同じ音になるか，あるいはドイツ語母語話者のように，有声無声の違いがあっても，その違いはわずかであると予測できる。また一方では，第二言語として習得した英語の影響を受けることも考えられる。その場合，先行研究のアメリカ英語話者のように，語末の有声無声の違いは大きなものになることが予測できる。以上を研究仮説として，この問題を検証すべく，次のような実験を行った。

6. 実験方法

6.1 実験参加者

実験参加者はドイツ語学習者 10 名（女性 8 名，男性 2 名）であり，全員日本語が母語であるモノリンガルである（以下，日本人ドイツ語学習者とする）。録音当時，21 歳から 24 歳までのドイツ語を専攻する大学生であった。ドイツ語学習歴は約 3 年から 5 年であり，平均 4 年 3 ヶ月であった。10 名のうち 3 名は 10 ヶ月から 12 ヶ月のドイツ滞在経験があった。

さらに比較のためドイツ語母語話者 5 名（女性 4 名，男性 1 名）にも同様の実験に参加してもらった。全員ドイツ語を母語とするモノリンガルであり，録音当時，21 歳から 34 歳までの大学生または大学院生であった。

6.2　検査語

検査語は，ドイツ語の単語 16 個と英語の単語 16 個であり，いずれも一音節の有意味語である。ドイツ語と英語のそれぞれの検査語は，発音が同じまたは類似した単語のペアになるように選定した。英語では，例えば bad・bat や side・sight のように，語末閉鎖子音の発音のみが異なるペアで構成されている。ドイツ語では，例えば *Bad*（風呂）・*bat*（頼む）や *seid*（ある）・*seit*（〜以来）のように発音では語末閉鎖子音の有声，無声の違いはないが，つづりが異なるペアで構成されている。表 1 に検査語の一覧を示す。検査語は文末と文中に置かれるように 2 種類のキャリア文に入れて読み上げられた。ドイツ語のキャリア文は *“Ich mag X nicht, aber sie mag Y.”*（私は X は好きではないが，彼女は Y が好きだ），英語のキャリア文は “She said Y, but I say X now.” である。いずれも，X と Y には検査語が入り，X と Y の語末子音が必ず異なるように組み合わせた。ドイツ語と英語の検査語 16 単語は文中（X）と文末（Y）の 2 つのコンディションにおいて，3 回発音されるように読み上げ原稿を作成し，日本人ドイツ語学習者 10 名，ドイツ語母語話者 5 名のデータを収録した。

表 1　ドイツ語と英語の検査語

ドイツ語	語末子音の発音	英語	語末子音の発音
Bad bat	[t]	bad bat	[d] [t]
Rad Rat	[t]	rod rot	[d] [t]
Tod tot	[t]	toad tote	[d] [t]
Leid leit	[t]	lied light	[d] [t]
seid seit	[t]	side sight	[d] [t]

Log lock	[k]	log lock	[g] [k]
weg Weck	[k]	wig wick	[g] [k]
Mob Mop	[p]	mob mop	[b] [p]

6.3 実験手順

収録は読み上げ原稿を一文ずつコンピューターの画面に表示し，実験参加者が各自でコンピューターを操作し，一文ずつ順番に読み上げていくという手順で行った。実験参加者にはあらかじめ画面に表示される文を普通の速さで読むように指示をした。最初に英語のタスクを行い，その後，必要に応じて短い休憩をとり，次にドイツ語のタスクを行った。録音は防音設備の整った部屋で一人ずつ行い，マイクはaudio-technica AT9860，録音機はICレコーダ（Roland:R-09）を使用した。サンプリング周波数48kHz，量子化ビット数16bitで録音した。収録されたデータは日本人ドイツ語学習者は合計1920データ（16語×2言語×2コンディション×3回繰り返し×10人），ドイツ語母語話者は合計480データ（16語×1言語×2コンディション×3回繰り返し×5人）である。

6.4 分析

録音した音声データを音声分析ソフトPraat（5.3.08）を用いて音響分析を行った。音響分析では以下の2点について計測を行った。

① 語末閉鎖子音の直前の母音持続時間
② 語末閉鎖子音の閉鎖時間

直前の母音持続時間を計測するのは，通常子音の調音は隣接する母音に影響を受ける場合が多いからである。例として，図1はPraatを用いてドイツ語の*Bad* [ba:t]の音声波形を表示したものである。音響分析で計測を行ったのは，図の点線で示した区間（①語末閉鎖子音の直前の母音持続時間），実線で示した区間（②語末閉鎖子音の閉鎖時間）である。

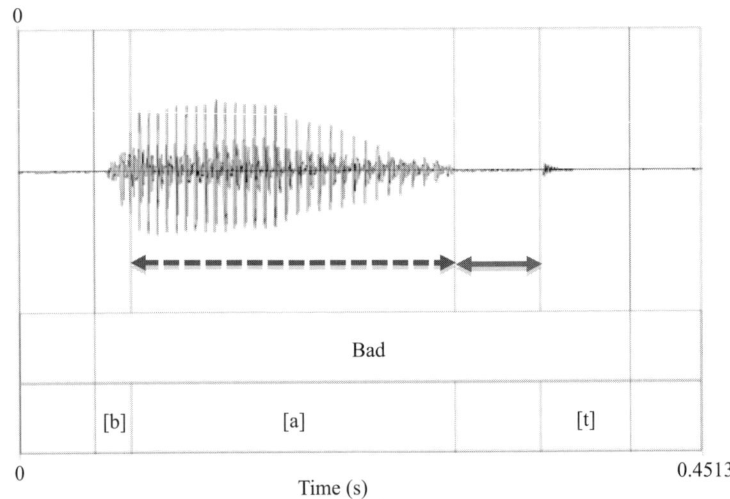

図１　音響分析の例（ドイツ語 *"Bad"* [ba:t] の例）

7.　結果と考察

7.1　音響分析①語末閉鎖子音の直前の母音持続時間

直前の母音持続時間の結果を表２に示している。同じ語でも文末と文中では発音が異なるので，両方を示している。表で「文末」は単語が文末で発音されたデータ，「文中」は単語が文中で発音されたデータ，平均値は文中と文末の平均を表す（以下，すべての表においても同様）。図２に結果の平均値をグラフで示している。縦軸は語末閉鎖子音の直前の母音持続時間（ミリセカンド：ms）であり，横軸は言語と話者である。また，表やグラフでは便宜的にドイツ語母語話者を「ドイツ人」，日本人ドイツ語学習者を「学習者」と表している。

表2 語末閉鎖子音の直前の母音持続時間

		/b//d//g/			/p//t//k/		
		文末	文中	平均値	文末	文中	平均値
ドイツ語（ドイツ人）	平均（ミリセカンド）	183	156	**170**	170	145	**159**
	標準偏差（SD）	62	49	56	69	52	61
ドイツ語（学習者）	平均（ミリセカンド）	170	148	**159**	154	133	**144**
	標準偏差（SD）	32	30	31	34	28	31
英語（学習者）	平均（ミリセカンド）	189	144	**167**	165	126	**146**
	標準偏差（SD）	50	36	43	42	29	36

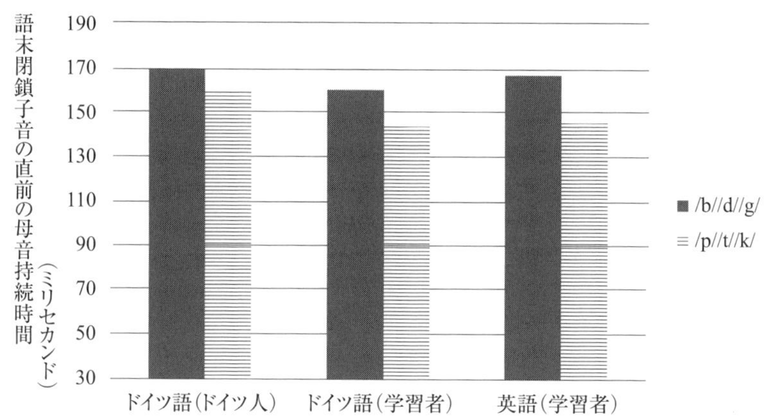

図2 語末閉鎖子音の直前の母音持続時間

語末閉鎖子音の直前の母音持続時間は，日本人ドイツ語学習者のドイツ語は /b//d//g/ が 159ms，/p//t//k/ が 144ms であり，有声子音で終わる語の方が語末閉鎖子音の直前の母音持続時間の平均が有意に長かった（15ms, paired t = 11.95, p < .0001, df = 477）。ドイツ語母語話者のドイツ語も，/b//d//g/ が 170ms，/p//t//k/ が 159ms であり，有声子音で終わる語の方が語末閉鎖子音の直前の母音持続時間の平均が有意に長かった（11ms, paired t = 5.9, p < .0001, df = 232）。日本人ドイツ語学習者（/b//d//g/>/p//t//k/, 差＝15ms），ドイツ語母語話者（/b//d//g/>/p//t//k/, 差＝11ms）のいずれの語末閉鎖子音の直前の母音持続時間も，語末閉鎖子音が有声の場合と無声の場合とで差があることがわかった。Smith et al.（2009）のドイツ語母語話者を対象に類似の実験を行った結果でも，語末閉鎖子音は有声の場合の方が無声の場合よりも直前の母音持続時間が長いということが報告されており（/b//d//g/>/p//t//k/, 差＝13ms：Smith et al., 2009），先行研究の結果と比較しても同様の傾向であることがわかった。この結果から，日本人ドイツ語学習者の第三言語習得では，ドイツ語の発音において，音韻的には語末閉鎖子音に有声，無声の違いがない語のペアであっても音響的には違いがあることが明らかとなった。

それでは日本人の英語発音における母音持続時間は，どうなっているのだろうか？　日本人ドイツ語学習者の英語の発音では，語末閉鎖子音の直前の母音持続時間は /b//d//g/ が 167ms，/p//t//k/ が 146ms であり，有声子音で終わる語の方が語末閉鎖子音の直前の母音持続時間の平均が有意に長かった（21ms, paired t = 14.28, p < .0001, df = 474）。つまり，日本人ドイツ語学習者の英語の発音では語末閉鎖子音が有声の場合と無声の場合で語末閉鎖子音の直前の母音持続時間に差があり（/b//d//g/>/p//t//k/, 差＝21ms），これらの子音の発音の区別ができていることがわかった。母語である日本語では語構造が異なるため開音節で終わる語がほとんどであり，語末が閉鎖子音という環境は，「ん」，「っ」のような特殊拍以外は原則としてない。したがって，このような英語の発音を外国語の発音として習得できていると言える。しかし，この結果を Smith et al.（2009）の英語母語話者の音響分析の結果（/b//d//g/>/p//t//k/, 差＝32ms：Smith et al., 2009）と比較すると，語末閉鎖子音が有声の場合と無声の場合の差が英語母語話者よりも日本人ドイツ語学習者の方が小さい。このことから，日本人ドイツ語学習者の英語の発音では，英語母語話者の発音（Smith et al., 2009）と比較すると，有声，無声の区別が相対的に習得されていないと言える。

7.2　音響分析② 語末閉鎖子音の閉鎖時間

語末閉鎖子音の閉鎖時間の結果を表3に示す。図3は結果の平均値をグラフに示したものである。

表 3　語末閉鎖子音の閉鎖時間

		/b//d//g/			/p//t//k/		
		文末	文中	平均値	文末	文中	平均値
ドイツ語（ドイツ人）	平均（ミリセカンド）	75	88	**82**	77	83	**80**
	標準偏差（SD）	24	26	25	24	28	26
ドイツ語（学習者）	平均（ミリセカンド）	97	69	**83**	117	78	**98**
	標準偏差（SD）	41	24	32	45	24	34
英語（学習者）	平均（ミリセカンド）	71	58	**65**	97	77	**88**
	標準偏差（SD）	37	23	30	32	27	30

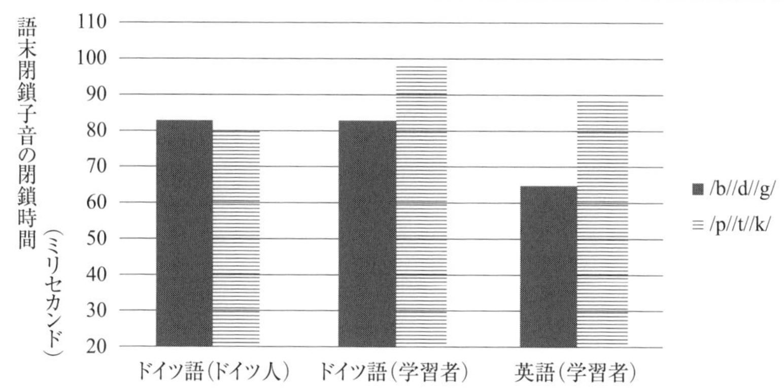

図 3　語末閉鎖子音の閉鎖時間

語末閉鎖子音の閉鎖時間は，日本人ドイツ語学習者のドイツ語は /b//d//g/ が 83ms，/p//t//k/ が 98ms であり，無声子音で終わる語の方が有声子音で終わる語よりも，語末閉鎖子音の閉鎖時間の平均が有意に長かった（15ms, paired $t = 11.37, p < .0001, df = 472$）。ドイツ語母語話者のドイツ語は /b//d//g/ が 82ms, /p//t//k/ が 80ms であり，無声子音で終わる語と有声子音で終わる語の語末子音の閉鎖時間の平均値に有意な差は見られなかった（2ms, paired $t = 1.29$, ns, $df = 232$）。以上から，語末閉鎖子音の閉鎖時間は，日本人ドイツ語学習者のドイツ語（/b//d//g/</p//t//k/, 差 = 15ms）に関しては，語末が有声閉鎖子音の場合と無声閉鎖子音の場合で差があることがわかった。一方，ドイツ語母語話者のドイツ語では語末が有声閉鎖子音の場合と無声閉鎖子音の場合でほとんど差が無いことがわかった（/b//d//g/ 82ms, /p//t//k/ 80ms）。

Smith et al. (2009) でも，ドイツ語母語話者の発音では有声閉鎖子音の場合も無声閉鎖子音の場合も，閉鎖の長さについては差が無いという結果であったと報告されている (/b//d//g/ 74ms, /p//t//k/ 73ms, Smith et al., 2009)。つまり，日本人ドイツ語学習者のドイツ語の語末閉鎖子音の発音は，語末有声阻害音は無声化するという音韻規則に従って発音するならば，有声，無声の違いがなくなりドイツ語母語話者の発音と類似したものとなるはずであるが，実際の発音はそうではないことがわかった。

一方，日本人ドイツ語学習者の英語の語末閉鎖子音の閉鎖時間は /b//d//g/ が 65ms, /p//t//k/ が 88ms であり，無声子音で終わる語の方が有声子音で終わる語よりも，語末閉鎖子音の閉鎖時間の平均が有意に長かった (23ms, paired $t = 12.75$, $p < .0001$, $df = 392$)。日本人ドイツ語学習者の英語の発音では語末閉鎖子音が有声の場合と無声の場合で，閉鎖時間に差があり (/b//d//g/</p//t//k/, 差 = 23ms)，これらの子音の発音の区別ができていると言える。しかし，Smith et al. (2009) の英語母語話者の結果 (/b//d//g/</p//t//k/, 差 = 33ms：Smith et al., 2009) と比較すると，閉鎖時間の差は日本人ドイツ語学習者の方が小さい。つまり，日本人ドイツ語学習者の英語の発音において，語末の有声閉鎖子音と無声閉鎖子音の発音は，英語母語話者ほど有声無声の違いがはっきり区別されていないことがわかった。

7.3　まとめ

音響分析①と音響分析②の結果を総合すると，日本人ドイツ語学習者は英語の語末閉鎖子音に関しては，有声と無声の発音の区別が明確にできていることがわかった。日本語では同様の音韻環境が無いことから，第二言語または外国語としての英語の発音としてこれらの音を習得していると言える。一方，ドイツ語の発音に関しては，英語と同じように語末閉鎖子音が有声音の場合と無声音の場合で音響的要素に違いがあることがわかった。このことは，Smith et al. (2009) で述べられている，ドイツ語母語話者の語末阻害音の有声子音と無声子音は完全に同じ発音ではないということと同様で，日本人ドイツ語学習者の発音でも有声子音と無声子音が完全には同じではないと言える。さらに Smith et al. (2009) ではドイツ語母語話者の発音では語末閉鎖子音の直前の母音持続時間のみ有声音と無声音で違いがあったと報告されているが，本実験の日本人ドイツ語学習者の発音では語末閉鎖子音の直前の母音持続時間と，語末閉鎖子音の閉鎖時間のどちらの音響的要素においても有声子音と無声子音の場合で有意な差があった。つまり，日本人ドイツ語学習者の発音はドイツ語母語話者に比べてより違いが大きいと言える。また，Smith & Peterson (2012) のアメリカ英語話者を対象に同様の実験を行った結果と比較すると，ドイツ語母語話者，日本人ドイツ語学習者，アメリカ英語母語話者のドイツ語学習者の順で差が大きくなることがわかった。すなわち本研究の結果として，日本人ドイツ語学習者の語末閉鎖子音の発音は，ドイツ語母語話者よりも有声，無声の区別がはっきりはしているが，アメリカ英語を母語とするドイツ語学習者よりは有声，無声の差が小さいと言え，両者の中間に位置することが結論として言えよう。

このような発音の差が生じた理由として考えられることは，日本人ドイツ語学習者は，最初に第二言語として学んだ英語のつづり字と発音の結びつきが基礎としてあり，ドイツ語の類似した語やつづり字の発音でも英語の発音が影響し，英語と似た発音になっている可能性が挙げられる。Bassetti (2008) は第二言語では聴覚インプットよりも文字インプットで目標言語を学習することが多く，文字インプットは目標言語の発音に役立つ一方で，聴覚インプットだけの学習では決して起こりえないような目標言語にふさわしくない発音を導くことがあると指摘している。また，Young-Scholten (2002) は学習者は第二言語の文字からのインプットにより，目標第二言語の聴覚インプットにおいては存在しないような発音を生成することもあると述べている。例として，英語を母語とするドイツ語学習者は，目標ドイツ語の聴覚インプットでは語末の有声阻害音は聴いていないにもかかわらず，ドイツ語のいくつかの語末阻害音を有声音として発音していることを挙げ，これはおそらくそれらの語が有声阻害音として文字でつづられているからだと述べている。また，Major (2008) は母語から第二言語の音韻論的干渉について，両言語の文字体系や語構造が類似している場合，類似していない場合よりも間違いを引き起こす可能性があると述べている。わかりやすい事例を挙げると，モロッコアラビア語の母語話者は，長く保護国として関係の深かったフランス語を，小学校の低学年から第二言語として学習する。彼らは初めて学習したラテン・アルファベットのフランス語の書記体系をもとに，他のヨーロッパ諸語を学習する際に誤りを犯す。例えばモロッコでも近年英語学習者が増加しているが，第三言語として，いわゆる標準イギリス英語を学習する際には，発音しない母音に後続する＜r＞を発音してしまうし，逆に “idea (r) of” や “law(r) and order” のように，文字に現れないが＜r＞が挿入されて発音される場合（いわゆる r-linkage）には，これを発音しない。これは聴覚よりも文字の有無に影響された誤りと考えられる。フランス語では動詞語尾等の例外を除いて，基本的にすべての位置で＜r＞は発音されるからである（Ueda, in preparation）。

さて，これらの先行研究を踏まえると，本実験の日本人ドイツ語学習者のドイツ語の発音の実態はアメリカ英語母語話者であるドイツ語学習者（Smith & Peterson, 2012）の場合と似た傾向であるのは，そもそも母語である日本語の文字体系は英語やドイツ語とは異なっており，母語からの影響よりも，第二言語である英語から第三言語であるドイツ語への影響の方が大きいと考えることができる。

英語に関しては語末閉鎖子音の有声と無声の発音の区別が習得できていると先に述べたが，有声音と無声音の発音の差は英語母語話者（Smith et al., 2009）よりも小さく，その区別が英語母語話者ほどはっきりとしていないことも実証された。これは語末閉鎖子音の有声，無声の違いのないドイツ語を第三言語として学習し，その発音が第二言語である英語の発音に影響を与えたとも考えられる。この結果は，Ulbrich & Ordin（2014）や Sherwood Smith & Kellerman（1986）などで論じられているように，後から学んだ第三言語の発音がすでに学習した第二言語の発音にも影響を与える言語間転移や干渉の可能性が考えられる。これは第三言語からの，いわば逆方向の負の転移である。もしそうであるとすると，日本人学習者は，第二言語と第三言語の間をふらふらと行き来していることになる。

ただし，本研究では，語末で有声無声の違いがない母語である日本語の構造が，同じ位置での有声無声の違いの習得にどのような影響を与えるかは深く踏み込まなかった。英語ではアメリカ英語母語話者ほど完全には違いを習得していなかったという結果は，純粋に母語の構造からの負の転移である可能性も否定できない。ただ，もし第三言語であるドイツ語の存在がなかった場合，有声無声の差がどのように変わるか（あるいは変わらないか）という問題が興味深い。要するに今後の課題としては，3つの言語間の複雑な影響を，どのように解きほぐしていくかという点であろう。

参照文献

Bassetti, B. (2008). Orthographic input and second language phonology. In T. Piske & M. Young-Scholten (Eds.), *Input matters in SLA* (pp. 191–206). Bristol/Buffalo/Toronto: Multilingual Matters.

Cenoz, J. (2000). Research on multilingual acquisition. J. Cenoz & U. Jessner (Eds.) Trilingualism — Tertiary languages — Germman in a Multilingual World. Special Issue of *Zeitschrift für Interkulturellen Fremdsprachenunterricht*, *5*,1. http://www.ualberta.ca/~german/ejournal/ejournal.htm (Feb. 18, 2017)

De Angelis, G., & Selinker, L. (2001). Interlanguage transfer and competing linguistic systems in the multilingual mind. In J. Cenoz, B. Hufeisen, & U. Jessner (Eds.), *Cross-linguistic influence in third language acquisition: Psycholinguistic perspectives* (pp. 42–58). Clevedon: Multilingual Matters.

Gut, U., Fuchs, R., & Wunder E. (2015). *Universal or diverse paths to English phonology*. Berlin: Mouton de Gruyter.

Jessner, U. (2008). Teaching third languages: Findings, trends and challenges. *Language Teaching*, *41*, 15–56.

Kohler, K. J. (1995). *Einführung in die Phonetik des Deutschen*. Berlin: Erich Schmidt Verlag.

Major, R. C. (2008). Transfer in second language phonology: A review. In J. G. Hansen Edwards & M. L. Zampini (Eds.), *Phonology and second language acquisition* (pp. 63–94). Amsterdam: John Benjamins.

Port, R., & O'Dell, M. (1985). Neutralization of syllable-final voicing in German. *Journal of Phonetics*, *13*, 455–471.

Ringbom, H. (2001). L2-transfer in third language acquisition. In J. Cenoz, B. Hufeisen, & U. Jessner (Eds.), *Cross-linguistic influence in third language acquisition: Psycholinguistic perspectives* (pp. 59–68). Clevedon: Multilingual Matters.

Ringbom, H. (2005). Lexical transfer in L3 production. In B. Hufeisen & R. J. Fouser (Eds.), *Introductory readings in L3: Tertiary languages and multilingualism* (pp. 71–82). Tübungen: Stauffenburg Verlag.

Sherwood Smith, M., & Kellerman E. (1986). *Crosslinguistic influence in second language acquisition*. New York: Pergamon Press.

Smith, B. L., Hayes-Harb, H., Bruss, M., & Harker, A. (2009). Production and perception of voicing and devoicing in similar German and English word pairs by native speakers of German. *Journal of Phonetics*, *37*, 257–275.

Smith, B. L., & Peterson, E. A. (2012). Native English speakers learning German as a second language: Devoicing of final voiced stop target. *Journal of Phonetics*, *40*, 129–140.

Ueda, I. (In preperation). Phonological transfer in third language acquisition.

Ulblich, C., & Ordin, M. (2014). Can L2-English influence L1-German? The case of post-vocalic/r/". *Journal of Phonetics*, *45*, 26–42.

Young-Scholten, M. (2002). Orthographic input in L2 phonological development. In P. Burmeister, T. Piske, & A. Rohde (Eds.), *An investigated view of language development: Papers in honour of Henning Wode* (pp. 263–279). Trier: Wissenschaftlicher Verlag Trier.

第7章

第三言語における発音されない項の獲得

日本人スペイン語学習者のL3文法を例に

宮本陽一　山田一美

1. 研究の動機付け

発音されない要素に関する研究は，単純に語順の観察だけでは，その特徴・性質，ましてや，その獲得過程を明らかにすることはできないため，理論言語学の知見が必要になる。この点で発音されない要素に関する獲得研究は難しいのだが，だからこそ面白い。この言語理論と獲得研究の間の密接な関係は，近年の日本語の発音されない要素を対象にした研究に如実に現れている。

日本語では，Kuroda (1965) 以来，**発音されない代名詞**の存在が広く受け入れられてきた。たとえば，(1a) の文は動詞しか発音されていないが，この発話がなされた状況から主語と目的語の指示対象が分かれば，適格な文になる。一方，英語では，いかなる状況であっても，(1b) は不適格な文である。

(1) a.　買ったよ。

b. *Bought.

(1a) は，「買う」という動詞が他動詞であること，また，主語と目的語にあたる指示対象が状況から明らかにされる必要があることから，構造的には

(2) であると考えられる。ここで ***pro*** は発音されない代名詞を示す。

(2)　*pro*（主語）　*pro*（目的語）　買ったよ

つまり，(1a) の文は，(3) のような文と同一と見なされるのである。

(3)　彼が　それを　買ったよ。

突然，(3) の文を発せられても意味が分からないように，代名詞が文脈上，すでに明らかなものを指すという性質を持つため，(1a) が文脈上，明らかな指示対象を必要とすることは (2) の構造から自然に導かれる。

この (1) で挙げた日英語の差異は，第二言語 (L2) 獲得研究ならびに第三言語 (L3) 獲得研究においても 1 つの大きな流れを形成してきた。日本人英語学習者は，英語でこの発音されない代名詞が容認されないことを獲得できるのであろうか。できるとすれば，どのレベルにおいてであろうか。反対に，英語母語話者は日本語を学ぶ際，この発音されない代名詞を獲得できるのであろうか。また，日本人がイタリア語，スペイン語等のヨーロッパ言語を学習する際，ヨーロッパ言語における発音されない代名詞は獲得できるのであろうか。先行研究では，この種の数々の質問に取り組み，L2 獲得モデルならびに L3 獲得モデルの発展に貢献してきたのである。

2.　研究の目的と意義

本章では，L2 獲得ならびに L3 獲得における発音されない主語や目的語等，文構成上，必須の要素（理論言語学上，「項」と称される要素）に関する先行研究を概観し，近年の統語理論の発展を踏まえた上で，新たにどのような研究課題に取り組むべきか，1 つの方向性を示唆する。日本語の発音されない項は代名詞であるとする説が広く受け入れられてきたことは上述したが，近年，日本語，韓国語等で使われる発音されない項が代名詞とは異なる性質も持つことが明らかにされたのである。この研究成果は，理論的な発展を導くのみならず，獲得研究において，特に東アジア言語を対象に「発音されない代名詞の獲得」として捉えられてきた研究成果を再考する必要があることを示している。次節では，まず，この発音されない項に関する近年の理論的進展を簡単に概観する。

3. 理論的枠組み

日本語における発音されない項に関する研究を大きく発展させたのがOku (1998) である。Okuは，(4a) に続く (4b) の［e］が2通りに解釈されうることに注目し，日本語の発音されない項がヨーロッパ諸言語の，たとえば，スペイン語の発音されない項とは異なった振る舞いをすることを指摘した。

(4) a. メリーは［自分の論文が採用される］と思っている。
b. ジョンも［［e］採用される］と思っている。
(Oku, 1998, p. 166)

まず，(4b) の［e］は，メリーの論文として解釈されうる。つまり，ジョンもメリーの論文が採用されると思っているわけである。これに加え，ジョン自身の論文が採用されると思っている場合にも，(4b) は容認される。この多義性は，(5a) に続く (5b) のような英語のVP削除の際にも観察される。

(5) a. John cleaned his room.
b. Mary did [$_{\mathrm{VP}}$ e], too.

(5b) は，Mary also cleaned John's room もしくは Mary also cleaned her own room の2通りの解釈が可能である。前者は**厳密な同一性解釈** (**strict reading**)，後者は**緩やかな同一性解釈** (**sloppy reading**) と呼ばれる。(4b) の多義性は，この2通りの解釈が日本語の発音されない項でも許されることを示しているのである。メリーの論文を指す厳密な同一性解釈については，指示対象が先行する (4a) から明らかなので，［e］を発音されない代名詞と考えれば，その指示対象を指すことができ，説明が付く。しかし，ジョン自身の論文を指す緩やかな同一性解釈については，(4a) において指示対象が示されているわけではないので，代名詞と考えたのでは説明できない。ここで，同一の解釈が容認されることから，（4b）と（5b）では同種の操作が関与していると考えられる。もし（5b）において削除操作（Hankamar & Sag, 1976; Sag, 1976 等）が関与しているのであるならば，（4b）も同様の操作の結果であると考えるのが自然であろう。本章では，Oku（1998）に従い，この削除操作から得られる日本語の発音されない項を**項削除**（**argument ellipsis**）と呼ぶことにする。

発音されない主語を許すスペイン語に目を移すと，（4b）に対応する（6b）においてJuan自身の論文が採択されるという解釈は許されない。つまり，スペイン語において発音されない主語は，緩やかな同一性解釈を容認しないのである。

（6）a. María cree [que su propuesta será aceptada] y
Maria believes that her proposal will-be accepted and
'Maria believes that her proposal will be accepted, and'

b. Juan también cree [[e] será aceptada].
Juan too believes will-be accepted
'（lit.）Juan also believes that [[e] will be accepted.]'

（Oku, 1998, p. 166）

[e] が先行する文のマリアのプロポーザルしか指せないという事実は，スペイン語の発音されない項が代名詞であれば，自然に説明される。

では，日本語ではどのような統語操作が関与しているのであろうか。Okuは，LF（Logical Form）において（4a）の「自分の論文が」が（4b）の［e］の位置にコピーされるとする**コピー分析**（**copy analysis**）を提唱した。この分析によれば，（4b）は（7）に示したように「自分の論文が」を（4a）からコピーした結果である。

（7）　ジョンも［**自分の論文が**採用される］と思っている。

（7）において「自分」はジョンを指すため，（4b）においても緩やかな同一性解釈が容認されることになる。また，Williams (1977) に従い，「自分」がメリーであるという情報（同一指標）とともに前文の主語がコピーされた場合は，厳密な同一性解釈が得られるのである。

さらに，Saito (2007) は，Oku のコピー分析を推し進め，人称，数，性等の **φ 素性**（**φ feature**）の欠いた言語のみに，このコピー操作は許されるとした。Kuroda (1988) で示されているように，日本語ではヨーロッパ諸言語に見られるような人称，数，性等に関する一致（agreement）が見られないことは良く知られている。つまり，日本語では φ 素性が欠落しているため，このコピー操作の適用が可能なのである。これに対して，スペイン語では，一致の現象が見られることから，φ 素性が存在し，故にこのコピー操作は許されないのである。結果として，スペイン語の発音されない主語の場合は，発音されない代名詞を用いる選択肢しか残されておらず，(6b) では厳密な同一性解釈だけが許される。

このような理論的発展を踏まえ，4 節では，獲得モデルに話を移すことにする。

4. 発音されない項に関する先行研究と獲得モデル

4.1 第二言語習得研究

空主語パラメータ（**null subject parameter**）(Chomsky, 1981) が提案された 1980 年代以降，L2 学習者が発音されない代名詞の主語（*pro* 主語）を獲得する，あるいは *pro* 主語を第一言語（L1）から取り除く（delearn）際の，L1 の役割に注目した研究が多く見られるようになった (Hilles, 1986; Liceras, 1988, 1989; Phinney, 1987; Tsimpli & Roussou, 1991; White, 1985, 1986; Zobl, 1984)。その主な理由として，空主語パラメータによって L1 の影響の有無に関して明確に仮説を立てることが可能になったことがあげられる。しかし，L2 学習者の振る舞いについて明白な予測が立てられる一方，当該パラメータの再設定が可能かどうかについてはこれまで意見の一致がみられていない。さらに，空主語パラメータの枠組みでは説明のつかない L2 学習者の振る舞いも観察されており，L2 データの解釈が明確になされているとはいえない。

以下では，まず，空主語パラメータの再設定という観点から代表的な研究を概観し，当該パラメータからではL2データの解釈が十分にできないことを指摘する。続いて，ミニマリストプログラム（Chomsky, 1995）の枠組みにおける素性に基づいた獲得モデルに簡単に触れた後，素性獲得の観点から中間言語を検証したWakabayashi（1997, 2002）を概観する。

4.1.1 空主語パラメータの再設定

パラメータは再設定できると主張するWhite（1985）の研究では，L2英語において発音されない主語を含む文を容認してしまう割合は，獲得の初期段階でフランス語母語話者が約30％，スペイン語母語話者が約85％であった。しかし，初級から上級までの5つのレベルごとに発音されない主語を含む文の容認率を比較した結果，習熟度が進むにつれて，スペイン語母語話者の発音されない主語を含む文の容認率が次第に下がることもわかった。この結果は，L1が発音されない項を許す*pro*脱落言語であるL2学習者が発音されない項を許さない非*pro*脱落言語を獲得する場合（例：スペイン語母語話者による英語の獲得）には，中間言語で発音されない主語を容認してしまうものの，L2が発達していくにつれて，その誤りは次第に消失することを示している。一方，フランス語話者は，獲得の初期段階から発音されない主語の容認率がスペイン語話者よりも低かった。これは，フランス語が非*pro*脱落言語であることからパラメータの再設定をする必要がなかった，つまり母語の影響によるものであると考えられた。

さらにPhinney（1987）では，非*pro*脱落言語をL1とするL2学習者が*pro*脱落言語を獲得する場合（例：英語母語話者によるスペイン語の獲得）には，比較的早い段階から目標言語において発音される主語に加えて，発音されない主語が容認されることに気付くことが報告された。Phinneyでは非*pro*脱落言語と*pro*脱落言語の双方向の獲得研究がなされ，スペイン語母語話者による英語の獲得，および，英語・フランス語母語話者によるスペイン語の獲得が比較されている。学習者たちのレベルは超初級から中級前半であった。学習者の自由作文を分析した結果，スペイン語母語話者はL2英語において主語（特にthere構文のthereや形式主語のit）を省略してしまう一方で，英語・フランス語母語話者は，獲得の比較的早い段階であってもスペイン語の発音されない主語を含む文を産出できることが明らかになった。Phinneyの実験結果は，非*pro*脱落言語から*pro*脱落言語へのL2獲得についても，パラメータの再設定が初期段階で可能であることを示唆していると考えられる。

しかしながら，Tsimpli & Roussou (1991) は，学習者が異なる方法で目標言語の発音されない主語を獲得していると主張し，パラメータの再設定に対して異論を唱えている。彼らの実験では，*pro*脱落言語であるギリシャ語をL1とする英語学習者が，L2英語において発音されない主語が文脈上の指示対象を指すことを容認しなかった。この結果について，Tsimpli & Roussouは，学習者がギリシャ語の空主語パラメータの値［+*pro*脱落］を英語の値［−*pro*脱落］に再設定できたからではなく，英語の主語代名詞を一致要素であると誤って解釈したためであると主張している。例えば，ギリシャ語をL1とする英語学習者が，He lives with his mother. (Ibid, p. 155) という発音される主語を持つ文を容認しても，実際のところ，学習者はHe livesを「主語」+「動詞」とは捉えておらず，主語代名詞heを一致要素と見なしているということである。その結果，「発音されない主語」+「三人称単数男性の一致要素−動詞」*pro* he-livesというように，he lives全体が動詞として扱われ，実際には発音されない主語を含む文であるとTsimpli & Roussouは分析した。したがって，この分析が正しければ，学習者はL1のパラメータ値を保持し，それを英語に応用したにすぎないということになる。

4.1.2 *pro*脱落言語話者による英語習得

さらに，空主語パラメータの枠組みでは説明できないと考えられる点として，パラメータの再設定に遅れが生じる場合があることが挙げられる。上記で紹介したPhinney (1987) をもう一度見ていただきたい。この研究では，スペイン語を学習している英語 (およびフランス語) 母語話者と英語を学習しているスペイン語母語話者が対象となっており，双方向の言語獲得が検証されているが，英語話者はthere構文や形式主語itを用いる構文のような非人称構文で主語を65%以上の割合で正しく省略できた一方，スペイン語話者は非人称構文で主語を約60%以上の割合で誤って省略した。このスペイン語母語話者に見られるパラメータ再設定 (［+*pro*脱落］から［−*pro*脱落］へ) の遅れは，空主語パラメータの枠組みでは十分な説明が得られない。この点について，Phinney (1987) では，有標性の概念を用いて，[+*pro* 脱落] の値が無標であり，[−*pro* 脱落] が有標だからであると説明している。つまり，スペイン語から英語へのパラメータの再設定は基本の値から特殊な値への設定となるため難しいと考えるのである。しかし，White (1985) では [+*pro* 脱落] が有標であると提案されており，有標性がパラメータの再設定の遅れについて十分に説明可能かどうかはわからない。

また，スペイン語母語話者が非 *pro* 脱落言語話者と比較してパラメータの再設定により時間がかかるとすれば，本章の最初で見たように，日本語は *pro* 脱落言語である (Kuroda, 1965) という主張から，日本語母語話者もスペイン語母語話者のような振る舞いをするという予測が立てられる。しかし，Lakshmanan (1991, 1994) は，この予測に反する結果を報告している。ウグイスという5歳の日本語母語話者による15ヶ月間のL2英語産出データ (Hakuta, 1975) を検証したところ，ウグイスが獲得の初期段階から発音されない主語を全く産出せず，非人称の it も省略しなかったことが明らかになった。Lakshmanan は，この結果を**形態的均一性原理** (**Morphological Uniformity Principle**) (Jaeggli & Safir, 1989) の枠組みを用いて説明を試みている。形態的均一性原理によれば，発音されない主語の許容に関して，言語は形態的に統一されているか否かで2つに分類され，スペイン語のような動詞の屈折が豊かな言語，または反対に，日本語のような動詞の一致が全くみられない言語は発音されない主語を許すが，英語のような動詞の屈折が一様ではない言語は発音されない主語を許さないとする。しかし，空主語パラメータ，有標性の概念，および形態的均一性原理のいずれにせよ，なぜウグイスが予想に反して英語の発音される主語を早く獲得できたのかについて，明確に説明ができない。なぜ日本語話者は英語の発音される主語を早く獲得できるのだろうか。そして，なぜスペイン語話者の英語の発音される代名詞の獲得に遅れがみられるのだろうか。日本語とスペイン語が *pro* 脱落言語であると捉えられているかぎり，この問題は未解決のまま残る。

上記の議論から明らかなように，ミニマリストプログラム以前の枠組みでは，L2獲得においてパラメータ値の再設定が可能か否か，一致した見解が得られていなかったことに加え，パラメータの再設定のタイミングについても十分な説明がなされていなかった。

4.1.3 L2素性獲得モデル

ミニマリストプログラムの枠組みにおける，構造を構築する**併合（Merge）**という操作に基づくシンプルな統語システムにおいては，言語間差異を**計算システム（core computation）**自体に求める余地はない。代案として，3節で見たように素性構成に差異を求める可能性が有力になる[1]。言語獲得研究においても，素性構成の獲得の可否とその獲得過程が焦点になる。本節では，この点を踏まえ，素性に基づくL2獲得研究を概観しておく。

1990年代以降，ミニマリストプログラムの枠組みにおいて素性構成の差異という観点からL1ならびにL2の中間言語に関する様々なモデルが提案されてきた。L2素性の獲得が可能か否かについてそれぞれのモデルで異なる主張がなされているが，その主張を簡潔にまとめたものが表1（次ページ）である。各モデルの主張は，最終的にL2の素性の獲得が可能か否かという点で分かれている。

さらに，L2発達段階でみられる学習者の誤り，特にL1の役割・影響についても数々の主張がなされているが，最終的にL2の素性構成の獲得が可能であるという立場では，以下のような仮説が立てられている。Hazneder & Schwartz（1997）やPrévost & White（2000）は，L2素性の獲得はできていると考えられるものの，L2産出の際に形態素や音への当該素性の写像がうまくいかず，言語処理の問題が生じるとする**表層屈折要素欠落仮説（Missing Surface Inflection Hypothesis）**を提唱している。また，Ionin, Ko, & Wexler（2004）は，学習者がL2の素性構成とそうではない素性構成の区別ができず，どちらつかずになっている場合に問題が生じるとする，**不安定仮説（Fluctuation Hypothesis）**を提唱している。そして，Lardiere（2008）は**素性再組立仮説（Feature Reassembly Hypothesis）**を提唱し，L1とL2の素性構成が異なる場合，学習者はL2素性構成獲得のため，L1素性構成を組み立て直す必要があると説明している。さらに，近年のSlabakova（2013）による**ボトルネック仮説（Bottleneck Hypothesis）**では，学習者にとってどの素性がL2で必要とされるのか判断することが困難であると主張されている。

1　現ミニマリストプログラムにおけるパラメータの考え方についてはObata et al.（2015）を参照されたい。

表１　L2 獲得モデルと素性獲得に関する主張

<table>
<tr><th>モデル</th><th>主張</th></tr>
<tr><td>機能素性欠陥仮説
Failed Functional Feature Hypothesis（Hawkins & Chan, 1997; Tsimpli & Roussou, 1991）</td><td>L1 に存在しない L2 の素性構成の獲得は不可能</td></tr>
<tr><td>表示欠陥仮説
Representational Deficit Hypothesis（Hawkins & Hattori, 2006; Tsimpli & Dimitrakopoulou, 2007）</td><td>L1 に存在しない解釈不可能な素性は L2 では獲得不可能</td></tr>
<tr><td>素性転移・素性学習仮説
Feature Transfer and Feature Learning Hypothesis（Ishino, 2012）</td><td>L2 の素性構成の獲得は可能な場合と不可能な場合がある</td></tr>
<tr><td>完全転移・完全アクセス仮説
Full Transfer and Full Access hypothesis（Schwartz & Sprouse, 1996）</td><td rowspan="7">L2 の素性構成の獲得は可能</td></tr>
<tr><td>語彙習得・語彙転移モデル
Lexical Learning and Lexical Transfer Model（Wakabayashi, 1997, 2002）</td></tr>
<tr><td>Minimal Trees 仮説
Minimal Trees Hypothesis（Vainikka & Young-Scholten, 1994, 1996a, 1996b）</td></tr>
<tr><td>表層屈折要素欠落仮説
Missing Surface Inflection Hypothesis（Hazneder & Schwartz,1997; Prévost & White, 2000）</td></tr>
<tr><td>不安定仮説
Fluctuation Hypothesis（Ionin, Ko, & Wexler, 2004）</td></tr>
<tr><td>素性再組立仮説
Feature Reassembly Hypothesis（Lardiere, 2008）</td></tr>
<tr><td>ボトルネック仮説
Bottleneck Hypothesis（Slabakova, 2013）</td></tr>
</table>

最後に，６節で紹介する筆者の研究の枠組みとして採用した Ishino（2012）の**素性転移・素性学習仮説（Feature Transfer and Feature Learning Hypothesis）**に触れておく。この仮説のもとでは，まず，獲得の初期段階で L1 の素性の**転移（transfer）**が生じるとする。この L1 素性が中間言語を構成するが，学

習者のレベルが上級になると，L2 素性との間で競合が起こる。これに対し，L1 が素性を持たない場合は，初期段階において転移は起こらず，後の獲得段階において素性の競合は起こらない。よって，L2 素性が正しく獲得されることになる。さらに，この仮説のもとでは転移した L1 の素性が削除されず，L2 文法に影響を及ぼし続けると考えられる。

次節では，ミニマリストプログラムの素性に基づく言語獲得モデルが，空主語パラメータに残された課題，特に 4.1.2 節で挙げたパラメータ値の再設定のタイミングに係わる問いに答えを出してくれる可能性があることを見ていく。

4.1.4 素性に基づく L2 獲得研究 Wakabayashi (1997, 2002)

筆者の知る限り，素性の獲得という観点から L2 獲得モデルを構築した最初の論文である Wakabayashi (1997, 2002) では，スペイン語もしくは日本語を L1 に持つ L2 英語学習者の発音される主語の獲得が検証された。

パラメータの観点からは，スペイン語と日本語は *pro* 脱落言語，英語は非 *pro* 脱落言語に分類され，スペイン語母語話者と日本語母語話者が英語の発音される主語を獲得する際には，パラメータ値を [+ *pro* 脱落] から [− *pro* 脱落] へ再設定する必要があるという仮説が立てられていた。また，Huang (1984) では発音されないトピックを許すか否かを決定する**ゼロトピックパラメータ (zero topic parameter)** が提案され，文脈から指示対象が明らかであれば主語を省略できる日本語は，発音されないトピックを許す**談話指向型 (discourse-oriented)** のパラメータ値を持ち，一方，英語やスペイン語は，発音されないトピックを許さない**文指向型 (sentence-oriented)** の値を持つと説明された。したがって，日本語母語話者が英語の発音される主語を獲得するためには，パラメータ値 [sentence-oriented] への再設定も必要となる。上記 2 つの仮説を踏まえれば，以下の表 2 に示すように日本語母語話者と比較すると，スペイン語母語話者の方が獲得過程におけるパラメータの再設定が 1 つ少ないため，英語の発音される主語の獲得はより容易であるはずである。

表２　英語の発音される主語の獲得に至る過程－パラメータの観点から

L2 学習者	中間言語	
	空主語パラメータ	ゼロトピックパラメータ
日本語母語話者	［－*pro* 脱落］に再設定	[sentence-oriented] に再設定
スペイン語母語話者	［－*pro* 脱落］に再設定	－

しかし，実際のデータでは，日本語母語話者と比較すると，スペイン語母語話者の場合，獲得初期の段階から発音される主語を含む文を正しいと判断する正答率も，発音されない主語を含む文を誤りと判断する正答率も低かった。よって，パラメータの観点から実際のデータを説明することが難しい。

Wakabayashi は，この両学習者間の差異を発音されない主語（日本語，スペイン語）と発音される主語（英語）の３つの言語の主語に関する素性構成の差異から説明を試みた。Wakabayashi によれば，主語が発音されるか否かには T（=tense-marked auxiliary）の範疇素性の強弱が関係しており，日本語は強い**範疇素性（categorial feature）**を持たず，一方，スペイン語と英語は強い範疇素性を持ち，さらにその素性は強い動詞素性（スペイン語），強い名詞素性（英語）に分類される。したがって，英語の主語を獲得するためには，英語の強い名詞素性を獲得する必要があり，両学習者グループがたどる獲得過程は表３のように表すことができる[2]。

表３　英語の発音される主語の獲得に至る過程－素性の観点から

L2 学習者	中間言語	
	段階 1	**段階 2**
日本語母語話者	強い名詞素性を獲得	－
スペイン語母語話者	強い動詞素性を排除	強い名詞素性を獲得

スペイン語母語話者は英語の主語を獲得する際，２つの段階を経ることになる。まず L1 の強い動詞素性を中間言語から取り除き，その後，英語の強

2　範疇素性は，形式素性（統語素性）の１つであり，強い素性は移動を誘発する。T の動詞素性が強い場合，動詞が T に移動し，これと連動して発音されない主語が許されることになる。一方，T の名詞素性が強い場合は，NP が TP 指定部に移動し，発音される主語が必須となるのである。

い名詞素性を学ぶ。これに対し，日本語母語話者は，L1 において強い範疇素性を持たず，それはデフォルトとして捉えられ，中間言語では英語の強い名詞素性を学ぶだけでよいと考えられた[3]。

以上のように，Wakabayashi は，スペイン語母語話者データで観察された獲得の初期段階における遅れは，彼らが日本語母語話者よりも 1 つ多くの段階を経る必要があることに起因すると主張する。素性の観点から L2 データを詳細に分析し，なぜスペイン語母語話者の獲得に遅れが生じるのか説明を試みた Wakabayashi の研究は，素性の観点から言語間差異を捉えられることを示した重要な研究である。

しかしながら，3 節で紹介したように，近年，発音されない項に関する理論的な研究が進み，日本語の発音されない項が代名詞とは異なった特徴を持つことが明らかになった。この理論的発展を鑑みて，学習者が発音されない項を許した場合でも，その性質を見極め，*pro* であるのか，もしくはコピー操作を経た項削除であるのか明確にする必要がある。たとえば，日本語学習者が表面的に発音されない要素を容認するようになったとしても，もしそれが *pro* であったとすれば，日本語の発音されない項を獲得できたとは言えないのである。このように近年の統語理論の発展は発音されない要素の L2 獲得研究に対して新たな知見を与えるものである。

4.2 第三言語獲得研究

L3 獲得研究に目を移すと，L2 獲得には見られなかった新たな課題が生じる。それは，転移を与える可能性のある言語として L1 と L2 が挙げられる

3 では，なぜ，デフォルトとなるのだろうか。スペイン語や英語のように T の範疇素性が強い場合，それぞれ動詞の V から T への移動，主語名詞句の VP 指定部から TP 指定部への移動を伴う。Wakabayashi は，この点を経済性の原理に照らし合わせ，日本語のように移動を伴わない場合は経済性がより高くなるため，デフォルトとして考えたのである。Wakabayashi ではデフォルトについて，統語計算において獲得するものではなく，一般的に与えられていると考えられている。よって，**数え上げ（numeration）**には含まれない。一方，強い範疇素性は移動を伴うためデフォルトとして捉えられず，したがって，獲得される素性として考えられるとされる。ただ，このデフォルトの扱いについて，素性の値が二項対立で捉えられるため，デフォルトは弱い素性であると考えられる。この素性が日本語母語話者の英語の発音される主語の獲得過程にどのように関わるのかについては，Wakabayashi では言及がない。

ことである。この2言語のL3への関わりから大きく分けて4つのモデルが提唱されている。まず，L3は常にL1から転移効果を受けるとするL1に基づくモデル（Absolute L1 Transfer Model）がある（Hermas, 2010; Na Ranong & Leung, 2009）。また，L3は常にL2から転移を受けるという立場（L2 Status Factor Model）も存在する（Bardel & Falk, 2007; Falk & Bardel, 2011）。さらに，L1もしくはL2からの転移は，関与している3つの言語の類型的・構造的類似点によるとする類型に基づくモデル（Typological Primacy Model）がRothman（2010, 2011, 2015）によって提唱されている。このモデルでは，類型的にL3と同じ部類に属する言語から転移が起こると考えるのである。よって，転移は肯定的な転移の場合もあれば，否定的な転移の場合もあることが予想される。これに対して，L1，L2のどちらであろうと，L3の獲得を促進するものが転移するとする**累積的習得強化モデル**（**Cumulative Enhancement Model**）がFlynn, Foley, & Vinnitskaya（2004）によって提唱されている。前節で紹介した理論的発展を考慮すると，この4つのモデルについても素性の観点から考えられていることは自然なことであろう。

さて，L3における発音されない項に関する研究についても，やはりこの4つのモデルの検証を中心に進んでいる。ここではいくつかの代表的な先行研究を挙げておくことにする。以下で詳しく見るKong（2015）がL1からの転移が見られたという実験報告をしている。また，類型に基づくモデルを支持する実験報告もMontrul, Dias, & Santos（2009），Montrul, Dias, & Thomé-Williams（2009）等によってなされている。Montrulの一連の研究では，L1が英語で，L2がスペイン語の話者，またはL1がスペイン語で，L2が英語の話者がL3としてブラジルポルトガル語を学んだ場合を対象にして，L1，L2にかかわらずスペイン語からの転移が見られたと報告している。これは，言語の類型が関与していることを示している。García Mayo & Slabakova（2015）も，L1がバスク語で，L2がスペイン語の英語学習者，L1がスペイン語で，L2がバスク語の英語学習者，L1がスペイン語の英語学習者が皆，最終的に発音されない目的語を正しく排除するようになったという実験報告をしている。ここで注目すべき点は，スペイン語の発音されない目的語が先行する**定名詞句**（**definite noun phrase**）を指すことができないというCampos（1986）の指摘である。この点でスペイン語とバスク語は異なる。これをどのように理論化すべきかは意見の分かれるところであるが，スペイン語のほうが発音されない目的語を用いる環境は限られているので，バスク語よりもスペイン語のほうが英語に「近い」と考えられるかもしれない。もしそうだとするならば，García Mayo & Slabakova の実験結果は累積的習得強化モデルを支持しているのかもしれない。また，これがスペイン語と英語の語彙的な類似点と解釈できるならば，類型に基づくモデルを支持しているのかもしれない。ただ，ここで，対象になる三言語が全く異なる素性構成から一見，スペイン語のほうが英語により「近く」見える状況を作り出している可能性は捨てきれないように思う。ここでの結論をより強固なものにするためには，詳細にわたる理論的な考察が必要であることは間違いないが，これまでのところ，L1，L2 にかかわらず，言語の類型が転移に関与している立場が優位である。

この言語の類型が転移に関係しているとする仮説に対して，Kong (2015) の研究は非常に興味深い。Kong の被験者は，L1 が中国語で，L2 が英語（上級レベル）の，スペイン語もしくはフランス語学習者であった。ここで注目すべきは，対象とする 4 言語の中で中国語が唯一東アジア言語であり，他の 3 言語とは異なる点である。よって，単純に類型に基づくモデルを当て嵌めると，中国語からの転移はないことを予測する。

Kong は，主節の主語と目的語，埋め込み節の主語と目的語の 4 つに分けて，文法性判断テストの結果を報告している。まず，L3 フランス語学習者は，主節の主語については発音されない主語を正しく排除したが，主節の目的語と埋め込み節の主語・目的語については発音されない項を誤って容認した。これに対して，L3 スペイン語学習者の場合は，主節，埋め込み節にかかわらず，発音されない主語は容認しなかったが，発音されない目的語はやはり正しく排除できなかった。被験者の L2 英語が上級レベルであることを考えると，もし L2 からの転移が起こるならば，主語，目的語にかかわらず，発音されない項は排除されるはずであるが，主節の主語位置の場合を除いて，実験結果は L2 からの転移の可能性を否定するものであった。その一方で，中国語が発音されない項を容認する言語であることから，目的語については L1 からの転移の可能性が高いことを示すものであった。さらに，主語の結果についても，Kong は，中国語がトピック優勢（topic prominent）言語であることと関連付けて，L1 からの転移であると示唆している。トピックが主節現象であることをもとに，L3 の主節の主語位置において発音されない主語が容認されないのは，発音されるトピックがトピック位置を占めなければならないためであるとした。ここでスペイン語学習者の場合に，なぜ同様の差が見られなかったのか説明する必要があるが，この点については，主節と埋め込み節を比較した場合，やはり主節のほうが発音される主語の出てくる確率が高く，スペイン語の場合も主節の主語をトピックと捉えているためではないかとしている。

このKong の研究では，中国語だけが東アジア言語であることから，中国語からの転移が見られたという実験結果は，類型に基づくモデル，L2 からの転移を予測するモデルからは説明ができない[4]。さらに，中国語は，フランス語学習者にとって習得を促進するわけではないので累積的習得強化モデルも支持しない。この例からもわかるように，L3 獲得研究についても研究者の間で一致した見解は得られていないのが現状である。

5. 本研究の目的

先行研究は，日本語の発音されない項が *pro* であるという仮定に基づいていたため，3 節で述べた理論的な発展から L2 獲得研究における発音されない項に関する研究についても再考が必要である。さらに，L3 獲得研究においては，前節で記したように今後の発展が望まれる。このような現状を踏まえ，本章では筆者の研究をもとに次の 4 つの質問を取り上げる。

(8) a. 日本人英語学習者は L2 において項削除が不可能なことを学べるのか，つまり L2 の解釈不可能な φ 素性を獲得できるのか。
 b. 獲得できるとすれば，どの習熟度レベルであろうか。
 c. 日本人スペイン語学習者は L3 においてスペイン語タイプの発音されない項を学べるのか，つまり L3 の解釈不可能な φ 素性を獲得できるのか。

4 東アジア言語からの転移については、L1 日本語 L2 英語の L3 ドイツ語学習者のドイツ語の獲得過程においても日本語の転移がみられることが Yamada (2020) で報告されている。

d. 獲得できるとすれば，どの習熟度レベルであろうか。

6 節では，まず，日本人英語学習者の項削除に関する筆者の研究を概観し，2 節で紹介した厳密な同一性解釈と緩やかな同一性解釈の観点から L2 英語における発音されない項について習得過程を見る。単に発音されない項の有無ではなく，緩やかな同一性解釈の有無を確認することで L1 からの干渉の有無を調べ，(8a, b) に答える。ここで押さえておくべきポイントは，緩やかな同一性解釈は *pro* では許されないということである。つまり，もし英語学習者が発音されない項において緩やかな同一性解釈を正しいと判断した場合は，*pro* ではない発音されない要素を容認していることになる。

この結果を踏まえた上で，次に (8c, d) に答えるために，日本人スペイン語学習者の L3 スペイン語における発音されない項の獲得について筆者の研究を紹介する。ここで念頭に置いておくべき点が 3 つある。被験者の L1 日本語は項削除を容認し，L2 英語は発音されない項を容認しない点ならびにスペイン語学習者は，L2 英語をある程度習得している点である。さらに，7 節で詳しく述べるが，スペイン語は，主語と目的語の場合で発音されない項の振る舞いが異なる点である。紙面の制約からこの 2 つの研究を詳しく紹介することはできないが，本節を読んで，詳細を知りたい読者は Miyamoto & Yamada (2015, 2017) をさらにお読みいただきたい。

6. 日本人英語学習者の項削除に関する L2 獲得過程：Miyamoto & Yamada (2015)

本節では，日本人英語学習者が L2 英語において発音されない項をどのように解釈するかを見ていく [5]。

6.1 仮説

Saito (2007) による素性に基づく項削除分析と，Ishino (2012) の素性転移・素性学習仮説のもとでは，上級レベルの日本人英語学習者は中間言語か

5 本節では，Miyamoto & Yamada (2015) の後に行った追実験のデータをもとに議論する。

ら項削除を取り除くことができ，且つ，発音されない項を容認しなくなることが予想される。具体的には，日本人英語学習者の振る舞いについて以下の仮説が立てられる。

仮説1：初中級英語学習者
学習者が発音されない項を中間言語で容認した場合，初中級学習者はL1転移により，発音されない項が厳密な同一性解釈と緩やかな同一性解釈を持つことを許容する。これは，日本語がφ素性を欠いており，また，初中級レベルではL2のφ素性との競合が中間言語で生じないと考えられるからである。

仮説2：上級英語学習者
学習者が発音されない項を中間言語で容認した場合，上級学習者は発音されない項が緩やかな同一性解釈を持つことを許容しない。これは，日本語がφ素性を欠いているため，上級レベル学習者の中間言語においてはL2のφ素性の具現化が促進されると考えられるからである。

6.2　被験者

実験には26名の日本人英語学習者（平均年齢：24.6）が参加した。実験参加者の英語習熟度については，初中級レベル15名がOxford Quick Placement Test（Oxford University Press, 2002）のレベル分け基準を踏まえたものであり，上級レベル11名が英語資格試験（TOEFL iBT, TOEIC, 英検）のスコアを踏まえたものであった。本研究における各試験スコアと英語習熟度レベルの対応は，表4に示すとおりである。初中級レベルの参加者は大学生であり，上級レベルの参加者は大学生，大学院生，大学の英語教員であった。また，統制群として10名の英語母語話者が実験に参加した。

表 4　英語試験スコアとレベル分け

	初中級	上級
TOEFL iBT	-	81–120
TOEIC	-	865–990
英検	-	準 1 級 –1 級
Oxford Quick Placement Test	18–40	-

6.3　実験方法

学習者は，はじめに**真偽値判断テスト**（**Truth-value Judgment Test**），続いて**文法性判断テスト**（**Grammaticality Judgment Test**）と，2 つのテストを受けた。この順番は，本研究の目的が発音されない項の解釈にあることを学習者に気付かれないためであった。2 つの実験にかかった時間はおよそ 40 分から 50 分である。2 つのテストについて，以下に説明する。

真偽値判断テスト

これは学習者が発音されない項に緩やかな同一性解釈を容認するか否かを検証するためのテストである。テスト実施の前に，学習者に次のような導入の説明をした。

「たろうくんは英語を一生懸命勉強していますが，まだあまり得意ではありません。これから，たろうくんが様々な状況について英語で説明します。たろうくんの英語の文が正しく状況を説明できているかどうか判断してください。」

学習者は男女 2 人の会話を聞きながら，スクリーンに映し出された写真を見てその状況を理解する。会話文に続いて，たろうくんが状況を説明する英語の試験文を聞き，正しいか誤りであるかを判断する。学習者に状況を十分に理解してもらうため，会話は日本語で録音されたが，英語の試験文は英語母語話者によって録音された。また，試験文には，発音されない主語と発音されない目的語を含めた。テスト例と，それぞれの試験文の判断から予測される解釈を（9–12）に示す。

(9)　発音されない主語が緩やかな同一性解釈を持つ状況

女性：　クッキー焼いたの？
男性：　うん，でもほとんど焦げちゃてるんだ。明日のコンテストは自信ないなあ。

女性：　これ私が焼いたクッキー。きれいでしょう？
男性：　そうだね。明日は優勝するよ。とってもきれいだし，おいしそうだ。

試験文[6]：
The woman thinks her own cookies are the best, but the man doesn't think [e] are the best.
正しいと判断：緩やかな同一性解釈
誤りと判断：厳密な同一性解釈

(10)　発音されない主語が厳密な同一性解釈を持つ状況

男性：　明日のクッキーコンテスト出るの？
女性：　ええ，もちろん。

6　発音されない項が不定名詞句（indefinite NP）の解釈を持つことを避けるため，試験文はすべて否定文とした（Hoji, 1998; Saito, 2007）。

女性：　これ焼いてみたんだけど，とってもきれいでしょう？明日のコンテストでは私が優勝するわ。私のクッキーが一番。
男性：　ぼくも君が勝つと思うよ。

試験文：
The woman thinks her own cookies are the best, but the man doesn't think [e] are the best.

正しいと判断：不明
誤りと判断：厳密な同一性解釈

（11）　発音されない目的語が緩やかな同一性解釈を持つ状況

男性：　バナナって栄養あるよね。

男性：　おいしいなあ。

女性：　バナナ一本ちょうだい。
男性：　だめだよ，ぼくのバナナだよ。

女性：　おいしいわ。
男性：　ぼくのバナナなくなっちゃった！

試験文：

The man ate his own banana, but the woman did not eat [e].

正しいと判断：緩やかな同一性解釈
誤りと判断：厳密な同一性解釈

（12）　発音されない目的語が厳密な同一性解釈を持つ状況

女性：　ねえ，私の筆箱見て。かわいいでしょう？
男性：　かわいいねえ。これ，どこで買ったの？

試験文：

The woman looked at her own pencil case, but the man did not look [e].

正しいと判断：不明
誤りと判断：厳密な同一性解釈

テストのアイテム数は48で12の文タイプが含まれた。その中で本研究に関係する4つの文タイプ（n=12）を表5に示す。

表5 文タイプ

項	状況
発音されない主語	緩やかな同一性解釈 （n=3）
発音されない主語	厳密な同一性解釈 （n=3）
発音されない目的語	緩やかな同一性解釈 （n=3）
発音されない目的語	厳密な同一性解釈 （n=3）

テストは2つのバージョンを用意し，半数の学習者にはバージョン1を，もう半数にはバージョン2を実施して，問題の順序効果（order effect）が現れないようにした。テスト実施の前には練習セッションを設け，テストへの取り組み方を確認した。また，一度答えた問題に戻り，答えを変更することのないよう周知した。

文法性判断テスト
このテストは，発音されない項が学習者の中間言語で正しいと判断されるかどうか検証するためのテストである。真偽値判断テストでは，学習者が発音されない項が緩やかな同一性解釈，あるいは厳密な同一性解釈を持つのを正しいと判断するかどうかを見るので，学習者が中間言語で発音されない項をどの程度正しいと判断するのか確認することが必要である。本テストは12の英文から成り，発音されない主語を含む文（n=3），発音されない目的語を含む文（n=3），錯乱肢（n=6）から構成された。英文の例を（13a, b）に示す。

(13) a. 発音されない主語を含む文
John saw a very beautiful woman. He thought [e] was Mary's mother.

b. 発音されない目的語を含む文
Before John used [e], Mary broke his computer.

学習者にはそれぞれの文を判断してもらい，正しくないと判断した場合は，直接英文を訂正するように指示した。時間制限は特に設けなかったが，テンポよく解答するよう，また一度答えた問題には戻らないよう伝えた。

6.4 実験結果と考察

学習者が中間言語で発音されない項をどの程度容認したのかを確認するため，まず，文法性判断テストの結果から見ていくことにする。3 つの発音されない主語を含む文（あるいは 3 つの発音されない目的語を含む文）のうち，学習者が 1 つでも容認した場合は，発音されない主語を含む文（あるいは発音されない目的語を含む文）を容認したと判断した。表 6 は学習者の 3 つの解釈パターンを示す。英語では発音されない項が容認されないことが，英語母語話者の結果に反映されている。上級レベルでは，発音されない主語を含む文と発音されない目的語を含む文を容認したのは 1 名のみ，他は 5 名が発音されない目的語のみ容認し，5 名がどちらの文も容認しなかった。一方，初中級英語学習者は全員がどちらの文も容認した。

表 6　発音されない項の解釈パターン（内訳）

	主語と目的語を容認	主語のみ容認	目的語のみ容認	主語と目的語を非容認
英語母語話者（n=10）	0	0	0	10
上級英語学習者（n=11）	1	0	5	5
初中級英語学習者（n=15）	15	0	0	0

次に，学習者の真偽値判断テストの結果を表 7，8 に示す。英語母語話者はすべての試験文を正しいと判断しなかった。英語の当該環境（主語・目的語位置）では発音されない項の出現が容認されないためである。学習者の正誤判断についても，いずれも正しいと判断した割合は低かった。この結果は，学習者が発音されない項に，緩やかな同一性解釈を許容しなくなっているこ

とを示している。

表7　正しいと判断した割合

		緩やかな同一性	厳密な同一性
発音されない主語	上級英語学習者　(n=11)	6.1%	3.0%
	初中級英語学習者　(n=15)	24.4%	2.2%
発音されない目的語	上級英語学習者　(n=11)	15.2%	3.0%
	初中級英語学習者　(n=15)	22.2%	8.9%

表8　3文中2文で正しいと判断した学習者数

		緩やかな同一性	厳密な同一性
発音されない主語	上級英語学習者　(n=11)	0人	0人
	初中級英語学習者　(n=15)	3人	0人
発音されない目的語	上級英語学習者　(n=11)	1人	0人
	初中級英語学習者　(n=15)	1人	0人

英語母語話者，上級英語学習者，初中級英語学習者のグループによって発音されない項の解釈に異なりがあるかどうかを調べるために，被験者内因子を解釈，被験者間因子をグループとする二要因の分散分析を行った。まず，主語位置では，交互作用が認められた（F (2,33) =4.58，$p < .05$）。多重比較の結果，緩やかな同一性解釈で有意差が認められ（$p < .01$），グループによって緩やかな同一性解釈を正しいと判断する割合が異なることが明らかになった。また，緩やかな同一性解釈について統制群と初中級グループで有意差が認められたが（$p < .05$），統制群と上級グループで有意差は認められなかった。一方，目的語位置では，解釈の要因の有意確率は$p < .05$であり主効果が認められたが，交互作用は認められなかった（F (2,33) =6.15，$p > .05$）。多重比較の結果，緩やかな同一性解釈で有意差が認められ（$p < .05$），グループによって緩やかな同一性解釈を正しいと判断する割合が異なることが明らかになった。また，緩やかな同一性解釈について，統制群と初中級グループで有意差が認められたが（$p < .05$），統制群と上級グループで有意差は認められなかった。

以上の統計結果から，英語母語話者と上級英語学習者の間には，発音されない主語と発音されない目的語の緩やかな同一性解釈について正しいと判断する割合に異なりがないことが明らかになった。この結果は，L2 獲得が進むにつれ，日本人英語学習者が緩やかな同一性解釈を容認しなくなる，つまり，項削除を中間言語から取り除くことが可能であることを示している。

本研究で得られた上級レベルで項削除が正しく排除されるという結果は 3 節で述べた素性構成上，どのような変化が起こったことを示すのか簡単にまとめておきたい。まず，項削除を排除するためには一致関係の存在が必須であるので，英語の φ 素性を獲得したことを意味する。つまり，L1 において存在していなかった φ 素性は上級レベルで獲得可能であることをこの研究は教えてくれる[7]。

7.　日本人スペイン語学習者の項削除に関する L3 獲得過程：Miyamoto & Yamada (2017)

では，日本語母語話者は英語を L2 として獲得する際，上級レベルにおいて φ 素性を獲得できるとする Miyamoto & Yamada (2015) の結果をもとに L3 習得過程に話を移すことにする。

7.1　仮説

L1 日本語 / L2 英語の L3 スペイン語学習者の L3 獲得の場合，Ishino (2012) の素性転移・素性学習仮説のもと，Kong (2015) の実験結果を考慮

7　さらに，この結論を支持するために Miyamoto & Yamada (2015) では，日本人英語学習者が上級レベルにおいて**主語条件の効果** (**Subject Condition**) を示すようになることを示した Oba (2003) の実験結果を，φ 素性の存在が主語条件の効果を引き起こすとする Oseki & Miyamoto (2018) の枠組みにおいて再解釈した。

主語条件効果とは，(i) のように主語の内容について疑問詞を移動させて疑問文を作ることができない現象を指す。

(i)　*What is [that John bought] obvious?

Oseki & Miyamoto の仮説のもとで Oba の実験結果は，項削除の排除と主語条件の効果の出現との間にクラスタリング効果が見られることを意味しており，L2 英語においてやはり上級レベルでは φ 素性が存在することを支持するものである。理論的な詳細については Oseki & Miyamoto (2018) をお読みいただきたい。

すると，以下のような仮説が立てられる。

仮説 1：
L1 日本語 / L2 英語の L3 スペイン語学習者は獲得の初期段階で発音されない項が緩やかな同一性解釈と厳密な同一性解釈を持つことを容認する（Lozano (2003) ならびに Hermas (2014) も参照のこと）。

仮説 2：
上級レベルになると，学習者は φ 素性を *v* と T において獲得する。その結果，学習者は発音されない主語では厳密な同一性解釈のみを容認し，発音されない目的語では，状況設定に左右されながらも，厳密な同一性解釈ならびに緩やかな同一性解釈を容認する。

7.2　被験者

実験には日本語を母語とする 23 名の L2 英語 L3 スペイン語学習者（平均年齢：21.5）が参加した。そのうち，13 名はスペイン語を専攻している大学 3，4 年生，あるいは，CEFR の C1，B2 レベルの学習者であり，スペイン語圏への留学期間は平均 8.1 ヶ月であった [8]。他の 10 名は選択科目のスペイン語の授業を受講している大学 2，3 年生でありスペイン語圏での留学歴はなかった。上記を踏まえ，本研究では，前者グループのスペイン語習熟度を上級，後者を中級レベルとみなすことにする。統制群として，スペイン語母語話者（n=10）からも協力を得た。

8　この学習者グループの英語習熟度について触れておきたい。被験者が所属する某国立大学の英語入試問題は難しく，解答形式はすべて記述式である。試験項目は，読解問題（和文英訳，英文和訳，内容説明），英作文（自由英作文，和文英訳）であるが，特に，本実験の学習者の入学年度の試験については，内容説明問題 4 問すべて解答に字数制限がなく，解答欄に収まるように書く形式であった。解答の分量も多く 80 ～ 100 字という問題が出題された。さらに，リスニング問題も出題され，本実験の学習者の入学年度の試験では，総量の平均は 660 語であった。以上のようなレベルの高い英語入学試験に合格した当該学習者の英語習熟度を，本研究では上級レベルであると判断することにする。

7.3　実験方法

実験方法については，6.1 節で紹介した Miyamoto & Yamada（2015）で用いた実験方法のもと，真偽値判断テストと文法性判断テストを行った。真偽値判断テストにおける緩やかな同一性解釈ならびに厳密な同一性解釈の状況下での試験文の正誤判断と解釈については表９のようにまとめられる。

表９　４つの状況の試験文に対する正誤判断と解釈

状況	発音されない主語を含む試験文	発音されない目的語を含む試験文
緩やかな同一性解釈	El conejo piensa que su propio coche es bonito. うさぎは自分の車がかわいいと思っている。 Pingüino piensa que es bonito, también. ペンギンも［e］かわいいと思っている。	Oso lavó su propio coche. くまは自分の車を拭いた。 Y Pingüino también limpió [e]. そしてペンギンも［e］拭いた。
	正しい：緩やかな同一性解釈	正しい：緩やかな同一性解釈
	誤り：厳密な同一性解釈	誤り：厳密な同一性解釈
厳密な同一性解釈	El conejo piensa que su propio coche es bonito. うさぎは自分の車がかわいいと思っている。 Pingüino piensa que es bonito, también. ペンギンも［e］かわいいと思っている。	Oso lavó su propio coche. くまは自分の車を拭いた。 Y Pingüino también limpió [e]. そしてペンギンも［e］拭いた。
	正しい：厳密な同一性解釈	正しい：厳密な同一性解釈
	誤り：緩やかな同一性解釈	誤り：緩やかな同一性解釈

テストのアイテム数は 52 で 28 の文タイプが含まれた。その中で本研究に関係する４つの文タイプ（n=8）を表 10 に示す。

表10　文タイプ

項	状況
発音されない主語	緩やかな同一性解釈　（n=2）
発音されない主語	厳密な同一性解釈　（n=2）
発音されない目的語	緩やかな同一性解釈　（n=2）
発音されない目的語	厳密な同一性解釈　（n=2）

文法性判断テストについては，（14a, b）を含む発音されない主語を含む文（n=3）と発音されない目的語を含む文（n=3）を用いた。

（14）a.　発音されない主語を含む文
Tarou, cuando vio a la mujer del vestido rojo, pensó que esa persona era la hermana mayor de Sam.
たろうが赤い服を着た女の人をみたとき，[e] その女の人をサムのお姉さんだと思いました。

b.　発音されない目的語を含む文
Tarou estropeó la computadora pero su padre la arregló.
たろうはコンピューターを壊してしまいましたが，お父さんが [e] 修理しました。

ここで，発音されない目的語を含む文では，接語（clitic）が含まれていないことに注意していただきたい。4.2 節で紹介した Campos（1986）で主張されているように，通常，発音されない目的語の指示対象が [+definite] である場合，接語のない文は容認されない。したがって，（14b）に挙げた発音されない目的語を含む文も不適格な文である。

7.4　実験結果と考察

まず，文法性判断テストの結果から見ていきたい。表 11 の通り，学習者は 2 つの解釈パターンを示した。スペイン語学習者全員が発音されない主語を容認しており，さらに，中級学習者は発音されない目的語も容認した。

一方，上級学習者 4 名は全く容認しなかった。この点で，この 4 名の L3 スペイン語文法はスペイン語母語話者と同じ解釈を持つといえる。

表 11 発音されない項の解釈パターン（内訳）

	主語を容認	
	目的語を容認	目的語を非容認
上級スペイン語学習者（n=13）	9	4
中級スペイン語学習者（n=10）	10	0

上記の文法性判断テストの結果から，本研究の上級学習者をさらに上級上（4 名）と上級下（9 名）の 2 つのレベルに分けることにする。

以上を踏まえ，次に真偽値判断テストの結果を見ていきたい。結果は表 12，13 の通りであった。緩やかな同一性解釈の状況下で，中級学習者は発音されない主語を含む文を高い割合で正しいと判断したが，スペイン語母語話者と 2 つの上級学習者グループは誤りであると判断した。一方で，どのグループも発音されない主語の厳密な同一性解釈を正しいと判断した。

表 12 正しいと判断した割合

			緩やかな同一性	厳密な同一性
発音されない主語	スペイン語母語話者	(n=10)	5.0%	70.0%
	上級上スペイン語学習者	(n= 4)	0%	87.5%
	上級下スペイン語学習者	(n= 9)	22.2%	94.4%
	中級スペイン語学習者	(n=10)	90.0%	70.0%
発音されない目的語	スペイン語母語話者	(n=10)	50.0%	90.0%
	上級上スペイン語学習者	(n= 4)	75.0%	75.0%
	上級下スペイン語学習者	(n= 9)	94.4%	38.9%
	中級スペイン語学習者	(n=10)	75.0%	70.0%

表 13　2 文中 2 文で正しいと判断した学習者数

		緩やかな同一性	厳密な同一性
発音されない主語	スペイン語母語話者　(n=10)	0 人	4 人
	上級上スペイン語学習者　(n= 4)	0 人	3 人
	上級下スペイン語学習者　(n= 9)	1 人	8 人
	中級スペイン語学習者　(n=10)	8 人	5 人
発音されない目的語	スペイン語母語話者　(n=10)	3 人	8 人
	上級上スペイン語学習者　(n= 4)	3 人	2 人
	上級下スペイン語学習者　(n= 9)	8 人	2 人
	中級スペイン語学習者　(n=10)	5 人	5 人

発音されない目的語の緩やかな同一性解釈については，スペイン語母語話者が 50%の割合で正しいと判断した。このことから，母語話者によって発音されない目的語が先行する定名詞句を指さないととらえて解釈している可能性があることが考えられる（4.2 節参照）。つまり，表 9 の試験文を例にとれば，ペンギンは自分の車（定名詞句）ではなく，不特定の車（不定名詞句）を拭いた，とスペイン語母語話者は解釈したということである。一方，学習者グループは，上級下学習者の厳密な同一性解釈を除いて，正しいと判断する割合が高かった。

被験者内因子を解釈，被験者間因子をグループとする二要因の分散分析を行った結果，主語位置では，交互作用が認められた（$F(3,29)=15.02$，$p<.01$）。多重比較の結果，緩やかな同一性解釈で有意差が認められ（$p<.01$），グループによって緩やかな同一性解釈を正しいと判断する割合が異なることが明らかになった。また，緩やかな同一性解釈について中級グループとそれ以外の 3 グループの間で有意差が認められたが（$p<.05$），3 グループ間で有意差は認められなかった。さらに，中級グループ以外の 3 グループにおいて，緩やかな同一性解釈よりも厳密な同一性解釈を正しいと判断する割合に有意差がみられた（$p<.001$）。一方，目的語位置でも交互作用が認められた（$F(3,29)=8.64$，$p<.001$）。統制群と上級下グループで緩やかな同一性解釈と厳密な同一性解釈に関して有意差が認められ（それぞれ $p<.01$，$p<$

.001)，両解釈について正しいと判断する割合に異なりがみられることが示されたが，上級上と中級グループについては統制群との異なりはみられなかった。

以上の統計結果が示すように，各状況における発音されない項の容認性判断については，スペイン語母語話者と上級上学習者の間には統計的な有意差がみられなかった。興味深いことに，上級下学習者は緩やかな同一性解釈の状況で，発音されない主語については容認性判断にスペイン語母語話者と統計的な差異はないが，発音されない目的語については有意差が認められた。

上記の結果から，上級上学習者のL3文法は上級下学習者よりもスペイン語母語話者に近づいているといえる。これは，素性構成の観点からL3スペイン語においても正しくφ素性を獲得できたことを示している。ただ，その獲得過程を見てみると，L1日本語とL2英語のどちらから転移があったかがわかる。注目すべきは上級レベルでも下位に属する被験者である。彼らは，主語についてはスペイン語の素性構成を獲得しているようであるが，目的語については依然，スペイン語母語話者とは異なったパターンで発音されない目的語を容認していた。彼らの英語が上級であるとすると，6節の実験結果から英語の素性構成は獲得済であると考えられる。ということは，L3スペイン語において，もしL2英語からの転移が起こったとすると，発音されない目的語は排除されるはずであるが，実際には容認されていた。この点を考慮すると，やはり上級下位レベルまでは日本語からの転移があるため，項削除を誤って容認すると考えるのが自然であろう[9]。

最後に，上級レベルにおける主語位置の発音されない項と目的語位置の発音されない項の獲得のタイミングのずれに関して触れておくことにする。上級レベルでも目的語の接語については上位4名のみが正しく使い分けられていた。さらに，興味深いことに，この4名が目的語位置の発音されない項の使い方についても母語話者と有意差が見られなかった。ここから接語の

9　発音されない目的語が排除されない理由として、Yamada & Miyamoto (2016) ではL2英語のTと*v*におけるφ素性獲得に形態的な手がかりが関与していることが議論されている。つまり、Tのφ素性の獲得は主語と動詞の一致 subject verb agreement がその手がかりとなるが、*v*のφ素性の獲得には手がかりがない。目的語に関してのみ日本語からの転移がみとめられることは、この手がかりの有無により説明が可能である。

獲得と目的語位置の発音されない項の獲得の間には何らかの関係があるものと考えられる。L2 獲得研究において Yuan (1997), Wakabayashi & Negishi (2003) 等も発音されない主語に比べ，発音されない目的語は獲得が遅れるという実験結果を報告している。ここでは，この関係について深く議論する紙面はないが，主語位置と目的語位置の発音されない項の獲得のタイミングについては，Castilla & Perez-Leroux (2010) 等が主張するように目的語の接語は獲得が難しいとすると，それに合わせて目的語位置の発音されない項の L3 獲得が遅れても自然であるように思う。今後，接語に関する理論的側面も含め，更なる研究が必要であろう。

8. 2つの実験結果の考察

では，2つの研究から得られた研究成果を4節で紹介した第二言語獲得モデル，第三言語獲得モデルに照らし合わせて整理しておくことにする。

日本人の上級英語学習者は最終的に L2 において項削除を排除できることが明らかになった。よって，L1 には存在しない φ 素性を獲得したことになる。さらに，L2 獲得過程に目を向けると，中級レベルまで L1 転移がみられることが明らかになった。この結果は，2つの L2 習得モデルを支持していると考えられる。1つは，完全転移・完全アクセス仮説 (Full Transfer and Full Access Hypothesis) (Schwartz & Sprouse, 1996)，もう1つは素性転移・素性学習仮説 (Feature Transfer and Feature Learning Hypothesis) (Ishino, 2012) である。この2つのモデルの違いは，後者が必ずしも完全アクセス仮説を支持しているわけではない点である。Ishino (2012) の枠組みでは，獲得の初期段階で L1 の素性の転移が生じ，さらに，学習者の習熟度が進んで上級になり，L2 素性との間で競合が起こる場合，L2 素性の獲得は困難となる。しかし，L1 に存在しない L2 素性の獲得が可能であるという当該研究の結果からは，実際のところ，どちらの仮説を支持するのかは判断できない。

Ishino (2012) の仮説と完全転移・完全アクセス仮説が異なる予測をする場合が1つ考えられる。素性転移・素性学習仮説では，L1 素性が転移し，競合するような素性が L2 に存在しないと，転移した L1 素性が削除不可能なことから，L1 素性は L2 文法に影響を及ぼし続けることになる。この予測を検証したYamada & Miyamoto (2017) では，当該研究における獲得の方向とは反対のパターン，つまり，母語にφ素性が存在する言語の日本語学習者による項削除の獲得が議論されている。真偽値判断テストの結果から，日本語学習者は習熟度が上級の段階であっても緩やかな同一性解釈を容認できず，項削除を獲得できないことが明らかになった。この結果は，日本語学習者は，母語のφ素性をL2から排除できないことを示している[10]。

以上の研究成果を踏まえると，当該研究で得られた結果は，Ishino (2012) の枠組みで議論されることがより妥当であると考えられる。日本語を母語とする英語学習者は，L1転移により中級レベルまで緩やかな同一性解釈を容認するが，習熟度がさらに進んだ上級の段階では，L2素性と競合するL1素性が存在しないことから，L2素性の獲得がより促進され，最終的にL2文法から項削除の排除が可能となった。学習者が上級レベルになると*v*とTにおけるφ素性を獲得しているということである。

さて，L3獲得については，上級レベルのL3スペイン語文法において発音されない主語がまさにスペイン語の振る舞いをする一方，目的語については上級レベルでも上位層になるまでスペイン語の振る舞いをしないことが実験で明らかになった。まず，L2英語が上級レベルであるにもかかわらず，発音されない目的語を誤って容認し，L2ではなく，L1からの影響が見られたということは，中級レベルまで日本語の発音されない目的語の振る舞いが見られる，つまりL1からの転移があると考えるのが自然である。よって，Kong (2015) のL1中国語の被験者同様，L1日本語だけが東アジア言語であるので，型に基づく転移の可能性では説明ができない結果である。もちろん，L3へはL2から転移が起こるとする立場をとることもできない。獲得を促進する言語から転移が起こる立場については，どのように3言語を捉

10　φ素性が存在する言語をL1に持つ日本語学習者がφ素性をL2文法から排除できないという実験結果がYamada & Kizu (2019) でも報告されている。彼らの実験では，以下の例文のような相互代名詞「お互い」が先行詞文にあるときの空項の解釈が検証され，L2学習者が相互読み (reciprocal reading) を許容しないことが明らかになった。

(i) a.　ペンギンとくまはお互いの体を拭いた。
　　b.　カンガルーとうさぎも [e] 拭いた。
　　　　[e] = カンガルーとうさぎの体 (相互読みの解釈)
　　　　[e] = ペンギンとくまの体 (厳密な同一性解釈)

えるかによって答えが異なる。日本語の発音されない項がスペイン語の発音されない項同様，代名詞であれば，英語よりも日本語のほうがスペイン語に近く，ゆえに日本語からの転移が起こり，スペイン語の発音されない項の獲得を促進すると考えられたかもしれない。しかし，本章で見てきたように日本語とスペイン語の発音されない項は全くの別物だとすると，日本語のほうがスペイン語に近いかどうかは明らかでない。更なる研究が必要である。

9. おわりに

本章では，発音されない代名詞として扱われてきた日本語の発音されない項に係わる第二言語獲得研究を，近年の日本語，韓国語等の東アジア言語における研究成果を踏まえた上で，再考察した。具体的には，著者の先行研究から日本語の発音されない項を *pro* から区別する緩やかな同一性解釈の有無に関する実験結果を紹介した。日本人英語学習者は上級レベルで英語の φ 素性構成を獲得し，その結果，日本語の項削除は排除されるようになるのである。

さらに，この研究成果をもとに，日本人スペイン語学習者の文法における発音されない項の獲得過程を見た。中級レベルでは主語・目的語ともに緩やかな同一性解釈を許すことから日本語からの干渉があると見られるが，上級レベルでは，主語については緩やかな同一性解釈を容認せず，スペイン語の発音されない項の性質を示すようになった一方で，目的語については目的語の接語がすでに獲得されているかどうかで 2 グループに分かれた。目的語の接語を獲得している学習者は発音されない項についても母語話者と同じような判断をするようになるが，接語を未だ獲得していない学習者は発音されない項についても日本語からの干渉が残っているようである。もし接語（*lo*）と発音されない目的語の獲得の間に相関関係があるとするならば，単に主語よりも目的語のほうが φ 素性の獲得が遅いことも説明ができるのであろうか。主語と目的語の対比から更なる研究が待たれる。

最後に，発音されない項に関する L2 ならびに L3 獲得研究の発展から，獲得研究にとって（統語）理論がいかに大切であるかがわかっていただけたと思う。発音されない要素を研究対象とする以上，（統語）理論研究との融合なしに獲得研究の発展はないように思う。項削除に限らず，獲得研究は，常に理論の発展に敏感に進めていきたいものである。

補遺

ここでは，ミニマリストプログラムの基礎知識を持つ読者を対象に，Oku (1998) と Saito (2007) の分析をより詳しく紹介しておくことにする。

Oku は Bošković & Takahashi (1998) のスクランブリングの分析に基づき，スクランブリングを許す言語のみが3節で紹介したコピー操作を許すと主張した[11]。Bošković & Takahashi によると，スクランブリングされたかのように見える要素は基底生成されており，項であれば θ 役割を付与されなければいけないため，LF において下方移動を起こすとしている。この移動を (1a) の例文で確認しておこう。

(1) a.　車を メリーは [太郎が＿＿買った] と思っている。
　　b.　＿＿ メリーは [太郎が車を買った] と思っている。

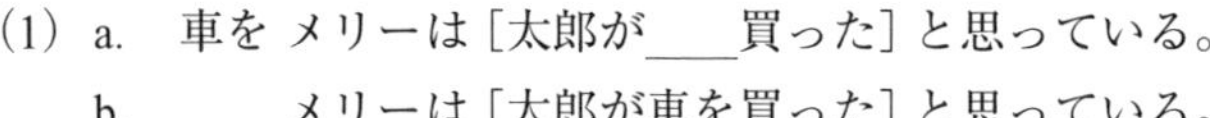

まず，(1a) において「車を」は文頭に基底生成され，これが PF に送られる。ただ，この名詞句は埋め込み節の目的語であるため，LF において埋め込み節の目的語の位置に，(1b) に図示したように下方移動を起こし，θ 役割が付与され，正しく解釈されるのである。このコピー分析において重要なことは，日本語では LF において θ 位置への要素の挿入が可能であるという点である。この例文では，LF で θ 位置に挿入される要素が文頭の要素であった。(2b) においては，このような挿入されるべき要素，つまり「自分の論文が」が先行する文の埋め込み文主語であったと考えればよい。

(2) a.　メリーは [自分の論文が採用される] と思っている。
　　b.　ジョンも [[e] 採用される] と思っている。

(Oku, 1998, p. 166)

11　日本語のスクランブリングの統語的な性質については Saito (1985) を参照のこと。

スクランブリングを許す言語のみがLFにおけるθ位置への要素の挿入を許す，つまりコピー操作を許すということであるならば，スペイン語はスクランブリングを許さない言語であるため，LFにおけるθ位置への要素の挿入も許さないことになる。よって，スペイン語の発音されない要素は，従来から提唱されている発音されない代名詞でしかあり得ないのである。

このOkuの分析をもう一歩推し進めたのが，Saito (2007) である。SaitoはChomsky (2000, 2008) の活性条件 (Activation Condition) を仮定し，発音されない項の有無をφ素性の有無と関連付けている。活性条件とは，*v*もしくはT（探索子 (probe)）の解釈不可能なφ素性 (uninterpretable φ-features) と標的 (goal) の解釈可能なφ素性 (interpretable φ-features) の間にAgree操作が起こる際，標的が解釈不可能な格素性 (uninterpretable Case feature) を保持していなければいけないとする条件である。この条件を念頭に置き，(3) を見ていこう。

(3) a. Mary bought a book.
  b. *John also bought.

(3a) に続く (3b) では発音される目的語を欠いている。もし (3a) にある *a book* を (3b) の目的語位置にコピーできるならば，John also bought a bookという解釈ができて然るべきである。しかし，英語ではこのコピー操作が以下の理由によって許されないのである。(4) に示した (3b) の*v*P構造に注目してもらいたい。

(4)
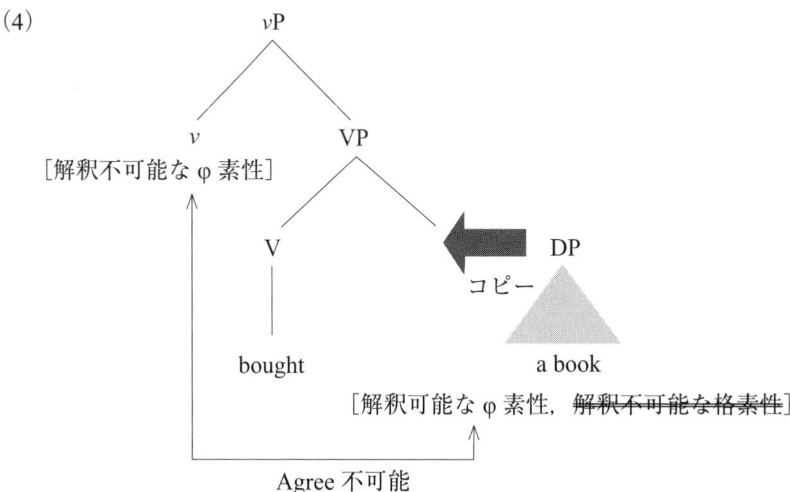

(4) において，(3a) の *a book* をコピーするわけであるが，このDPは先行する文の *v*P内においてすでに *v* とAgree操作の対象になっており，この際に解釈不可能な格素性は与値 (value) されていることになる。(4) では，これを二重取り消し線で示してある。つまり，コピーされるDPは，活性条件の観点からは不活性化 (inactive) された要素であり，(4) において *v* とAgree関係を再度結ぶことはできない。結果として，*v* の解釈不可能なφ素性は与値され得ず，この派生は収束しないのである。

この分析は，スペイン語の (5a, b) にもそのまま当て嵌まる。

(5) a. María cree [que su propuesta será aceptada] y
Maria believes that her proposal will-be accepted and
'Maria believes that her proposal will be accepted, and'

b. Juan también cree [[e] será aceptada].
Juan too believes will-be accepted
'(lit.) Juan also believes that [[e] will be accepted.]'

(Oku, 1998, p. 166)

スペイン語は人称一致を示すことからもわかるように，解釈不可能な φ 素性を有する言語であるため，この Agree 関係を結ぶ必要がある。しかし，(5a) からのコピー操作を行うと，(4) に図示した場合同様，派生は収束しない。よって，スペイン語でも，LF におけるコピー操作を必要とする発音されない項は許されないのである。発音されない代名詞は，このようなコピー操作を経て得られるものではないので，問題はない。

では，なぜ日本語では発音されない項が容認されるのであろうか。明らかな人称一致を欠く日本語は，必ずしも φ 素性を有するわけではなく，(4) で示した Agree 関係を結ぶ必要がないためであると Saito は説明する。(2a) に続く (2b) の *v*P 構造を表した (6) を考えてみよう。

(6)

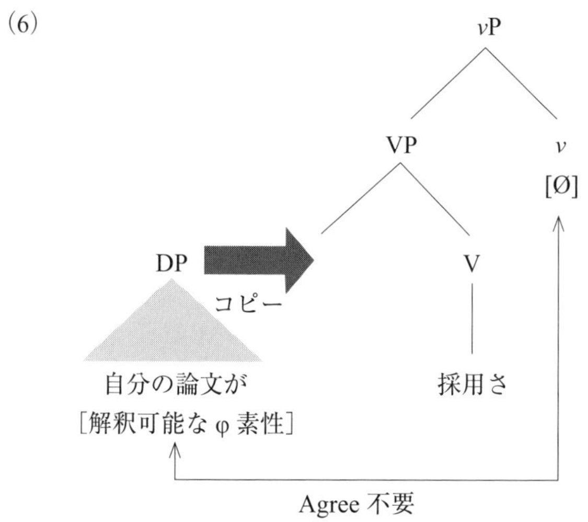

(6) では，*v* が解釈不可能な φ 素性を有しないため，Agree 関係を結ぶ必要がない。よって，コピーされる「自分の論文が」が解釈不可能な格素性を欠いていたとしても，何ら問題は生じないのである。

付 記

実験への参加者、特に実験アイテム作成に多大なご協力をいただいた工藤多恵氏、住政二郎氏に感謝の意を表したい。また、本章執筆過程において有益な助言を頂いた編者の白畑知彦先生、須田孝司先生に深く感謝の意を表する。本研究は科学研究費補助金（基盤研究（B）17H02364：研究代表者 遊佐典昭）ならびに（基盤研究（C）24520681・18K00808：研究代表者 山田一美）の助成を受けている。

参照文献

Bardel, C., & Falk, Y. (2007). The role of the second language in third language acquisition: The case of Germanic syntax. *Second Language Research, 23*, 459–484.

Bošković, Ž., & Takahashi, D. (1998). Scrambling and last resort. *Linguistic Inquiry, 29*, 347–366.

Campos, H. (1986). Indefinite object drop. *Linguistic Inquiry, 17*, 354–359.

Castilla, A., & Pérez-Leroux, A. T. (2010). Omissions and substitutions in Spanish object clitics: developmental optionality as a property of the computational system. *Language Acquisition, 17*, 2–25.

Chomsky, N. (1981). *Lectures on government and binding*. Dordrecht: Foris.

Chomsky, N. (1995). *The Minimalist Program*. Cambridge, MA.: MIT Press.

Chomsky, N. (2000). Minimalist inquiries: The framework. In R. Martin, D. Michaels & J. Uriagereka (Eds.), *Step by step: Essays on minimalist syntax in honor of Howard Lasnik* (pp. 89–155). Cambridge, MA: MIT Press.

Chomsky, N. (2008). On phases. In R. Freidin, C. P. Otero, & M. Zubizarreta (Eds.), *Foundational issues in linguistic theory: Essay in honor of Jean-Roger Vergnaud* (pp. 133–166). Cambridge, MA: MIT Press.

Falk, Y., & Bardel, C. (2011). Object pronouns in German L3 syntax: Evidence for the L2 status factor. *Second Language Research, 27*, 59–82.

Flynn, S., Foley, C., & Vinnitskaya, I. (2004). The cumulative-enhancement model for language acquisition. Comparing adults' and children's patterns of development in first, second and third language acquisition. *International Journal of Multilingualism, 1*, 3–17.

García Mayo, M. P., & Slabakova, R. (2015). Object drop in L3 acquisition. *International Journal of Bilingualism, 19*(5), 483–498.

Hakuta, K. (1975). *Becoming bilingual at age of five: The story of uguisu*. Unpublished Honors Thesis, Harvard University.

Hankamar, J., & Sag, I. (1976). Deep and surface anaphora. *Linguistic Inquiry*, *7*, 391–426.

Hawkins, R., & Chan, C. Y.-H. (1997). The partial availability of Universal Grammar in second language acquisition: The 'failed functional features hypothesis.' *Second*

Language Research, *13*, 187–226.

Hawkins, R., & Hattori, H. (2006). Interpretation of multiple wh-questions by Japanese speakers: A missing uninterpretable account. *Second Language Research, 22*, 269–301.

Haznedar, B., & Schwartz, B.D. (1997). Are there Optional Infinitives in child L2 acquisition? In E. Hughes, M. Hughes, & A. Greenhill (Eds.), *Proceedings of the 21st annual Boston University Conference on Language Development* (pp. 257–268). Somerville, MA: Cascadilla Press.

Hermas, A. (2010). Language acquisition as computational resetting: Verb movement in L3 initial state. *International Journal of Multilingualism, 7*, 343–362.

Hermas, A. (2014). Multilingual transfer: L1 morphosyntax in L3 English. *International Journal of Language Studies*, *8*, 1–24.

Hilles, S. (1986). Interlanguage and the pro-drop parameter. *Second Language Research*, *2*, 33–52.

Hoji, H. (1998). Null object and sloppy identity in Japanese. *Linguistic Inquiry, 29*, 127–152.

Huang, J. (1984). On the distribution and reference of empty pronouns. *Linguistic Inquiry*, *15*, 531–574.

Ionin, T., Ko, H., & Wexler, K. (2004). Article semantics in L2-acquisition: The role of specificity. *Language Acquisition*, *12*, 3–69.

Ishino, N. (2012). *Feature transfer and feature learning in Universal Grammar: A comparative study of the syntactic mechanism for second language acquisition*. Unpublished Ph.D. Dissertation. Kwansei Gakuin University.

Jaeggli, O., & K. Safir. (1989). The Null Subject Parameter and Parametric Theory. In O. Jaeggli & K. Safir (Eds.), *The null subject parameter* (pp. 1–44). Dordrecht: D. Reidel.

Kong, S. (2015). L3 initial state: Typological primacy driven, L2 factor determined, or L1 feature oriented? *Taiwan journal of linguistics, 13*, 79–116.

Kuroda, S.-Y. (1965). *Generative grammatical studies in the Japanese language*. Unpublished Ph.D. Dissertation. MIT.

Kuroda, S.-Y. (1988). Whether we agree or not: A comparative syntax of English and Japanese. *Linguisticae Investigationes*, *12*, 1–47. Reprinted in W. J. Poser (Ed.), *Papers from the 2nd international workshop on Japanese syntax* (pp.103–144). Stanford: CSLI.

Lakshmanan, U. (1991). *Morphological uniformity and null-subjects in Child second language acquisition*. Ph.D. dissertation, University of Michigan, Ann Arbor.

Lakshmanan, U. (1994). The boy for the cookie: Some evidence for the non-violation of the case filter in child second language acquisition. *Language Acquisition*, *3*, 55–91.

Lardiere, D. (2008). Feature-assembly in second language acquisition. In J. Liceras, H. Zobl, & H. Goodluck (Eds.), *The role of features in second language acquisition* (pp. 106–

140). Mahwah, NJ: Lawrence Erlbaum Associates.

Liceras, J. M. (1988). Syntax and stylistics: More on the pro-drop parameter. In J. Pankhurst, M. Sharwood Smith, & P. Van Buren (Eds.), *Learnability and second language: A book of reading* (pp. 71–92). Dordrecht: Foris.

Liceras, J. M. (1989). On some properties of the pro-drop parameter: Looking for missing subjects in non-native Spanish. In S. Gass, & J. Schacter (Eds.), *Linguistic perspectives on second language acquisition* (pp. 109–133). Dordrecht: Foris.

Lozano, C. (2003). *Universal grammar of focus constraints: The acquisition of pronouns and word order in non-native Spanish.* Unpublished Ph.D. dissertation. University of Essex.

Miyamoto, Y., & Yamada, K. (2015). On null arguments and phi-features in SLA: A preliminary study. *Nanzan Linguistics*, *10*, 1–20.

Miyamoto, Y., & Yamada, K. (2017). On a mixed nature of L3 Spanish grammar of L1 Japanese subjects with L2 English. In E. Babatsouli (Ed.), *Proceedings of the International Symposium on Monolingual and Bilingual Speech 2017* (pp. 193–198). Chania, Greece: Institute of Monolingual and Bilingual Speech.

Montrul, S., Dias. R., & Santos, H. (2009). On some Null Subject Parameter-related properties in the L3 acquisition of Brazilian Portuguese. *Special issue of Revista Estudos da Lingua(gem), 7*, 163–198.

Montrul, S., Dias, R., & Thomé-Williams, A. (2009). Subject expression in the non-native acquisition of Brazilian Portuguese. In A. Pires & J. Rothman (Eds.), *Minimalist inquiries into child and adult language acquisition: Case studies across Portuguese* (pp. 301–326). Berlin/New York: Mouton de Gruyter.

Na Ranong, S., & Leung, Y-K I. (2009). Null objects in L1 Thai-L2 English-L3 Chinese: An empirical take on a theoretical problem. In Y-K. I. Leung (Ed.), *Third language acquisition and universal grammar* (pp.162–191). Bristol, UK: Multilingual Matters.

Oba, H. (2003). The acquisition of WH-movement by advanced Japanese learners of English. *Bulletin of Joetsu University of Education*, *22*, 587–599.

Obata, M., Epstein, S. D., & Baptista, M. (2015). Can crosslinguistically variant grammars be formally identical? Third factor underspecification and the possible elimination of parameters of UG. *Lingua*, *156*, 1–16.

Oku, S. (1998). LF copy analysis of Japanese null arguments. *CLS*, *34*, 299–314.

Oseki, Y., & Miyamoto, Y. (2018). Some consequences of simplest merge and phi-Defectiveness in Japanese. In T. Levin & R. Masuda (Eds.), *Proceedings of the 10th Workshop on Altaic Formal Linguistics* (pp. 217–228). Cambridge, MA: MITWPL.

Oxford University Press. (2002). *Oxford quick placement test.* Oxford: Oxford University Press.

Phinney, M. (1987). The pro-drop parameter in second language acquisition. In T. Roeper, &

E. Williams (Eds.), *Parameter setting* (pp. 221–238). Reidel: Foris.

Prévost, P., & White, L. (2000). Missing surface inflection or impairment in second language? Evidence from tense and agreement. *Second Language Research*, *16*, 103–133.

Rothman, J. (2010). On the typological economy of syntactic transfer: Word order and relative clause attachment preference in L3 Brazilian Portuguese. *International Review of Applied Linguistics*, *48*, 245–274.

Rothman, J. (2011). L3 syntactic transfer selectivity and typological determinacy: The Typological Primacy Model. *Second Language Research*, *27*, 107–127.

Rothman, J. (2015). Linguistic and cognitive motivations for the Typological Primacy Model (TPM) of third language (L3) transfer: Timing of acquisition and proficiency considered. *Bilingualism: Language and Cognition*, *18*, 1–12.

Sag, I. (1976). *Deletion and Logical Form*. Unpublished Ph.D. dissertation, MIT.

Saito, M. (1985). *Some asymmetries in Japanese and their theoretical implications*. Unpublished Ph.D. dissertation, MIT.

Saito, M. (2007). Notes on East Asian argument ellipsis. *Language research, 43*, 203–227.

Schwartz, B. D., & Sprouse, R. A. (1996). L2 cognitive states and the full transfer/full access model. *Second Language Research, 12*, 40–72.

Slabakova, R. (2013). What is easy and what is hard in second language acquisition: A generative perspective. In M. D. P. García Mayo, M. J. Gutierrez-Mangado, & M. Martínez Adrián (Eds.), *Contemporary approaches to second language acquisition* (pp. 5–28). Amsterdam: John Benjamins.

Tsimpli, I. M., & Roussou, A. (1991). Parameter resetting in L2? *UCL Working papers in linguistics, 3*, 149–169.

Tsimpli, I. M., & Dimitrakopoulou, M. (2007). The Interpretability Hypothesis: Evidence from wh-interrogatives in second language acquisition. *Second Language Research*, *23*, 215–242.

Vainikka, A., & Young-Scholten, M. (1994). Direct access to X'-Theory: evidence from Korean and Turkish adults learning German. In T. Hoekstra & B. D. Schwartz (Eds.), *Language acquisition studies in generative grammar* (pp. 265–316). Amsterdam: John Benjamins.

Vainikka, A., & Young-Scholten, M. (1996a). Gradual development of L2 phrase structure. *Second Language Research*, *12*, 7–39.

Vainikka, A., & Young-Scholten, M. (1996b). The early stages in adult L2 syntax: additional evidence from Romance speakers. *Second Language Research*, *12*, 140–176.

Wakabayashi, S. (1997). *The Acquisition of functional categories by learners of English*. Unpublished Ph.D. Dissertation. University of Cambridge.

Wakabayashi, S. (2002). The acquisition of non-null subjects in English: A minimalist account. *Second Language Research, 18*, 28–71.

Wakabayashi, S., & Negishi, R. (2003). Asymmetry of subjects and objects in Japanese speakers' L2 English. *Second Language*, *2*, 53–73.

White, L. (1985). The acquisition of parametarized grammars: Subjacency in second language acquisition. *Second Language Research, 1*, 1–17.

White, L. (1986). Implications of parametric variation for adult second language acquisition: an investigation of the pro-drop parameter. In V. J. Cook (Ed.), *Experimental approaches to second language acquisition* (pp. 55–72). Oxford: Pergamon Press.

Williams, E. (1977). Discourse and logical form. *Linguistic inquiry*, *8*, 101–139.

Yamada, K. (2020). Null arguments in intermediate L3 German: The role of L1. *Language and Culture*, *23*, 35–48.

Yamada, K., & Kizu, M. (2019, September). *Availability of the reciprocal reading in L2 Japanese*. Poster session presented at the 14th Generative Approaches to Language Acquisition conference (GALA 14), Milano.

Yamada, K., & Miyamoto, Y. (2016). L2 interpretation of null arguments by Japanese SFL learners and Spanish JFL learners. *JSLS 2016 Conference Handbook,* 126–129.

Yamada, K., & Miyamoto, Y. (2017). On the interpretation of null arguments in L2 Japanese by European non-pro-drop and pro-drop language speakers. *Journal of European Second Language Association*, *1*, 73–89.

Yuan, B. (1997). Asymmetry of null subjects and null objects in Chinese speakers' L2 English. *Studies in Second Language Acquisition*, *19*, 467–497.

Zobl, H. (1984). Uniformity and source-language variation across developmental continua. In W. E. Rutherford (Ed.), *Language universals and second language acquisition* (pp. 185–218). Amsterdam: John Benjamins.

編　者

白畑知彦（しらはた ともひこ）
静岡大学教授

須田孝司（すだ こうじ）
静岡県立大学准教授

著　者

遊佐典昭（ゆさ のりあき）第１章
宮城学院女子大学教授

大滝宏一（おおたき こういち）第１章
金沢学院大学准教授（～2020.3）
中京大学准教授（2020.4～）

白畑知彦　第２章

近藤隆子（こんどう たかこ）第２章
静岡県立大学助教

小川睦美（おがわ むつみ）第２章
日本大学専任講師

須田孝司　第２章

横田秀樹（よこた ひでき）第２章
静岡文化芸術大学教授

大瀧綾乃（おおたき あやの）第２章
静岡大学専任講師

木津弥佳（きづ みか）第３章
ノートルダム清心女子大学教授

澤﨑宏一（さわさき こういち）第４章
静岡県立大学教授

張　昀（ちょう いん）第４章
静岡県立大学修了生

岩﨑典子（いわさき のりこ）第５章
南山大学教授

安田　麗（やすだ れい）第６章
神戸大学専任講師

上田　功（うえだ いさお）第６章
名古屋外国語大学教授

宮本陽一（みやもと よういち）第７章
大阪大学教授

山田一美（やまだ かずみ）第７章
関西学院大学教授

第二言語習得研究モノグラフシリーズ4

第二言語習得研究の波及効果―コアグラマーから発話まで―

初版第１刷―――2020年 3月30日

編　者―――白畑知彦　須田孝司

著　者―――遊佐典昭　大滝宏一　白畑知彦　近藤隆子　小川睦美
須田孝司　横田秀樹　大瀧綾乃　木津弥佳　澤﨑宏一
張昀　岩﨑典子　安田麗　上田功　宮本陽一　山田一美

発行人―――岡野 秀夫

発行所―――株式会社 くろしお出版
〒102-0084　東京都千代田区二番町４－３
tel 03-6261-2867　fax 03-6261-2879　www.9640.jp

印刷・製本　三秀舎　装　丁　黒岩二三（Fomalhaut）

ISBN978-4-87424-826-3 C3081

第二言語習得研究モノグラフシリーズ　刊行物のご案内

第二言語習得研究モノグラフシリーズ　1

名詞句と音声・音韻の習得

196 頁／ 2,600 円＋税／ 978-4-87424-749-5 C3081

第 1 章　日本人英語学習者による冠詞の習得—概説—
(ニール・スネイプ)

第 2 章　日本人英語学習者による指示表現と有生性の関連
—代名詞と名詞句の選択—
(小川睦美)

第 3 章　初級・中級レベルの日本人英語学習者の文処理過程における言語情報の影響
(須田孝司)

第 4 章　第二言語習得における量化子拡張解釈の欠如
(鈴木孝明)

第 5 章　日本人英語学習者によるシュワー /ə/ の発音習得
—暗示的な発音指導の効果—
(杉浦香織)

第 6 章　L2 音韻カテゴリーの構築過程における音響的手がかりの利用と抑制
—日本語母語話者による英語摩擦音習得—
(川﨑貴子　ジョン・マシューズ　田中邦佳)

第二言語習得研究モノグラフシリーズ　刊行物のご案内

第二言語習得研究モノグラフシリーズ　2

語彙・形態素習得への新展開

208頁／2,800円＋税／978-4-87424-772-3 C3081

第1章　日本語話者による英語の可算・不可算の区別の習得
（稲垣俊史）

第2章　第二言語習得における形態素の習得
— WH-in-situ 疑問文の習得からの考察—
（梅田真理）

第3章　第2言語における普遍的な文理解メカニズム
（宮本エジソン正　吉田絢奈）

第4章　前置詞脱落の誤りと格の関係
—受動文と疑問文・関係節の比較から—
（穂苅友洋）

第5章　日本語を母語とする英語学習者の派生接辞の習得難易度順序
（田村知子　白畑知彦）

第6章　完結性解釈の段階的発達にみられる母語の影響と語彙の転移
（若林茂則　木村崇是）

第二言語習得研究モノグラフシリーズ　刊行物のご案内

第二言語習得研究モノグラフシリーズ　3

言語習得研究の応用可能性 理論から指導・脳科学へ

256 頁／3,400 円＋税／978-4-87424-806-5 C3081

第 1 章　日本語母語話者およびスペイン語母語話者による心理形容詞の解釈— Is the lecturer bored or boring? —
（鈴木一徳・平川眞規子）

第 2 章　第二言語学習者による自動詞の習得
—統語構造と動詞の完結性の観点からの検証—
（近藤隆子）

第 3 章　日本語母語話者による短距離 wh プローブの習得
—ミニマリスト・カートグラフィック・アプローチに基づく—
（横田秀樹・白畑知彦・須田孝司）

第 4 章　第二言語知識の波及
—英語再帰代名詞の同一指示における局所条件の習得—
（松村昌紀）

第 5 章　第二言語における定型言語の産出と処理
（奥脇奈津美）

第 6 章　句動詞習得における teachability と learnability の検証—イメージ・スキーマを用いた認知言語学的アプローチ—
（中川右也）

第 7 章　第二言語を学ぶ脳
—日本人英語学習者の脳機能計測研究—
（尾島司郎）